作者简介

孙正林 男，1965年生，教授，博士生导师。现任东北林业大学党委副书记、副校长，兼任黑龙江省县域经济学会副理事长，黑龙江省政治学会副会长，全国高校辅导员工作研究会副会长。长期从事农业经济理论与政策的研究与教学，在大学生思想政治教育和大学文化素质教育方面有多项研究成果，获得黑龙江省高等教育教学成果一等奖两项。

本书系中央高校科研业务费专项资金项目
"新时期大学生思想政治教育实践体系构建研究"
研究成果(项目编号"DLBEC01")

高校德育成果文库·教育部思想政治工作司组编

主题推进式教育的探索与实践

孙正林◎等著

中国书籍出版社
China Book Press

图书在版编目（CIP）数据

主题推进式教育的探索与实践/孙正林等著. —北京：中国书籍出版社，2015.1
ISBN 978－7－5068－4698－1

Ⅰ.①主… Ⅱ.①孙… Ⅲ.①高等学校—思想政治教育—教学研究—中国 Ⅳ.①G641

中国版本图书馆 CIP 数据核字（2015）第 007765 号

主题推进式教育的探索与实践

孙正林 等著

责任编辑	卢安然
责任印制	孙马飞 马 芝
封面设计	中联华文
出版发行	中国书籍出版社
地　　址	北京市丰台区三路居路 97 号（邮编：100073）
电　　话	（010）52257143（总编室）　（010）52257153（发行部）
电子邮箱	chinabp@ vip. sina. com
经　　销	全国新华书店
印　　刷	北京彩虹伟业印刷有限公司
开　　本	710 毫米×1000 毫米　1/16
字　　数	214 千字
印　　张	14.5
版　　次	2015 年 3 月第 1 版　2015 年 3 月第 1 次印刷
书　　号	ISBN 978－7－5068－4698－1
定　　价	68.00 元

版权所有　翻印必究

总　序

中发〔2004〕16号文件颁发以来,各地各高校充分认识高校德育工作的极端重要性,坚持育人为本,德育为先,坚持贴近实际、贴近生活、贴近学生,不断推进理论、内容、机制和方式方法的创新,在传承中发展、在改进中加强、在创新中深化,大学生思想政治教育的吸引力、感染力、针对性、实效性不断增强,科学化水平不断提高,基本形成全员育人、全方位育人、全过程育人的生动局面。

今年是中发〔2004〕16号文件颁发十周年,为深入研究总结和集中展示近年来各地各高校落实立德树人根本任务、推动高校德育创新发展的理论和实践成果,教育部思想政治工作司决定组织出版《高校德育成果文库》,旨在引导和鼓励思想政治教育工作者聚焦高校德育工作的重大理论和现实问题,系统总结梳理近年来各地各高校加强高校德育工作所取得的可喜成绩和宝贵经验,并对下一步工作进行系统设计和统筹谋划,切实提高高校德育工作的水平和质量。

《高校德育成果文库》坚持正确的政治方向和学术导向,围绕立德树人根本任务,收录了一系列事迹案例鲜活、育人效果显著的研究专著、工作案例集、研究报告等成果。入选《高校德育成果文库》的这些著作都是各地各高校在长期研究和探索过程中心血和智慧的结晶,他们着眼于高校德育领域的重要理论和现实问题,研究规律,总结经验,探索路径。这些作品从不同的角度反映了高校德育理论研究与实践探索的丰硕成果,是推动高校德育创新发展的宝贵财富。

希望在《高校德育成果文库》的引领和示范下,各地各高校继续坚持理论联系实际,以高度负责的态度、科学严谨的精神开展理论研究和实践创新,不断丰富路径载体、健全长效机制,坚持以社会主义核心价值观引领学校德育工作,为培养德智体美全面发展的中国特色社会主义事业合格建设者和可靠接班人做出新的更大贡献!

《高校德育成果文库》编委会

前　言

党的十八大报告中指出："把立德树人作为教育的根本任务，培养德智体美全面发展的社会主义建设者和接班人。"这为高校的人才培养提供了总的指导思想。认真落实教育的根本任务，按照社会主义人才培养总体目标培养和塑造当代大学生，是高校的一项极为重要的任务。高校是人才培养的摇篮，人才培养在高校的各项任务中应该处于中心地位。那么，如何培养人，两点很重要，一是德育，二是智育，二者不能偏废，但就孰重孰轻来说，德育处于优先地位，这是由社会主义的办学方向决定的，也是对大学生培养方向和培养质量的根本要求。而如何看待德育，德育怎样进行，德育应该达到什么效果，这些都是高校不可回避，而且应该认真思考和深入探讨的问题。特别是近年来，高校出现了一些极端事件，一些学生由于价值观的偏颇，思想觉悟的不成熟，人文精神的缺失，法制观念的淡薄和心理素质的缺陷，产生一些极端行为，给自己、他人、家庭和社会都造成了难以弥补的伤痛，一时间成为人们关注的话题，社会议论的焦点，这不能不让我们深思。强化大学生的德育教育，破解大学生的思想困惑和现实难题，增强大学生思想政治教育工作的针对性，促进大学生健康人格养成，推动大学生的全面发展，是当前高校德育工作的重要内容，也是当前进行大学生思想政治教育的紧迫任务。

德育教育，靠的是大学生思想政治教育，靠的是文化熏陶，靠的是行为规范。大学生德育的培养水平，关系到方向，关系到旗帜，关系到"为谁培养人""怎样培养人"和"培养什么人"的问题。党和国家在多年的重大决策中，在教育方针中都高度重视大学生培养问题，育人为本，德育为先，这是党和国家对我国高等教育质量提出的新要求，由此也明确了高校人才培养中德育教育的重要性和必要性。在新的形势下，社会生活与以前有了明显的不同，人们的思想观念发生了很大的改变，当代大学生群体的特点也与以往大学生有了明显的差异，具有明显的时代特征，面对新形势、新情况、新问题、新特征，如何更加有效地开展大学生的德育教育，如何进一步增强大学生思想政治教育工作的针对性和实效性，全国高校都在进行积极的探索和实践。

2004年中共中央、国务院下发了《关于进一步加强和改进大学生思想政治教育的意见》，对新时期高校大学生思想政治教育工作做出了全面部署，大学生思想政治教育工作也迎来了前所未有的好形势。东北林业大学借着大学生思想政治教育的春风，从2007年开始，在深入系统调查研究的基础上，创造性地研究设计，提出并组织实施东北林业大学"主题推进式大学生日常思想政治教育"模式（以下简称"主题推进式教育"），开始了大学生日常思想政治教育新模式的探索与实践。采取"大学导行""感恩诚信""文明修身""生态文明""责任担当""生涯规划""励志成才""荣校兴国"八个重点主题依次推进，本科四年一个循环的方式，覆盖全校大学生，系统而有针对性地开展大学生日常思想政治教育工作，使大学生日常思想政治教育工作有了一个明确的抓手，以此为驱动，通过理论引导、主题宣讲、实践深化、文化熏陶、艺术陶冶等形式，着力培养大学生的科学精神和人文情怀，促进大学生的政治成长，提高大学生的能力素质，推动大学生的全面发展。如今，主题推进式教育已经坚持开展了七年。经过七年的探索与实践，主题推进式教育已经开花结实，取得了显著的成效。大学生的个人和整体素质得到了不断提高，学生政工干部队伍得到了锻炼和加强，孕育了一批典型文化成果，承担了多项相关科研项目，打造了优秀的实践团队，发挥了很好的辐射效应。

主题推进式教育以社会主义核心价值观为导向。习近平总书记在北京大学师生座谈会上指出："核心价值观，其实就是一种德，既是个人的德，也是一种大德，就是国家的德、社会的德。国无德不兴，人无德不立。"主题推进式教育传递了价值的规范力，彰显了价值的影响力，既反映了教育者高度自觉的文化价值选择，又满足了受教育者的价值和成长需求。主题教育兼容学术底蕴与价值取向，由本校教师和校外名家主讲，带领学生品味精神、品读经典和品评人物，使学生更加自觉地接受、吸纳和践行核心价值观。教育主题既包含了个人品德，也体现了社会公德，更融入了国家道德，把涉及国家、社会和公民的价值要求融为一体，贯穿在大学生日常思想政治教育的活动与实践环节中，春风化雨，润物无声，使社会主义核心价值观内化为当代大学生的内心思想和自觉行动。

主题推进式教育以中华民族传统文化为根基。中华传统文化源远流长，博大精深。倾听学生思想文化的强烈呼声，满足学生成长成才的迫切需要，关照学生全面发展的切身利益，才能达到学生真心喜爱、终身受益的教育实效。主题推进式教育遵循思想政治教育和文化濡染的规律，优选根植丰厚传统文化底蕴的一系列主题依次推进，建设青年学生渴望回归的民族精神家园；创设一系列校园文化品牌，打造全方位文化濡染格局。通过实践探索，构建了思想政治教育创新发展与民族文化传承创新相辅相成、相得益彰的"第二课堂"思想文化育人模式，探索了马克思主义中国化、时代化和大众化"三元并举"的文化传播路径，发挥了民族文化认知、民族文化传承和民族精神培育"三维一体"的文化传承功能，进行了凸显主流意识形态、强化人文关怀素养和倡导高雅文化艺术"三效合一"的校园文化建设体系，探索了大学生核心价值观与传统文化相辅相成的日常思想政治教育模式。

主题推进式教育以生态文化教育为特色。党的十八大把生态文明纳入中国特色社会主义事业"五位一体"的现代化建设总体布局，确立了生态文明的重要地位和作用，体现了尊重自然、顺应自然、保护自然的理念。林业在生态文明建设中具有主体性和关键性的作用，作为林业特色鲜明的高等院校，东北林业大学的校训就是"学参天地、德合自然"，这是建校以来长期秉承的办学理念和教育传统。学校又作为国家生态文明教育基地，把对学生的生态文明教育作为立校之本，紧密结合专业特色和自身优势，大力开展生态文明宣传，积极推进生态文明实践，努力深化生态文明育人功能，弘扬学校优良传统，使生态文明理念薪火相传。

主题推进式教育坚持以生为本，德育为先，重视实践环节，重在素质养成，为全面推进素质教育，促进学生德智体美全面发展进行了积极有效的探索和实践。本书中，我们系统总结了主题推进式教育实施七年来积累的立德树人的实践经验，从实施背景、基本涵义、实施思路、主题设计、教育途径、实施效果、总结启示等方面，展现了主题推进式教育的全景观，旨在为高校日常思想政治教育工作的创新发展提供思想启迪和实践借鉴。七年的时间，不长也不短，我们一直在探索、在实践、在总结、在思考、在完善，虽然不能说尽善尽美，但毕竟已经在学校的大学生培养中产生了显著而又实实在在的效果。希望本书对大学生日常思想政治教育的实践探索有所裨益。

　　由于水平有限，时间仓促，书中难免有不妥或失当之处，恳请各位专家学者和广大读者不吝赐教。

2014 年 9 月

目 录
CONTENTS

第一章　主题推进式教育的实施背景与基本涵义 …………… 1

第一节　大学生日常思想政治教育面临的现实挑战 /1

一、国内外政治形势对大学生的理想信念形成冲击 /1

二、近年的经济形势对大学生的就业生活产生影响 /3

三、多元的文化形势对大学生的思想意识进行渗透 /4

四、负面的网络信息对大学生的价值观念产生消极影响 /5

第二节　大学生日常思想政治教育工作存在的主要问题 /6

一、高校工作者对大学生日常思想政治教育的主观认识有待于进一步
转变 /6

二、高校的综合评价体系没有把大学生日常思想政治教育摆在突出
位置 /7

三、高校大学生思想政治教育活动针对性和实效性有待加强 /8

四、高校日常思想政治教育资源的合力发挥还不够充分 /9

第三节　主题推进式教育的实施背景 /9

一、开展主题推进式教育根植于党和国家关于大学生思想政治教育的
战略和方针 /10

二、开展主题推进式教育着眼于当前大学生日常思想政治教育
面临的思想现状 /11

三、开展主题推进式教育立足于东北林业大学大学生日常思想政治
　　教育工作的实际　　　　　　　　　　　　　　　　　　／13
四、开展主题推进式教育致力于增强大学生日常思想政治教育的
　　针对性和实效性　　　　　　　　　　　　　　　　　　／14
　第四节　主题推进式教育的内涵与外延　　　　　　　　　　／16
　　一、主题推进式教育的内涵　　　　　　　　　　　　　　／16
　　二、主题推进式教育的外延　　　　　　　　　　　　　　／18

第二章　主题推进式教育的实施思路 ……………………… 24
　第一节　指导思想与目标任务　　　　　　　　　　　　　　／24
　　一、指导思想　　　　　　　　　　　　　　　　　　　　／24
　　二、目标任务　　　　　　　　　　　　　　　　　　　　／26
　第二节　教育原则与教育要求　　　　　　　　　　　　　　／28
　　一、教育原则　　　　　　　　　　　　　　　　　　　　／29
　　二、教育要求　　　　　　　　　　　　　　　　　　　　／31
　第三节　队伍配置与实施体系　　　　　　　　　　　　　　／32
　　一、队伍配置　　　　　　　　　　　　　　　　　　　　／32
　　二、实施体系　　　　　　　　　　　　　　　　　　　　／33
　第四节　教育规划与教育模块　　　　　　　　　　　　　　／35
　　一、教育规划　　　　　　　　　　　　　　　　　　　　／35
　　二、教育模块　　　　　　　　　　　　　　　　　　　　／38

第三章　主题推进式教育的主题设计 ……………………… 39
　第一节　大学导行教育　　　　　　　　　　　　　　　　　／39
　　一、新生对大学生活不适应的表现　　　　　　　　　　　／40
　　二、大学新生进行导行教育的必要性　　　　　　　　　　／44
　　三、大学导行教育重点宣讲的内容　　　　　　　　　　　／46

第二节　感恩诚信教育　/49
　　一、当代大学生感恩诚信缺失的表现　/49
　　二、对大学生进行感恩诚信教育的必要性　/53
　　三、感恩诚信教育重点宣讲的内容　/55

第三节　文明修身教育　/58
　　一、当代大学生不文明行为的表现　/59
　　二、大学生进行文明修身教育的必要性　/61
　　三、文明修身教育的重点宣讲内容　/62

第四节　生态文明教育　/64
　　一、开展生态文明教育的必要性　/64
　　二、林业院校开展生态文明教育的优势　/68
　　三、生态文明教育重点宣讲的内容　/72

第五节　责任担当教育　/75
　　一、当代大学生责任感缺失的表现　/76
　　二、开展责任担当教育的必要性　/77
　　三、责任担当教育重点宣讲的内容　/80

第六节　生涯规划教育　/82
　　一、大学生生涯规划的现状与存在的问题　/82
　　二、开展生涯规划教育的必要性　/87
　　三、生涯规划教育重点宣讲的内容　/90

第七节　励志成才教育　/92
　　一、励志成才教育的概念界定与现状　/92
　　二、开展励志成才教育的必要性　/94
　　三、励志成才教育重点宣讲的内容　/96

第八节　荣校兴国教育　/98
　　一、开展荣校兴国教育的必要性　/98
　　二、荣校兴国教育重点宣讲的内容　/100

第四章　主题推进式教育的教育途径 …… 103

第一节　主题讲座 /103
　一、主题讲座的作用与特点 /104
　二、主题讲座的组织与安排 /110
　三、主题讲座的教育程度及影响效果 /112

第二节　实践活动 /114
　一、实践育人形式一："1+N模式"主题实践活动 /115
　二、实践育人形式二："3+X模式"寒暑假社会实践活动 /127

第三节　分类教育 /131
　一、针对家庭经济困难学生群体,重点开展"励志成才教育" /131
　二、针对心理障碍学生群体,重点开展"生命智慧教育" /133
　三、针对学习困难学生群体,重点开展"学习能力教育" /135
　四、针对就业困难学生群体,重点开展"就业技能教育" /137
　五、针对少数民族学生群体,重点开展"民族团结教育" /139
　六、针对西藏定向生学生群体,重点开展"爱藏兴藏教育" /142
　七、针对有艺术专长和艺术爱好的学生群体,重点开展
　　　"艺术鉴赏教育" /144
　八、针对学生干部群体,重点开展"廉政文化、精英意识教育" /146

第四节　文化基地 /148
　一、强化环境熏陶,突出文化教育,基地建设有思想 /148
　二、讲究层次品位,坚持常态运行,基地活动有内容 /149
　三、品牌制度管理,项目体系运作,基地发展有规律 /153
　四、文化素养增强,综合素质提升,基地育人有效果 /154

第五章　主题推进式教育的实施效果 …… 156

第一节　提升大学生综合素质 /156
　一、感恩诚信意识增强 /156
　二、学风建设成效显著 /158

三、责任担当典型辈出　　　　　　　　　　　　　　　　／160
　　四、志愿服务蓬勃发展　　　　　　　　　　　　　　　　／162
　　五、艺术教育成果丰硕　　　　　　　　　　　　　　　　／164
第二节　促进辅导员队伍建设　　　　　　　　　　　　　　　／165
　　一、促进了辅导员队伍的科学研究　　　　　　　　　　　／165
　　二、推动了辅导员队伍的教育教学　　　　　　　　　　　／167
　　三、培育了辅导员队伍的优秀典型　　　　　　　　　　　／167
　　四、增强了辅导员的职业自豪感　　　　　　　　　　　　／169
第三节　培育典型文化成果　　　　　　　　　　　　　　　　／170
　　一、出版多部主题教育相关著作　　　　　　　　　　　　／170
　　二、获得多种成果奖励　　　　　　　　　　　　　　　　／171
　　三、发表多篇相关论文　　　　　　　　　　　　　　　　／174
第四节　打造优秀实践团队　　　　　　　　　　　　　　　　／175
　　一、启明星志愿者协会　　　　　　　　　　　　　　　　／175
　　二、绿色使者志愿者协会　　　　　　　　　　　　　　　／176
　　三、晨曦志愿者协会　　　　　　　　　　　　　　　　　／177
第五节　形成有力辐射效应　　　　　　　　　　　　　　　　／178
　　一、多次在会议论坛中作典型介绍　　　　　　　　　　　／179
　　二、多家媒体进行相关报道　　　　　　　　　　　　　　／180
　　三、多种经验交流报刊进行经验推广　　　　　　　　　　／182
　　四、多个兄弟高校来校考察交流　　　　　　　　　　　　／182

第六章　主题推进式教育的总结与思考　　　　　　　　　　　183
第一节　主题推进式教育的规律总结　　　　　　　　　　　　／183
　　一、教育要求与受教育者思想道德发展之间保持适度张力的规律　／184
　　二、教育者与受教育者双向互动的规律　　　　　　　　　／186
　　三、协调和控制多重影响因素，使之同向发挥作用的规律　／187
　　四、内化与外化相统一的规律　　　　　　　　　　　　　／188

五、理论创新和方法创新相统一的规律　　／189
第二节　主题推进式教育的未来思考　　／191
　　一、主题推进式教育自身的完善　　／192
　　二、加强家庭教育与主题推进式教育的结合　　／195
　　三、处理好校园文化建设与主题推进式教育的关系　　／197
　　四、新媒体与主题推进式教育的结合　　／204
　　五、主题推进式教育注入社会实践元素　　／208

后　记 ································· 212

第一章

主题推进式教育的实施背景与基本涵义

实施主题推进式教育,是基于国内外的政治、经济、文化等环境因素,基于高校大学生思想政治教育的现状,基于党和国家关于大学生思想政治教育的战略和方针提出并实施的,目的就是想努力增强大学生日常思想政治教育的针对性和时效性。为了对主题推进式教育有一个宏观的概要认识,需要对其基本涵义有所了解,本章就此进行了专门的阐释。

第一节 大学生日常思想政治教育面临的现实挑战

大学生是十分宝贵的人才资源,是民族的希望,祖国的未来。全面提高大学生素质,对大学生进行全方位、高标准的培养,促进大学生的全面发展,对于提高高校的人才培养质量,为社会主义培养优秀的人才,具有极为重要的意义。在大学生的培养过程中,思想政治教育处于"生命线"的地位,这是贯彻党的教育方针的时代要求。当前,面对国内、国际环境的重大变化,面对政治、经济、社会、文化等多重因素的影响,大学生思想政治教育面临着新的形势、新的问题和新的挑战,高校应该对此有清醒的认识。

一、国内外政治形势对大学生的理想信念形成冲击

近年来,我国的综合实力不断增强,在国际事务中的地位和作用不断提高。政治多极化、经济全球化在给我国的社会主义建设和社会经济发展带来良好机遇的同时，也使大学生面临着严峻的挑战。从国际上看，苏联解体、东欧剧变使国际共产主义运动处于低潮。西方敌对势力打着"民主""人权"的幌子，通过多种方式对我国进行意识形态和价值观念的渗透，一直没有放弃"分化""西化"中国的图谋，高校已经成为他们争夺的重要阵地。在今后的社会发展中，当代大学生还会面临各种社会思潮的挑战，一些别有用心的国家和敌对势力仍然会通过改变形式、改变特征、改变语言表达形式等方式，千方百计地迷惑青年一代，对我国的社会主义制度不断发起挑战。对此我们不能掉以轻心，放松警惕①。随着中国经济的持续增长，人民生活的不断改善，综合国力的显著增强，我国所面临的国际形势也错综复杂。不同版本的"中国威胁论"也为一些国家刻意加以渲染和鼓吹，军事威胁论、粮食威胁论、经济威胁论、网络威胁论、环境威胁论、地缘政治威胁论等论调不断被抛出，原因很简单，就是想遏制中国的和平崛起，就是想干扰和阻挠中国发展和前进的步伐。有学者指出，"中国威胁论"是西方中心主义的产物，是以西方的标准作为判断事物的标准，以西方利益作为现存世界秩序的合理基础，基于中国发展的事实和一定的不确定性而形成的一种政治思潮②。清醒地看待这些问题，坚定走中国特色社会主义道路的理想信念，沉着应对不良思潮的挑战，也是当代大学生的一项重要责任和使命。

从国内看，当前仍然存在反映特殊目的诉求的价值观念，有人提出各种名号的错误主张，其目的就是想破坏我国社会主义建设取得的大好局面，否定社会主义和党的领导。有人刻意渲染社会阴暗面，歪曲历史，鼓动社会仇恨，以此来混淆大学生的视听，影响大学生的判断力，导致大学生价值取向的矛盾和迷茫。党内存在的腐败现象，尤其是一些高级领导干部的腐败，直接影响党和国家的形象③。我国处于改革发展的攻坚时期，思想观念、价值取向、文化认同

---

① 张跃进：《大学文化与大学精神建设》，中国社会出版社，2010年版。
② 李玮等：《如何看待"中国威胁论"波澜再起》，载《时事报告大学生版》，2005年第2期。
③ 周长春：《新形势下大学生思想政治教育探索》，北京工业大学出版社，2005年版。

的多元,以及各种利益的重新分配与调整,对大学生的理想信念都会产生深刻的影响。当代大学生信仰的主流是积极健康的,但是也应当看到,目前大学生的信仰状况中存在着值得关注的趋势和问题。一方面是信仰选择的多样化趋势,除了主流的信仰之外,信仰取向呈现多样化,上帝、明星、金钱、权力等虚幻或者物质性的东西在部分大学生的信仰世界里也逐渐占有一席之地,其他的社会发展理论和各种"主义"也成为部分大学生"追捧"的对象。另一方面是信仰选择的功利化趋势,信仰本质上具有超越性,从某种意义上讲,信仰功利化便是一种无信仰的状态①。当代大学生正处于人生成长的重要时期,人生观、世界观、价值观正处在不断调整和形成过程中,如何在国内外复杂的政治形势中让大学生保持清醒头脑,理性分析问题,真正成长为党和国家需要的有用人才,是高校人才培养过程中需要思考和关注的一个重要话题。

二、近年的经济形势对大学生的就业生活产生影响

改革开放30多年来,中国的经济得到了迅猛的发展,但近年来,美国金融危机和欧洲国家债务危机等经济危机的冲击,对中国的经济发展也产生了一定的影响,从2010年下半年开始,中国经济出现了放缓的趋势,中国的经济发展遇到了很多矛盾、风险和困难,伴随着经济增长放缓以及经济结构调整,众多企业的招聘岗位正在减少。当前高校毕业生就业形势复杂严峻,对大学生就业产生了极大的冲击。数据显示,在"十二五"期间,我国城镇每年需要安置就业人口为2500万左右,但2012年仅安排了1266万人就业,这还是近年来的最高数字。未来五年内我国每年高校毕业生都会维持在700万左右,可以预见的是,大学生就业压力将在较长的一段时期内存在②。2013年中国高校毕业生人数达699万,比2012年多19万,创历史新高,2013年也被称为最难毕业季。据《中国青年报》2014年5月8日报道,2014年全国高校毕业生达到727万人,被称为更难就业季。2015年将再增28万,再创历史新高。当前,世界经

---

① 林雪原:《大学生校园暴力缘何不断》,载《光明日报》,2014年5月16日。
② 王道勇:《构建更普惠的基本民生网》,载《时事报告大学生版》,2014年总第72期。

济下行风险尚未消失,我国正处于改革开放的攻坚阶段,经济发展中不平衡、不协调、不可持续的矛盾和问题仍很突出。当前的经济形势,一方面会对大学生的思想认识产生影响,另一方面也会对大学生就业造成一定的压力。

另外,市场经济发展过程中所暴露出来的一些弊端,对大学生的思想发展也产生了消极影响。市场经济自身的局限诱发的自由主义、拜金主义、享乐主义、利己主义不同程度地存在。市场经济自身的自发性、趋利性、盲目性,也诱发了一部分大学生的投机心理、功利主义倾向。在行为方式上,一小部分大学生也出现了诚信缺失、恶性竞争等现象①。人才培养是高校的中心任务,在培养人才的过程中,对现实存在的这些问题,需要加以重视并进行正确引导,只有这样,才能保证人才培养的质量和方向。

三、多元的文化形势对大学生的思想意识进行渗透

在全球文化相互交织、激荡、并存的大背景下,文化不可避免地要对每一个人的思想意识和行为习惯产生影响。尤其是青年学生,正处在学习、了解和吸收知识与文化的重要时期,当前文化形势对大学生思想、意识和行为的影响是时刻存在的。当代大学生成长在复杂的社会转型期,传统文化、外来文化以及现存的主流文化与非主流文化构成了复杂多元的文化系统。西方发达国家以其经济、科技等多重优势,把持着文化交流的主动权,好莱坞的电影、韩国的电视剧、日本的动漫等外来文化内容一定程度上吸引着我国的民众,其中包括很多大学生。由于个人成长环境、知识水平、价值观念等多种因素的影响,每个人对各种文化的理解、分析和评价不尽相同,个人的性格、生活的境况、现实的困惑以及判断力的不确定,会导致大学生的思想意识产生偏差,一些不良文化的侵入会导致大学生思想观念的扭曲。一些西方文化思潮,包括民族社会主义思潮、"普世价值"的社会思潮、民族资本主义的思潮、历史虚无主义的思潮,对主流意识形态造成了冲击②。一些意志薄弱者或涉世未深者往往会受其

---

① 骆郁廷:《当代大学生思想政治教育》,中国人民大学出版社,2010年版。
② 张跃进:《大学文化与大学精神建设》,中国社会出版社,2010年版。

消极影响,对西方价值观念产生盲目崇拜,对中国特色社会主义信念产生动摇①。面对这些新的情况、新的动向和新的问题,对大学生进行有的放矢的引导和教育,使大学生在多元的文化背景下能够去芜存菁头脑清醒,大力弘扬中华民族的优秀传统文化,传播社会主义的先进文化,高扬主旋律,是十分紧迫和必要的。

四、负面的网络信息对大学生的价值观念产生消极影响

据统计,在当前国际网络信息中,全球80%以上的网上信息和95%以上的服务信息由美国提供。美国人通过国际互联网、多媒体等现代传媒渠道,打着人权、自由、民主的旗号,通过网络传递着他们的价值观和生活方式以及一些腐朽没落的文化,蓄意腐蚀大学生的思想和观念,国际互联网对大学校园进行的全面而快捷的渗透,淡化了部分大学生的民族感情和奉献精神,削弱了高校思想政治教育的正面效应②。大学生走在使用网络的前列,许多信息未经求证就流入网络,一些片面扭曲的报道被不断转发,大量的片面信息不可避免地影响着大学生的思想和行为。一些大学生沉迷网络,影响学业,形成了网络综合症。一些大学生为此萎靡不振,不能自拔,身心健康受到了严重的伤害。

网络是一个开放的平台,在为人们带来便利的同时,也充斥着色情、暴力等内容,严重影响大学生思想道德的培育,容易导致享乐主义、拜金主义等错误价值观的形成,造成大学生道德滑坡、诚信缺失。甚至导致大学生社会责任感缺失,法律观念淡薄,产生违法犯罪行为,给社会稳定带来危害③。近年来,一些大学生利用网络进行违法犯罪的活动,有的通过网络技术破译密码,有的编制发布病毒,有的入侵个人或组织网站,还有的通过网络进行欺诈等违法犯罪行为,给网络思想政治教育带来严重挑战。

纷繁复杂的国内外政治形势、不断变化的经济形势、多元交织的文化内

---

① 骆郁廷等:《当代大学生思想政治教育》,中国人民大学出版社,2010年版。
② 周长春:《新形势下大学生思想政治教育探索》,北京工业大学出版社,2005年版。
③ 李忠伟:《大学生网瘾成因与矫治策略》,载《光明日报》,2013年11月24日。

容、现实严峻的网络信息都会不可避免地对当代大学生思想行为产生影响和冲击,对我国的主流文化和价值观念带来挑战。高校在思想上重视的同时,更应在人才培养的实际工作当中采取有效的举措,积极预防,适当引导,有效教育,牢牢把握住思想政治教育的主动权,为培养德智体美全面发展的优秀大学生创造有利环境。

第二节　大学生日常思想政治教育工作存在的主要问题

近年来,我国大学生思想政治教育工作得到了中央和教育主管部门以及高校的高度重视,大学生思想政治教育在维护学校和社会安全稳定,促进高校教育改革发展等方面发挥了极为重要的作用,取得了显著的成效,呈现出稳步发展的良好态势。但从高校自身来看,随着时代的发展和高等教育改革的不断深入,高校的大学生思想政治教育工作也面临着新的形势和问题,有待于高校进一步探讨和思考。

一、高校工作者对大学生日常思想政治教育的主观认识有待于进一步转变

目前,高校一些党政管理者、专业教师,包括一部分思想政治理论课教师,认为大学生的日常思想政治教育工作就是辅导员的事情,好像与自己无关或关系不大。"重管理,轻教育"的现象对于很多管理者来说还是普遍存在的。一些学生政工干部也往往整天忙碌于繁杂的学生事务中,也很容易造成因忙于学生事务管理而忽视或弱化学生思想政治教育的情况。一些专业教师只教书,不育人,少数教师政治信仰迷茫、理想信念模糊、职业情感与职业道德淡化、服务意识不强,个别教师言行失范、不能为人师表,甚至把自己对国家、社会及高校的好恶及其它不良言行传递给学生。一些思想政治理论课教师没有真正认识到自身在大学生健康成长中的特殊责任与使命,仅仅把教师作为一种职业和谋生的手段来做,而不是把这份职业当作自己一生追求的事业来从事。或是对当代大学生的思想脉搏把握的不够准确,不能抓住80后、90后大学生的所思所想,教育教学的所给予学生的所需不合拍。教师在进行思想政治教育的过程中没有完全掌握思想育人的内在规律,仅仅把课堂教学狭隘地理解为知识传授或者是教书育人的全部,所以,有些教师的讲授并不能赢得学生的欢迎。一些地区和高校对教师思想政治工作重视不够、工作方法不多、工作针对性和实效性不强等,对大学生日常思想政治教育工作的成效产生了一定的影响。就是在这样的背景下,继2012年国务院下发《关于加强教师队伍建设的意见》之后,2013年5月,中组部、中宣部、教育部又联合下发了《关于加强和改进高校青年教师思想政治工作的若干意见》。在当前这种高等教育大众化的背景下,面对数量庞大的大学生群体,每所高校仅仅靠辅导员、班主任开展日常思想政治教育工作是远远不够的。全员、全过程、全方位育人格局的形成还有很长的路要走。

二、高校的综合评价体系没有把大学生日常思想政治教育摆在突出位置

今天科学研究成了大学的主要职能,大学教师研究高深的学问却不关注理智德行本身。对于大学教师而言,学术成为一种工具或谋生手段,高深知识的获得只是为了满足一种理性的自负而不是要践行一种理智德性[①]。事实上,现在很多大学,考核评价教师的重要指标确实就是以科研项目的层次数量以及发表论文的档次和数量为依据,从某种程度上影响了一些教师教书育人的质量和水平,他们把目光和精力重点盯在了涉及自身根本利益的绩效考核、评职晋升上。为完成教学任务而上课,为完成课题而搞科研,因此,加强对学生的思想政治教育和引导,往往被很多老师忽视了,或者淡化了。高等学校以人才培养为中心,以立德树人为根本任务,如果高校不能及时调整综合评价导向,势必对学生的德育教育和学生的全面发展产生一定的消极影响。2013年11月,《中国教育报》头版刊发了教育部副部长杜玉波的文章,文中讲到,一所大学办得好不好,主要看这个学校培养的学生优不优秀,而不是看它的规模、数量有多大。同样,评价一个教师合格不合格、优秀不优秀,不应该仅仅看论

---

① 王建华:《什么是好大学》,载《高等教育研究》,2014年第2期。

文发了多少,项目搞了多少,而应该首先看他培养的学生合格不合格、优秀不优秀。而现在大学教师的评价,包括职称的评审,基本都是以论文、科研项目、各种奖项为依据的,真正把学生的培养情况纳入其中的并不多见,这也是很多教师只注重上课、写文章、搞科研项目,不关心学生思想政治教育、不关心学生培养质量的一个重要原因①。

三、高校大学生思想政治教育活动针对性和实效性有待加强

当前由于受到家庭环境、学校环境、社会环境及国际环境等多重因素的影响,大学生的生活实际、思想观念、价值取向、行为方式和思维特点与以往相比,已经发生了深刻的变化。过去一些传统的思想政治教育方式已经远远不能满足当代大学生思想政治教育工作的需要,新时期的大学生思想政治教育工作正面临着严峻的挑战。目前,一些高校在开展大学生思想政治教育活动中,虽然在形式、内容、方式、方法等方面正在进行积极的探索和改进,但形式相对单调、与学生的生活实际结合不够紧密的现象还是存在的。有的是为了开展活动而开展活动,没有深入学生的实际需要,没有考虑活动参与者的兴趣和活动的真正效果,甚至有些时候是硬性组织学生参与活动,实际效果并不好。如果教育方式方法不够妥当,还可能引起学生的内心反感和思想抵触。活动创新不够,有些活动墨守成规,不能有效吸引大学生的注意力,不能真正浸入大学生的心灵深处。再者就是教师的指导工作不到位,有些活动完全放手让学生自己开展,思想文化内涵少,活动层次不高,教育效果不强。综合来看,无论在课堂上,还是活动中,以及在网络教育上,大学生思想政治教育活动针对性和实效性不强,已经成为深入开展大学生思想政治教育工作必须着力解决的问题。

---

① 杜玉波:《坚持立德树人提高高校人才培养质量》,载《中国教育报》,2013年11月25日。

四、高校日常思想政治教育资源的合力发挥还不够充分

近些年,党和国家高度重视大学生思想政治教育工作,各高校的大学生思想政治教育工作也在逐步推进、加强和深化。但是就高校本身而言,大学生思想政治教育的资源配置和运行机制还不够完善。从人员上来说,思想政治理论课教师、党政管理者、辅导员以及学团干部往往都是各自根据自身所在的部门或岗位开展相关的大学生思想政治教育工作,缺乏整体的协调和必要的沟通,无法形成有机统一的教育体系和一以贯之的教育理念;从内容上讲,由于各自单独开展教育工作,教育内容上的重复不可避免,教育内容上也很难做到有效衔接,融为一体;从活动上看,由于缺少对不同教育活动的统筹规划,学生活动过多过杂、形式单一、内容重合的现象经常出现,吸引力和感染力不强,校园文化的品位不高,人文精神培育和涵养不够,导致大学的文化氛围起不到对青年学生思想熏陶和文化滋养的作用。由于没有对学校所有思想政治教育资源进行有效的整合,形成了教育主题不突出、教育效果不明显的局面,对这种状况如果不能加以改变,很难形成全员、全过程、全方位育人的有效格局,很难在高校中形成浓厚的立德树人的氛围。

加强高校大学生思想政治教育工作是高校教育教学内容的重要组成部分,也是一项系统的工程,客观分析高校大学生思想政治教育工作在思想观念、评价体系、文化活动、教育资源等各个方面存在的问题与不足,探索符合教育规律和人才培养规律的大学生思想政治教育新途径,对增强大学生思想政治教育的实际效果,不无裨益。

第三节 主题推进式教育的实施背景

开展主题推进式教育,就是为了贯彻党和国家的教育方针,针对大学生日常思想政治教育过程中存在的现实问题和薄弱环节,通过系统有效的探索与实践,不断增强大学生日常思想政治教育的实际效果,促进学生的健康成长和全面发展,努力提高大学生的综合素质,大力提高高等学校教育质量和人才培养水平,为社会主义现代化建设提供智力支持和人力资源储备,为培养德智体美全面发展的社会主义合格建设者和可靠接班人贡献力量。

一、开展主题推进式教育根植于党和国家关于大学生思想政治教育的战略和方针

  大学生思想政治教育工作应紧密结合党和国家的大政方针,结合高等教育改革与发展的总体要求,结合高校工作的实际。2004年上半年,中共中央、国务院颁发了《关于进一步加强和改进未成年人思想道德建设的若干意见》,即中央8号文件;下半年,中共中央、国务院又颁发了《关于进一步加强和改进大学生思想政治教育的意见》,即中央16号文件。《意见》强调指出,大学生是十分宝贵的人才资源,是民族的希望,是祖国的未来。加强和改进大学生思想政治教育,提高他们的思想政治素质,把他们培养成中国特色社会主义事业的建设者和接班人,对于全面实施科教兴国和人才强国战略,确保我国在激烈的国际竞争中始终立于不败之地,确保实现全面建设小康社会、加快推进社会主义现代化的宏伟目标,确保中国特色社会主义事业兴旺发达、后继有人,具有重大而深远的战略意义[①]。

  胡锦涛同志2005年1月在全国加强和改进大学生思想政治教育工作会议上的重要讲话中指出,"培养什么人、如何培养人,是我国社会主义教育事业发展中必须解决好的根本问题。"在2010年7月召开的全国教育工作会议上,他又强调指出,"教育必须全面贯彻党的教育方针,把促进学生健康成长作为学校一切工作的出发点和落脚点"

  《国家中长期教育改革和发展规划纲要(2010~2020年)》强调指出,把育人为本作为教育工作的根本要求。坚持以人为本、全面实施素质教育是教育改革发展的战略主题,是贯彻党的教育方针的时代要求,其核心是解决好培养什么人、怎样培养人的重大问题,目标是培养德智体美全面发展的社会主义建

---

① 《关于进一步加强和改进大学生思想政治教育的意见》,(中发[2004]16号文)。

设者和接班人，重点是提高学生的社会责任感、创新精神和实践能力，推进思路是坚持德育为先，以德为重，全面发展。

党的十八指出，要坚持教育优先发展，全面贯彻党的教育方针，坚持教育为社会主义现代化建设服务、为人民服务，把立德树人作为教育的根本任务，培养德智体美全面发展的社会主义建设者和接班人。

习近平总书记2014年在北京大学的五四讲话中指出，青年要自觉践行社会主义核心价值观，努力在实现中国梦的伟大实践中创造自己的精彩人生，在激扬青春、开拓人生、奉献社会的进程中书写无愧于时代的壮丽篇章，这一要求，为广大青年指明了青春奋斗和人生努力的方向，为青年的健康成长成才提供了重要思想指针。

高校思想政治教育工作应该紧紧围绕党和国家关于高等教育和人才培养的根本要求，把握原则，突出重点，结合实际，注重实效。主题推进式教育就是在把握党和国家对大学生思想政治教育原则要求的基础上，结合学校实际，开拓教育思维，努力探索和实践的一种思想政治教育的有效模式。

二、开展主题推进式教育着眼于当前大学生日常思想政治教育面临的思想现状

近年来，我国对高校学生的思想政治状况持续开展滚动调查活动，通过调查表明，大学生的思想政治状况总体向好。2014年是高校学生思想政治状况滚动调查的第23年。据教育部最新公布的2014年高校学生思想政治状况滚动调查结果表明，大学生思想主流积极健康向上。广大高校学生坚决拥护中国共产党的领导，拥护社会主义制度，对中国特色社会主义道路自信、理论自信和制度自信进一步提升，对实现中国梦充满信心。广大高校学生信任并拥护以习近平同志为总书记的中央领导集体，充分肯定2013年党和政府工作。高校学生对新一届中央领导集体带头践行"八项规定"、坚持肃贪反腐、全面深化改革、深入开展群众路线教育实践活动给予高度评价。广大高校学生高度关注国内外时事热点，对维护国家统一、民族团结、社会稳定意愿强烈。广大高校学生积极评价学校工作，对所在学校的科创活动、社团活动、社会实践、辅

导员工作、家庭经济困难学生资助、心理健康教育等工作满意度均较上年有所增长。

但我们也应该清醒地看到,个别大学生的思想政治状况还有一些薄弱环节,也是不容我们忽视的,主要表现在:一是理想信念缺失。在信息互联的时代,大学校园已经成为国内外各种思潮多元并存,碰撞激荡的前沿区域。在国内各种思潮和国际各种思潮的内外夹击之下,尤其是各种西方资本主义思想观念通过各种媒介途径影响当代大学生,加上我国社会转型期各种问题的存在,比如:收入分配不均,贫富差距拉大,环境污染严重,弱势群体的民生亟待保障等等。党内存在的腐败现象和不正之风也没有得到根治,尤其一些高级领导干部的腐败,直接影响到党和国家的形象。一些大学生把现实生活中的不如人意之处以及官僚主义、腐败现象严重归结为马克思主义缺乏现实力量或不具有科学性,甚至对社会主义制度和共产党的领导感到失望,进而不再信仰马克思主义,理想信念淡化,信仰缺失。二是价值观念偏离。受经济快速发展的影响,部分腐朽经济思想意识出现"抬头"现象,如拜金主义、享乐主义、功利主义和个人主义等思想也不知不觉地渗透到大学生的思想和行动中,一些大学生将物质利益和个人利益放在首位,缺乏奉献精神和集体主义观念。同时,由于大学生受到社会、家庭、学校等多重因素的影响,有的学生以自我为中心,个人本位的价值主体自我化、价值目标趋向功利化、价值目标短期化的趋势日益突出。三是是非判断模糊。当代大学生处于国际风云变幻,社会日新月异的时代,由于社会阅历有限,涉世经验不足,知识水平不高,判断能力不强,身心素质欠缺,当面对纷繁复杂的社会问题的时候,往往缺乏深层次的思考和全面的分析能力,所以在是非判断上,在问题的表象与实质的分析过程中,在处理问题的方式方法上,往往不够成熟,甚至出现是非判断模糊,对问题处理草率、不理性的情况。

我国正处于改革发展的关键历史时期,也是矛盾多发时期,受改革开放大潮的影响,社会生活的各个领域也面临着许多新的问题和新的挑战。主题推进式教育在注重教育方式方法设计和运用的基础上,也认真分析了当代大学生在社会生活中受到的各种影响,在学习生活中存在的各种各样的实际问题,重点考虑了当代大学生在思想认识、政治取向、价值观念上出现多元化的趋向,按照社会主义人才培养的根本要求,帮助学生走出思想上的误区,强化学生的主流社会意识观念,践行社会主义核心价值观,努力提高大学生认识问题、分析问题和解决问题的能力。

三、开展主题推进式教育立足于东北林业大学大学生日常思想政治教育工作的实际

东北林业大学作为教育部直属的国家"211工程"和"优势学科创新平台"项目重点建设高校,始终致力于培养德才兼备的高素质人才,为国家经济社会发展和地方区域服务提供人才保障和智力支持。学校十分重视大学生的教育和培养,全面加强和改进大学生思想政治教育工作,创新大学生日常思想政治教育的理念和模式,不断提高人才培养质量和水平。

学校是一所有着60多年历史的林业院校,如今已经发展成为以林科为优势,以林业工程为特色的农、理、工、经、管、文、法、医、艺相结合的多科性大学。学校的学生类型呈现出以下几个个性化的主要特点:一是学校偏理工类的学生所占比例较大,偏文史类学生相对较少。二是作为林业院校的大学生,经济困难学生较多,主要由于来自林区、农村、二三线城市的学生所占比例较多,经济苦难学生占全校学生总数的35.4%,比例远远高于全国高校经济困难学生占在校生20%的平均比例。三是我校现有满族、蒙古族、回族、藏族、土家族、朝鲜族、维吾尔族、壮族、苗族、彝族等38个少数民族学生近2000余人,做好少数民族学生培养工作,是学校学生培养中的一项重要工作任务。四是我校作为全国定向为西藏培养人才的13所高校之一,承担着为西藏等西部地区建设和发展提供人才支持的根本任务。现有在校西藏定向生67人,已毕业西藏定向生180余人,来自全国八个省市和自治区。

根据学校作为农林院校的现实状况,理工科学生比例较大,文史类学生比例偏低,有必要加强大学生的思想理论指导,强化文、史、哲等方面人文素质教育。根据学校具有一定比例的贫困生、西藏定向生、少数民族学生等特殊群体,有必要进行分类教育。针对教育资源分散、教育目标不明确,针对性不强、

工作形式比较单调,吸引力和感染力不强、教育效果不明显等问题,为了提高大学生日常思想政治教育的针对性、有效性,学校进行了大学生日常思想政治教育的积极探索,重点想在整合教育资源,精选教育主题,明确教育目标,丰富教育方式,增强教育效果等方面下功夫,努力使思想政治教育工作的侧重点更加明晰,规律性进一步增强,全员育人的格局得到有效推进,学生日常思想政治教育的成效更加明显。在这样的背景下,学校整合日常思想政治教育资源,在核心教育理念上形成共识,同时确定统一的教育内容和体系,开始探索主题推进式大学生日常思想教育新模式。

四、开展主题推进式教育致力于增强大学生日常思想政治教育的针对性和实效性

东北林业大学一直非常重视大学生思想政治教育工作,也开展了一些教育活动,但是过去没有成熟的教育载体和稳定的教育思路。开展主题推进式大学生日常思想政治教育工作模式的探索,目的就是设法解决大学生思想政治教育工作实效性不强的问题。在主题推进式教育实施前期,学校面向学生进行了大规模的访谈调查和座谈研讨,在此基础上,通过用人单位走访、校友追踪调查、教师座谈会、辅导员的工作反馈、专家论证等方式,切实了解学校大学生思想政治教育的真实现状。大家普遍感到,实效性不强的问题之所以长期得不到很好的解决,主要有四个方面的原因。一是教育的针对性不强,没有按照教育规律和人才成长规律有针对性地开展日常思想政治教育。结果,学校给予学生的思想灌输和引导没有得到学生积极主动的回应和认同,更不要说产生共鸣了。因此,大家认为,日常思想政治教育工作脱离学生思想实际的倾向比较严重。二是日常思想政治教育工作的形式比较单调,形式主义的东西太多。主要表现在:党团活动的吸引力和感染力不强,校园文化的品位不高,人文精神培育和涵养不够,大学的文化氛围起不到对青年学生思想熏陶和文化滋养的作用。三是辅导员队伍参差不齐,重学生管理和服务,轻学生教育的现象非常普遍。学生对辅导员工作的认同度比较低。按照职业化、专业化的要求,辅导员教师身份还没有通过实实在在的教育实践得到专业教师和广大同学的真正认可。四是日常思想政治教育资源过于分散,没有形成教育的合力。从表面上看,校内众多职能部门,还有实体教学单位,都在做一些大学生思想政治教育工作,实际上都是蜻蜓点水、浅尝辄止。本来学校思想政治教育资源就十分有限,经过这样一分散,不仅形不成日常思想政治教育的体系和主线,而且还使学生陷入大量的无效教育活动之中。久而久之,学生对学校的各种教育活动失去兴趣,以至于逃避或抵触。学校各部门主办的各种教育实践活动成为主办者"自娱自乐"的活动。在未实行主题教育之前,组织部的党校、团委的团校、宣传部的骨干学生理论学习班、学工部的大学生理论学习指导中心、就业指导中心的职业生涯规划培训,分别结合自身的教育任务开展教育工作,虽各具特色,但教育的内容交叉重复。主题推进式教育模式,整合学校各部门的优秀资源,以便群策群力、共同策划,吸取有利经验,发挥全员育人的功能,以更多样更宽广的视野开展具有东北林业大学特色的主题教育活动。

针对这些问题,学校提出应把大学生日常思想政治教育工作的重点应该放在教育上。教育上去了,管理、服务的工作就会变得相对轻松。而教育大学生必须遵循教育规律和人才成长规律。在这样的前提下,要整合学校的思想政治教育资源,在核心教育理念上形成共识。同时,确定统一的教育内容和体系。各个部门按照各自的分工,围绕学校确立的年度、学期教育主题和重点,分别实施不同的教育活动。各个教学单位也要把本单位的教育实践统一到学校确立的主题教育上来,这样就使得大学生日常思想政治教育活动重点更加突出,思想引导和灌输的内容更容易被学生接受和内化,辅导员工作的侧重点更加明晰,规律性进一步增强,全员育人的格局才能真正地有效推进,学生日常思想政治教育工作才能逐渐由被动应付向主动应对转变。

2007年启动实施的主题推进式教育,就是要以主题推进式教育模式为载体,整合学校思想政治教育资源,全面加强和改进大学生日常思想政治教育工作。明确了教育主题及教育时间顺序,按照引导学生成人、教会学生成事、培养学生成才、激励学生成功的递进顺序确定了八个重点教育主题,主题的确定坚持"以人为本"的原则,按需定纲,以学生成长成才的实际需要为出发点,针对学生的不同类型、不同层次和个体差异,提出不同要求,采取不同方法,对症下药,进行针对性教育。逐步形成了"四年级不断线、八学期有侧重"的系统教育理论。

第四节 主题推进式教育的内涵与外延

主题推进式教育作为东北林业大学近年来大学生思想政治教育的重要模式,在多年的实践探索中已经发挥了极为重要的作用,取得了实实在在的效果。主题推进式教育有其自身的内涵,并在探索与实践过程中不断得到完善和丰富。在此基础上,也有力促进了主题推进式教育外延的发展,大大增强了大学生思想政治教育的科学性、系统性,从而实现了教育主题重点突出,教育内容充实丰富,教育形式点面结合,纵横交织,浑然一体,为营造系统有效的育人氛围创造了有利条件。

一、主题推进式教育的内涵

近年来,大学生日常思想政治教育工作虽然不断得到加强和深化,但教育的针对性不强、教育的形式比较单调、教育队伍素质参差不齐、教育资源没有形成合力、教育过程不够系统等问题还是长期存在,得不到很好地解决。为此,学校在理性分析当前大学生思想政治教育工作现状的基础上,提出了开展主题推进式大学生日常思想政治教育工作模式的探索,目的就是设法解决大学生日常思想政治教育工作实效性不强的问题。主题推进式教育,就是按照以学生为本的原则,根据大学生成长成才规律、教育规律和不同阶段学习生活的特点,在不同年级、不同类别的学生群体中确定相应的重点教育主题,分阶段、分类别、递进式、层级化对学生进行针对性强、时间集中、主题突出的教育实践活动,使不同年级主题教育与不同类别主题教育纵横交织、彼此呼应、相互促进,全面加强和改进大学生日常思想政治教育工作,促进学生全面发展,推动学生成长成才。

分阶段就是将大学生本科四年分为四个阶段,每年级为一个阶段,每个阶段根据本阶段大学生的学习生活特点和重点需求确立两个重点教育主题,分别在本阶段的两个学期中进行。分类别就是根据大学生思想政治教育的规律和经验,对不同特殊学生群体进行分类,并选定与之相应的教育方法和教育内容,因材施教,分类教育。递进式就是按照引导学生成人、教会学生成事、培养学生成才、激励学生成功的递进顺序设立重点教育主题,开展相应教育。层级化就是从学校、部门、学院、班级多层面分级负责,上下贯通,根据主题教育的整体思路和具体实施办法协同推进,全面实施。

主题推进式教育分为八个重点主题,分别为"大学导行""感恩诚信""文明修身""生态文明""责任担当""生涯规划""励志成才""荣校兴国"教育。"大学导行"——教育引导刚入学的新生尽快了解学校,适应大学生活,完成角色转换,开始崭新生活;"感恩诚信"——教育引导学生树立感恩意识,投身感恩行动,以诚修身,以信律己,真诚回报社会、家庭和母校;"文明修身"——教育引导学生树立文明新风,弘扬先进文化,抵制不良风气,慎己、慎微、慎独;"生态文明"——教育引导学生弘扬学校特色,宣传生态环保理念,倡导低碳生活,争做绿色先锋;"责任担当"——教育引导学生明确责任使命,强化责任意识,勇于奉献社会,敢于承担社会责任;"生涯规划"——教育引导学生明确职业方向,规划未来生涯,设计人生轨迹,实现美好理想;"励志成才"——教育引导学生探寻成功人士成长轨迹,掌握优秀人才成功规律,激发人生潜能,励志成功成才;"荣校兴国教育"——教育引导学生浓厚母校情怀,树立荣校意识,勇担兴国重任,致力民族复兴。这八个主题是不同年级不同学期的重点教育内容,但在讲座的时间段以外,各主题一些相关的内容也渗透在其他教育环节当中,作为八大主题的有益支撑和补充。通过八个突出的教育主题,使大学生们明确自身所要努力的方向和所要达到的目标,清晰的方向和目标引导了大学生的思想,并通过所受的主题教育内化成自身的行为,变原有的盲目自我成长为主题引导下的规范成长,努力实现由普通大学生到合格建设者和可靠接班人的转化。

社会主义核心价值观是大学生思想政治教育的主线,主题推进式教育紧紧围绕社会主义核心价值观深化教育内容和效果,以理想信念教育为核心,深入进行树立正确的世界观、人生观和价值观教育。以爱国爱校教育为重点,深入进行弘扬和培育民族精神教育。以基本道德规范教育为基础,深入进行公民道德教育。以促进大学生全面发展为目标,深入进行素质教育。通过主题推进式教育,使社会主义核心价值观深入大学生的脑海里,体现在大学生的实际行动中,使教育的内容得以具体化。

二、主题推进式教育的外延

以主题教育为牵引,形成了实践活动、校园文化、队伍建设、学风建设以及特色教育等辅以补充和延伸的教育载体,丰富了主题推进式教育的内容和形式,深化了主题推进式教育的实践环节,检验了主题推进式教育的实际效果,形成了主题推进式教育的有力支撑,为大学生思想政治教育的深入开展搭建了有效的平台。

(一)实践活动

主题推进式教育讲座重在提高大学生的人文素质,解决大学生的思想认识问题,陶冶高尚的情操,培育健全的人格和较高的政治觉悟,真正使学生向着身心健康,德才兼备的方向发展,使主题教育的内容内化于心,外化于行。但是如果仅仅依靠主题推进式教育的宣讲内容显然很难取得理想的预期效果,而开展形式多样的实践活动恰恰是为了使主题推进式教育讲座内容进一步拓展和深化。大学生"要健康成长,不仅要学习书本知识,而且要向社会实践学习,自觉投入于火热的改革开放和现代化建设的实践……把学得的知识用于实践,在实践中继续学习提高,艰辛知人生,实践长才干"。因为"马克思主义是从实践中来并被实践证明了的科学理论,只有联系实际,才能真正掌握,也只有真正联系实际,才能真正用好。青年学生只有到实践中去,他们的思想政治素质和业务素质才会不断得到提高"[①]。有组织、有计划、有系统的长期开展教育实践活动,并与教育主题紧密结合起来。大学生在教育中提升,

---

① 江泽民:《在庆祝北京大学建校一百周年大会上的讲话》,载《人民日报》,1998年5月5日。

在实践中成长,真正做到理论联系实际,使学生在实践中接受智育、德育、体育、美育等多方面的教育,增长知识技能,丰富人生体验。

实践活动主要包括课堂实践、校园实践、社区实践和社会实践等。实践的内容多种多样,主要包括:社会服务、青年志愿者、社会调查与考察、公益活动、勤工助学、专业实践、义务劳动、法律咨询等。大学生实践活动作为实践育人的有形载体,是全面提高大学生综合素质的有力举措,是加强和改进大学生思想政治教育的有效途径。习近平总书记鼓励青年学子"勇于到条件艰苦的基层、国家建设的一线、项目攻关的前沿,经受锻炼,增长才干。"大学生社会实践活动作为实践育人的有形载体,是全面提高大学生综合素质的有力举措,是加强和改进大学生思想政治教育的有效途径。大学生社会实践活动为广大青年学生提供了服务人民、奉献社会的舞台,是促进青年学生实践成才的生动课堂。参加社会实践活动,对于促进学生了解社会、了解国情,增长才干、奉献社会,锻炼意志、培养品格,增强社会责任感具有不可替代的作用。

(二)校园文化

校园文化与主题推进式教育的理论宣讲与实践紧密结合,而不是另辟蹊径,是主题推进式教育的深化和拓展,作为主题推进式教育的有力补充,统一于大学生日常思想政治教育的总体要求。

高校的重要职能之一就是文化传承与创新。优秀的校园文化能弘扬学校长期以来形成的优秀传统,并能使之不断拓展和深化,浸润学生的心灵,增强学生的气质,体现学校在长期办学过程中形成的大学精神,是大学的气和神。主题推进式教育离不开校园文化的耳濡目染,两者之间同样需要紧密的融合。从校园文化建设本身来讲,一是要有物质基础,必要的场地,基本的设施环境是开展校园文化不可或缺的条件。主题推进式教育充分利用体育活动中心、图书馆、科学会堂、学生活动中心、体育馆、森林博物馆等文化活动场所,充分结合我校良好的校园生态环境,结合学校学科专业特点和大学生群体所具有的共性特点,与校园文化活动的开展有机融合在一起。在开展文化活动的过程中,重点加强大学生文、史、哲、艺术、科技等人文科学和自然科学方面的教育和熏陶,来提高大学生的知识储备、人文修养、文化品位、审美情趣和科学修养。

在文化建设的过程中注重大文化与小文化的结合。大文化既要立足于中国传统文化,又要基于当前大学生思想政治教育的基本要求和社会主义核心价值观引导的社会道德规范教育。中国传统文化是中华民族生生不息的灵魂和基因,校园文化应根植于传统文化的精髓和精华,并进行深入挖掘、拓展和创新,在大学生中形成良好的道德规范,倡导善行义举的行为和向上向善的力量。把《公民道德建设实施纲要》、《中共中央国务院关于进一步加强和改进大学生思想政治教育的意见》、实现中国梦、培育和践行社会主义核心价值观的精神内涵和根本要求融入到校园文化建设当中,把爱学习、爱劳动、爱祖国的"三爱"教育,民族团结的"三个"认同教育,节粮、节水、节电的"三节"教育等活动作为当前文化建设的重要载体,大力营造体现主流意识、时代特征、学校特色的校园文化氛围。小文化是深入开展大文化的具体表现和要求,与学校本身的文化传承与发展紧密结合,小文化建设应该更加注重寝室文化、班级文化、学院学生文化、学校学生文化的一脉相承,融会贯通,以点带面,点面结合,整体推进。打造文化活动品牌,建设良好寝风、班风、院风和校风,使"严谨、勤奋、求实、创新"的校风和"学参天地、德合自然"的校训以及学校在争办"211工程"过程中形成的"团结拼搏、自我激励、发挥优势、争创一流"的独特精神得以弘扬和发展。同时也应该注重制度文化建设,努力做到物质文化、精神文化和制度文化的有机统一。

(三)队伍建设

主题推进式教育的组织实施离不开思想政治理论课教师、学生管理干部和辅导员的参与,在这个过程中,强化了几支队伍的建设。一是理论宣讲队伍建设,主题推进式教育实施过程中,有效整合校内教育资源,把思想政治理论课教师、党政领导、管理干部和辅导员中的宣讲骨干整合在一起,便于宣讲的系统安排,便于队伍成员之间的沟通和对学生日常思想状况的了解,便于增强队伍的理论水平和整体宣讲能力的提升。二是辅导员队伍建设,辅导员队伍是主题推进式教育组织实施的重要力量,对主题推进式教育的计划、安排、组织、实施、总结、反馈等工作比较熟悉,在这个过程中,一方面促进了辅导员工作能力的提升,同时也促进了辅导员的职业化、专业化水平,同时一部分辅导员承担了主题推进式教育的工作研究项目,提升了辅导员的科研能力水平。三是学生干部队伍建设。学生干部队伍是主题推进式教育要重点指导的一个群体,他们来自于学生,又服务和管理学生。学生干部的素质与服务管理水平,对全校大学生的素质提升、精神面貌有着重要的影响,起着不可忽视的重要作用。一些学生干部直接参与主题推进式教育的组织工作,有利于个人能力的锻炼,如何发挥学生干部在学习、工作等各个方面的表率和引领作用,也是主题推进式教育要重点解决的问题。

(四)学风建设

学风建设是高校加强内涵建设,提高教育教学水平和人才培养质量的关键所在。学风有广义与狭义之分,广义的学风指对待学术的态度;狭义的学风主要是指师生的学习态度和行为方式①。本书重点涉及的是学生的学风建设。党的十八大提出,教育的根本任务是立德树人。树立良好的学风、形成优良的学风传统是立德树人的大事、实事。它使教育者树立良好的道德风范,严谨求实的学术作风,也使受教育者养成良好的学风,终身受益。学风涉及学习目的、学习态度,关涉一个人的人生观、世界观,以及为人规范和道德修养。所以学风是立德树人的重要内容,是实实在在的教育内容②。把学风建设内容纳入到主题推进式教育当中,通过主题推进式教育促进学风建设,从学生入学开始,以导行教育入手,让学生思考"我们为什么上大学""我们怎样上大学",通过在获取知识,开发潜能,培养创造力,讲究学习方法,合理进行时间安排等方面对大学生进行适当的引导。在大学不同的学习阶段,融入针对性的学风引导和教育,结合职业生涯规划、励志成才、荣校兴国等主题深化思想教育和个性化指导,结合不同学生群体的特征进行分类教育,对学业困难学生进行有效帮扶,促进大学生学习的积极性。通过诚信教育,促进学生考试诚信、学术诚信、为人诚信。开展一系列辅以支撑和深化学风建设的校园活动,如:举办优

---

① 付宏渊:《党风、校风、学风是大学的生命》,载《光明日报》,2014年6月11日。
② 周远清:《学风就是质量》,载《中国教育报》,2014年4月7日。

秀学子事迹报告会,让在校学生倾听品学兼优学生的亲身经历、成长感受和取得的优异成绩,努力形成见贤思齐的良好氛围。创建优良学风班,让学生们在学习上有目标、有追求、有行动、有效果。开展学业预警与帮扶,对学业困难学生及时提醒,有效帮扶,督促学生完成学业。在开展主题推进式教育过程中,使思想引导、文化活动、日常管理紧密结合起来,多措并举,共同促进学风建设扎实、深入、有效的开展,努力在学校形成勤勉好学、风清气正的学习氛围。习近平总书记指出,青年人正处于学习的黄金时期,应该把学习作为首要任务,作为一种责任、一种精神追求、一种生活方式,树立梦想从学习开始、事业靠本领成就的观念,让勤奋学习成为青春远航的动力,让增长本领成为青春搏击的能量①。主题推进式教育把大学生的学习、理想、信念进行了有机的融会贯通,注重引导大学生德育和智育齐头并进。

(五)特色教育

东北林业大学作为黑龙江省唯一一所教育部直属的211工程重点建设高校,林科优势明显。学校一贯倡导对自然、对生态的关注、关爱,倡导人与自然的和谐,这是东北林业大学这座绿色学府承担的一种特殊历史使命。"学参天地,德合自然"的校训,体现了对自然、生态的尊重和珍爱。建设生态文明、引导绿色文明、传播绿色文化、创建绿色价值观,是建校以来广大师生坚持不懈的追求。多年来,学校致力于对林业建设、生态环境保护等方向的高层次创新人才培养,努力提高科学研究的能力和水平,为现代林业建设和生态文明建设提供强有力的科技支撑,更好地为地方经济和林业建设服务;发挥大学的文化培育、传播功能,为生态文化建设提供文化、智力支持;发挥国家生态文明教育基地的宣教作用,帮助人们树立正确的生态文明观,努力构建生态文明的价值体系。丰富而优越的生态教育资源也为学校开展生态文明教育创造了得天独厚的的条件,学校拥有帽儿山国家森林公园(实验林场)、和凉水国家级自然保护区(实验林场),总面积达三万三千多公顷。我国第一家以森林为主题的专题类博物馆——中国(哈尔滨)森林博物馆于2013年在东北林业大学正式落

---

① 习近平:《在同各界优秀青年代表座谈时的讲话》,载《人民日报》,2013年5月5日。

成,该博物馆为进行林业科普、传播森林文化、开展学术研究提供了一个新的平台,让更多的人了解森林、敬畏生命、热爱自然。野生动物展馆、毛皮标本室等教育载体常年接待校内外众多参观者,倡导珍视生命,保护生灵,促进人与自然和谐相处、共同保护地球这一人类共同的家园。学校长期开展生态文明观教育活动、生态科普教育活动、生态道德教育活动、生态法制教育活动、生态审美教育活动,为深化校园生态道德教育,开展生态社团实践,丰富生态主题活动,增强生态文明意识起到了积极的促进作用。作为林业高等学府,在生态文明建设和林业发展中有责任发挥积极地引领、带动作用。为此,学校在主题推进式教育的主题设计中,把生态文明作为一项重要的教育主题进行宣讲,同时辅以形式多样、内容丰富的实践活动,使生态文明教育和实践更加深入。这是落实党的十八大提出的"大力推进生态文明建设"的具体举措,也是宣传生态理念、弘扬大学精神的有效途径。

第二章

主题推进式教育的实施思路

为更好地实施主题推进式教育,需要有明确的教育实施思路,包括主题推进式教育的指导思想、目标任务、教育原则、教育要求、队伍配置、实施体系、教育规划、教育模块等,这样才能使主题推进式教育有一个更清晰的脉络和抓手,从而保证在具体实施过程中更加顺畅和系统。

第一节 指导思想与目标任务

在主题推进式教育的实施过程中,要把握好总体指导思想,这是保证教育方向的先决条件。同时进一步明确开展主题推进式教育的目标和任务,使得实施主题推进式教育的过程中,有一个更加清晰的思路,以便更好地实现预期的教育效果,切实增强大学生日常思想政治教育的针对性和实效性。

一、指导思想

主题推进式教育作为大学生日常思想政治教育的有效模式,要始终坚持正确的指导思想,在政治引领、价值导向、教育方向和理论应用上都能牢牢把握主动权,弘扬主旋律,传播正能量。

一要坚持以马克思列宁主义、毛泽东思想、邓小平理论、"三个代表"重要思想和科学发展观为指导。马列主义、毛泽东思想、邓小平理论、"三个代表"

重要思想和科学发展观一脉相承,是我们党长期坚持的指导思想,对中国特色社会主义的建设和发展起到了极为重要的作用。高校是先进思想文化的汇集地,要巩固马克思主义在意识形态领域的主导地位,引领广大学生学习包括毛泽东思想相关理论、中国特色社会主义理论体系、国史、党史等多方位的马克思主义中国化相关理论及知识,坚守高校这块宣传马克思主义的重要阵地,通过主题教育培养大学生坚定的政治立场,崇高的理想信念,高尚的品格道德。

二要坚持以社会主义核心价值观为导向。以"富强、民主、文明、和谐,自由、平等、公正、法治,爱国、敬业、诚信、友善"24字为基本内容的社会主义核心价值观,从国家、社会、个人三个层面反映了中国人民的共同价值和追求,为包括高校大学生在内的全国人民提供了思想和行为指南。社会主义核心价值观是提升国家软实力的重要举措,也是实现"中国梦"的重要支撑。要把社会主义核心价值观融入主题推进式教育的全过程,通过社会主义核心价值观来统一大学生的思想,提升大学生的道德,规范大学生的行为,使核心价值观渗透到整个大学校园,使其内化为师生的精神追求,外化为师生的自觉行动,弘扬大学精神,展现当代大学生的文明新风。高校应该成为带头弘扬核心价值观的重要阵地,用核心价值观主导意识形态,用核心价值观赢得占领思想文化领域的主动权、主导权和话语权。

三要坚持以党和国家的教育方针为指向。党的十八大指出,教育是民族振兴和社会进步的基石。要坚持教育优先发展,全面贯彻党的教育方针,坚持教育为社会主义现代化建设服务、为人民服务,把立德树人作为教育的根本任务,培养德智体美全面发展的社会主义建设者和接班人。全面实施素质教育,深化教育领域综合改革,着力提高教学质量、培养学生社会责任感、创新精神、实践能力。教育规划纲要也明确提出,"坚持德育为先,立德树人,把社会主义核心价值体系融入国民教育全过程。"通过主题推进式教育把党和国家的教育指针与教育要求落实在大学生日常思想政治教育的实际当中,把素质教育与立德树人结合起来,德才并重,文理兼修,努力推动实现人才培养的既定目标。

四是坚持以教育学规律和理论为基础。要遵循教育规律和人才成长规律,坚持以学生为主体,充分发挥学生在主题推进式教育过程中的主体作用。

依据学校人才培养目标,充分发挥学校学生思想政治教育工作的优势,通过围绕"八大主题"的内容宣讲、实践活动、校园文化和日常管理的有机结合,增强大学生的政治觉悟,提高学生的思想道德素质,促进学生的学业能力和学术水平,以大学生全面发展为目标,大力提高大学生的综合素质,努力培养德智体美全面发展的社会主义合格建设者和可靠接班人。在教育过程中要科学运用教育学理论和方法,尤其是思想政治道德观教育、思想政治教育学原理、思想政治教育史、思想政治教育心理学和心理健康教育相关知识与技能等思想政治教育专业基础理论、基本知识、基本方法,对学生进行科学教育和培养,使学生身心健康、品德高尚、知识渊博、能力出众,满足社会主义建设和发展对人才的实际需要。

二、目标任务

主题推进式教育的主要目标任务是对学生进行思想上的教育,文化上的熏陶,精神上的启迪,使学生努力向着品学兼优、德才兼备的方向成长,促进学生的全面发展,大力提升人才培养质量。同时通过主题推进式教育,整合大学生思想政治教育的有效资源,锻炼思想政治教育工作队伍,发挥教育队伍的积极性、主动性,推动全员育人、合力育人氛围和机制的形成。通过坚持实施主题推进式教育,进一步探索大学生思想政治教育的有效途径,增强思想政治教育的工作水平和教育效果。

一是以大学生全面发展为目标,全面提高大学生综合素质,为促进大学生成长成才创造条件。以社会主义核心价值观引领思想文化教育的方向,致力于中国优秀传统文化的传承,弘扬生态文明精神,引导学生牢固树立关爱自我、关怀社会、关心他人、关切生态的全面发展理念,使学生的理想信念、精神面貌、文化素养得到显著改观,塑造众多奋发向上、刻苦学习、乐于奉献、品学兼优的优秀学子。与时俱进、开拓创新,以思想政治理论课教育为主渠道,主题教育为重要手段,实践教育活动为载体,深入开展大学生的理想信念教育、爱国主义教育、基本道德规范教育、全面素质教育和诚信教育等。适时开展学生思想状况调查,有针对性地开展思想教育工作。坚持以大学生全面发展为本、贴近实际、贴近思想、贴近生活,使学生努力学习马列主义、毛泽东思想和邓小平理论,用"三个代表"重要思想武装自己,逐步树立科学的世界观、人生观、价值观和方法论;具有艰苦奋斗和敬业的精神,有强烈的使命感、责任感和创业意识。自觉地遵纪守法,具有优良的道德品质和健康的心理素质;勤奋学习、勇于探索、敢于创新、勤于实践、努力掌握现代科学文化知识,立志成才;使学生自觉坚持学习科学文化知识与加强思想修养的统一,坚持学习书本知识与投身社会实践的统一,最终实现大学生对各教育主题"真学、真信、真懂、真用"。大学生在政治觉悟、思想认识、人格养成、心理素质、知识技能和行为规范上都有一定程度的提升,达到促进大学生全面发展的目标。

二是有效整合思想政治教育队伍,促进合力育人氛围的形成。主题推进式教育中的教育主题是通过多种渠道凝练而成的,所提炼的八个主题都是在学生思想方面存在共性的、突出的问题。这些主题既紧扣育人目标又贴近大学生学习生活实际,针对性强,对于引导大学生树立正确的世界观、人生观、价值观有着重要作用。主题推进式教育要充分利用学校党政领导、管理干部、思想政治教育理论课教师、辅导员、班主任等教育队伍资源,发挥各自的职业岗位优势,使他们参与到主题教育中来。发挥各种教育渠道和育人环境的教育功能,这样既利于整合教育资源,促进思想政治教育的课堂教学与日常管理和教育的有机融合,又利于锻炼和提升思想政治教育工作队伍开展思想政治教育工作的整体水平。通过多个部门、多个岗位、多种职务的人员共同参与,齐抓共管,协调一致,努力营造全员育人的氛围,不断完善和推动卓有成效的合力育人机制,充分发挥全员育人功能,切实解决大学生日常思想政治教育的薄弱环节和现实问题。

三是促进思想政治理论课教师与辅导员的融合,增强大学生日常思想政治教育的效果。当前,高校承担大学生思想政治教育的主体主要有两个:一是思想政治理论课教师队伍;二是学生政工干部队伍。思想政治理论课教师是负责课堂教育,是主渠道、第一课堂;而学生政工干部负责课堂以外日常思想政治教育,是主阵地、第二课堂。主题推进式教育要促进第一课堂与第二课堂的结合,就是思想政治理论课教师与学生政工干部的结合,就是主渠道与主阵地的结合。这种"结合"可以将第一课堂延伸到第二课堂中,解决第一课堂容量过小的问题,也能帮助思想政治理论课教师了解学生思想实际,丰富讲课内容,还能解决学生政工干部专业化水平偏低的问题。但是在"结合"上下功夫并不容易,这主要受制于高校内部管理体制机制的约束。要促进二者的结合,一是请思想政治理论课教师参与到学生日常思想政治教育工作之中,做专题报告、搞讲座;二是选择一些优秀辅导员参与思想政治理论课教学工作;三是思想政治理论课教师与学生政工干部一起,就学生工作中的难点问题、热点问题进行课题的研究,联合攻关,互相促进;四是思想政治理论课教师参与假期学生社会实践活动。这种结合具有一定的优势互补性,能够促进理论与实践的结合,增强教育的作用和效果。

四是探索创新大学生思想政治教育的有效途径,取得较好的教育成果和实效。通过调研、探索、实践和创新主题推进式教育,进一步探究大学生的教育规律和人才培养规律,总结主题推进式教育实施过程中取得的良好经验和有效途径,分析教育过程中的重点和难点问题,为创新大学生思想政治教育的思路和方法提供实践和理论支撑。要注重主题推进式教育与实践活动、校园文化、学风建设等教育载体的有机融合,找准大学生日常思想政治教育的契合点,使大学生思想政治教育的针对性和实效性切实发挥出来,真正影响一大批学生,带动一大批学生,培育一大批学生。强调学生的主体地位,使思想政治教育成为大学生内在的强烈的需求,努力提高思想政治教育的针对性、实效性、吸引力和感染力。在探索实践的过程中,注重调研、注重总结、注重研究,力争形成一定的教育成果、实践成果、研究成果和文化成果,以进一步推动大学生思想政治教育工作向纵深发展。

第二节 教育原则与教育要求

大学生思想政治教育有其自身的特点,所以在实施主题推进式教育的过程中,应该把握好教育原则,明确教育要求,这样才能使主题推进式教育贴近实际、贴近生活、贴近学生,更加符合教育规律,取得实际成效。

一、教育原则

（一）育人为本与德育为先相结合的原则

"以人为本"是科学发展观的核心理念和根本原则，真正的教育应该是以人为本的教育。育人为本就是把教育人、培养人作为根本任务，作为学生培养的立足点、出发点和落脚点。教育是百年大计，学校教育应该体现育人为本，德育为先，实施素质教育，培养德智体美全面发展的社会主义建设者和接班人，这也是党的十七大提出的高等学校办学的根本任务和奋斗目标。十八大提出，把立德树人作为教育的根本任务，归根结底，就是要积极引导学生树立正确的世界观、人生观、价值观、荣辱观。这是保证社会主义办学方向，不断提高学生培养质量的重要前提。

（二）理论教育与实践活动相结合的原则

进行理论教育是开展实践活动的基础，对实践活动有指导作用；而实践活动又是理论教育的延伸和检验，是学生把思想教育内化于心，外化于行的重要环节。马克思说："光是思想力求成为现实是不够的，现实本身应当力求趋向思想"[①]。要结合国内外政治、经济、文化的发展变化和学生的思想实际，注重理论教育和时事教育，力求使学生做到知行统一。注重实践活动，发挥校园活动、社会实践、学生管理等具有的特殊思想教育功能，引导学生在实践活动中接受教育，在实践活动中培养健全的人格，培育合作精神、优良作风和高尚品德，真正实现理论教育和实践活动的有机结合。

（三）全员性教育与个性化引导相结合原则

大学生有共性的群体特点和教育需求，所以在教育过程中，应该充分考虑全员教育的内容和重点，适应全体受众，已达到整体素质提高的目的和效果。主题推进式教育要面向学校学生，做到覆盖面广，体系完整，规定内容实现全员覆盖。由于大学生的家庭条件、社会经历、学业水平、性格特点、兴趣爱好等各不相同，所以教育的方式和内容也应该有所区别，要选取有效的方式方法，

---

① 《马克思恩格斯选集》第1卷，人民出版社，1995年版。

在进行全员性教育的同时,还要采用针对性的教育内容,分类别进行教育和引导,因人施教,区别对待,开展形式多样的思想政治教育,增强思想政治教育的针对性和实际效果。从实际出发,针对学生的不同类型、不同层次和个体差异,提出不同要求,采取不同方法,进行针对性教育。

(四)正面教育与反面警示相结合的原则

以正面教育为主,要注重正面引导和说服教育,坚持灌输和疏导相结合,表扬和批评相结合,引导学生用积极因素克服消极因素。从正面向学生传播先进的思想和科学的理论,提高学生的政治觉悟和思想认识,增强学生认识问题、分析问题、解决问题的能力,为学生的成长成才指明方向和道路。以反面警示为辅,针对当代大学生群体特点中的薄弱环节和大学生学习生活中存在的问题,帮助学生转变错误的认识、立场、观点和方法,从反面案例中吸取成长过程中的教训。

(五)思想教育与行为管理相结合原则

主题推进式教育的目标之一,就是想通过日常的有效教育影响大学生的思想和灵魂,使教育的思想和内容能够融入大学生的头脑里,心灵中,从而体现在大学生的日常行为规范中。严格规范的管理是大学生日常思想政治教育工作不可缺少的环节,是强化日常思想政治教育的必要手段,实施大学生的日常思想政治教育,将外在的规范性管理化作学生本身内在的自觉行动和自我要求,从而达到教育管理的有机结合。在各种教育、管理过程中要贯彻对学生的德育要求,真正达到日常思想政治教育和行为管理相互联系,相辅相成。

(六)继承传统与开拓创新相结合的原则

大学生思想政治教育的内容和方式不是一成不变的,既要继承党的思想政治工作的优良传统,传播中华民族在历史发展过程中形成的有益思想和优秀文化,认真总结和吸收高校长期以来在大学生思想政治教育过程中积累的丰富经验,又要结合时代发展的特点,与时俱进,改进创新,根据新形势、新特点、新任务,赋予思想政治教育工作新的内涵,更新观念,丰富内容,创新机制和方法,不断增强大学生思想政治教育的针对性和实效性,充分发挥高校思想政治教育工作的育人功能。

二、教育要求

(一)学生参与要求

主题推进式教育要求全校在籍大学生按照统筹安排分报告场次全员参加,为了保证教育成效,主题教育讲座要全员覆盖,具体实施按年级进行,学生行政班为开展主题教育的基本单位。主题推进式教育贯穿大学四年始终,每名学生都要保证完成八个重点主题讲座的听讲。实践活动根据学院和班级的安排进行,校园文化活动可以根据个人实际情况有选择地组织开展。

(二)教师选定要求

主题推进式教育的主讲教师要求政治立场坚定,人文底蕴深厚,课堂讲授效果好,能与学生形成互动,并愿意参与到大学生日常思想政治教育工作中,在学生中具有良好评价的优秀教师。在教师的选定过程中既要考虑在学校教学单位和管理部门的分布,又要考虑利于形成宣讲梯队。

(三)内容宣讲要求

为了使主题推进式教育能够贴近学生实际,在主题推进式教育实施初期,学校就一改过去"谁擅长什么,就直接拉过来讲"的做法,而是先议定主题,然后选择学生最容易接受的老师来讲。选定的老师首先要形成自己的报告文本,报告文本形成后,还须"过五关斩六将":先组织一部分一线辅导员来听,通过后再由学生工作部门的老师听,并现场提出意见或建议,并由主管学生工作的学校领导把关,然后在小范围学生中进行试讲,经过不断修改后最终形成报告讲稿,正式进行主题教育讲座。

(四)过程管理要求

由党委学工部对宣讲教师的基本情况、宣讲主题等情况进行备案。党委学工部思想教育科的管理人员主持讲座,并与学生一起全程倾听。学校领导、学生工作部门的负责人、其他学生工作干部不定期抽取某个场次旁听,及时掌握主题教育的讲座情况和学生接受教育的效果。讲座之后倾听学生的反馈,并适时召开学生座谈会,了解学生的所思所想,以及对主题教育的合理化建议。

(五)学生学习要求

为加强大学生思想政治教育工作,学校为学生的主题教育开设了教学学分,便于对学生参加主题推进式教育的听讲、实践等进行考核,为增强主题推进式教育的组织、管理和检查提供保障。党委学工部也对每次主题讲座的参加班级、人员、人数等情况进行统计,并做好相关记录。

第三节 队伍配置与实施体系

主题推进式教育的宣讲和指导,主要由教师来完成,教师队伍的配置对于主题推进式教育的实施效果起着至关重要的作用。学校通过制定科学的遴选程序,选取优秀宣讲教师和指导教师参与其中,努力增强教育效果。在此基础上,建立了一系列切实可行的实施体系,设置了关键的实施环节,保证了主题推进式教育的有效运行。

一、队伍配置

主题推进式教育要取得好的教育效果,队伍配置是基础,选取良师是关键。为了保证教师资源的优化配置和持续供给,学校在内部组建了由学校领导、校内专家学者、思想政治理论课教师、机关党政干部和优秀辅导员等组成的主题推进式教育宣讲团。队伍确定初期,由全校教师、党政管理干部和辅导员按照教育主题自由申报,并通过试讲、合议、听取学生意见等环节,最终综合整体情况,从中遴选具有相应能力的人员进入宣讲团队。宣讲团队按照教育内容分组,每一教育主题成立一个主题教育小组,设立主讲教师一人,辅助教师三名,实践教师一名,教育小组力争是一个结构合理、人员稳定、教学水平高、教学效果好的教师梯队。

主讲教师负责主题教育主报告的宣讲,要求覆盖所有学生,内容覆盖理论框架、主导思想及主题目标;辅助教师负责学院的辅导报告,进行大学生实现主题教育目标的途径和方法指导;实践教师负责学生主题实践活动的开展、组织和管理。身教胜于言教,宣讲团的教师虽然学业背景不同,术业专攻各异,但他们都热爱学生思想政治教育工作,并且学高身正,他们有的是学生敬仰的知名专家学者,有的是和学生们朝夕相处的辅导员,他们的言谈举止在潜移默化中起到了育人的作用,增强了主题推进式教育活动的育人效果。经过几年的实践,做主报告的老师已经涵盖了学校各个层面的教师和干部,越来越多的专业教师和机关党政干部积极主动投身到学生教育中来。同时也建立了覆盖省内外著名专家学者、成功人士、知名校友、文化名人等各界精英人士的后备主讲教师,录入信息数据库,根据宣讲的实际需要应邀来校作专题讲座。

针对学校学生多为理工科专业的情况,学校加大文、史、哲、艺教育的权重,具有文、史、哲、艺专业背景的专家占教师数据库人数的80%以上。"主题推进式教育"的开展,促进了学校师生与校外专家学者之间的学术、思想、文化交流,为校园文化建设注入了源源不断、丰富厚重的文化内涵,营造出日益浓厚的人文关怀氛围,大大提升了校园文化的格调品位。

二、实施体系

(一)组织领导

学校成立了东北林业大学学生工作指导委员会和大学生思想政治教育工作领导小组,由分管学生工作的学校领导总体筹划和指导,由党委学工部和学校团委统一组织实施,主题推进式教育实行学校、学院、班级分层次实施的体系,党委学工部思想教育科具体负责组织实施主题宣讲,包括宣讲教师的安排与协调、学生受众的组织与管理、宣讲场地的预借与使用、宣讲效果的情况掌控和学生反馈信息的搜集。学校团委具体负责主题推进式教育的实践活动,制定主题实践活动总体方案,各学院根据主题实践活动方案确定结合主题又符合学院特点的实践活动。学校工会、体育馆管理中心、图书馆、博物馆等相关部门作为辅助单位,共同开展主题推进式教育活动。

(二)教育时间及主题

主题推进式教育的宣讲教育每个学期都要进行,而且内容各不相同,大一年级上学期为导行教育,下学期为感恩诚信教育;大二年级上学期为文明修身教育,下学期为生态文明教育;大三年级上学期为责任担当教育,下学期为生涯规划教育;大四年级上学期为励志成才教育,下学期为荣校兴国教育。每个学期各主题的宣讲时间,综合宣讲教师和受众学生的时间统筹安排,因学校每个年级的学生在4600人左右,所以同一主题的讲座一般安排四次,集中在一个时间段的不同日期,每次1200人左右。这样既便于时间的统筹协调,也方便第一次因故未能听到讲座的同学有机会选择下一次的主题教育进行听讲。主题实践时间由学校团委进行总体计划,设置主题实践环节的总体时间范围,各学院结合学生实际,在不影响学生正常学习生活的前提下自行具体安排实践活动时间。根据这样的教育时间和主题安排,所有学生在大学四年里都能接受到一个循环系统集中的教育,大大提高了主题推进式教育的针对性、实效性。

(三)主要环节

1. 制定教育计划。每学年初由党委学工部下达本学年主题推进式教育的计划,明确教育内容、形式方法、基本要求、解决的主要问题,并列入学校的日常思想政治教育计划。明确分类教育的重点学生群体,重点开展的教育内容和相关组织实施落实的部门和负责岗位。学校团委根据党委学工部的教育计划制定主题推进式教育实践活动指导手册,重点说明实践活动的模式内容,明确学校制定活动和学院自选参考活动,作为各学院开展实践活动的指导意见。各学院根据学校的总体计划,结合学院实际和学院特色,制定各学院的相关计划。

2. 进行主题宣讲。宣讲教师根据本学期的教育计划,围绕教育主题,开展主题教育活动。在主题教育宣讲过程中,重点阐述基本观点,讲清基本道理,有针对性地回答大学生的现实困惑等问题,解决大学生的思想认识问题。讲究授课艺术,注重启发引导。

3. 开展实践活动。根据主题教育需要,各学院结合学校关于实践活动的指导意见,开展丰富多彩的实践活动,强化主题教育讲座的效果。在开展活动的过程中要围绕主题,突出重点,保持特色,注重实际效果。同时也要结合日常的实践教育活动和寒暑假的"三下乡"活动,引导学生按照教育的主题开展践行活动。

4. 举办主题班会。在每个主题教育讲座结束之后,各学院的辅导员老师指导班级围绕教育主题举办主题班会,可以采取多种形式,组织大学生联系实际认真讨论,消化授课内容,交流心得体会,辨析疑难问题,解决实际问题。

5. 反馈总结。通过问卷跟踪调查、网络留言、辅导员单独辅导、定期召开座谈会和领导走访等方式了解、反馈讲评教育情况,根据学生学习、生活、活动等综合情况了解教育成效。党委学工部对主题教育宣讲情况进行总结,校团委根据各学院围绕教育主题开展实践活动的总体情况进行总结。在此基础上对主题推进式教育阶段性开展情况和成效进行综合总结和评价,推广有效做法,分析存在问题,提出解决办法,巩固深化教育效果。

6. 完善机制。通过及时了解、反馈信息,认真研究"设计——实施——反馈——总结——改进"运行机制。在主题推进式教育的实施过程中征求学生及部分教师的意见和建议,在原有基础上改进做法,丰富内容形式,完善运行机制,促进主题推进式教育的系统性和规范性运行。

第四节 教育规划与教育模块

主题推进式教育是学校大学生思想政治教育的主线,在实施过程中以"八大主题"为重点,按照引导学生成人、教会学生成事、培养学生成才、激励学生成功的教育思路对学生进行教育培养,同时兼顾学生日常思想政治教育内容,融汇其中,为此,学校制定了相对宏观的教育规划,以使教育的时间节点、教育内容和教育目标更加明确与清晰。在实施主题推进式教育的过程中,还重点建立了理论教育、实践强化和科学研究三个教育模块,以增强教育的连续性和系统性,有利于在实践过程中推动大学生思想政治教育的不断深化和拓展。

一、教育规划

主题推进式教育的主题内容宣讲,具体实施按年级进行,学生行政班为开展教育的基本单位。

1. 一年级实施规划

施教内容：以"导行教育"和"感恩诚信教育"为重点，主要围绕大学生适应教育、养成教育和诚信教育来开展。涵盖大学生日常行为规范教育、校规校纪教育、校史校情教育；专业思想教育；学习方法教育；心理健康教育、公民道德教育、感恩诚信教育、人际关系教育、党的基本知识教育；班集体教育、团队教育等。

教育目标：帮助学生尽快地完成从高中到大学的过渡，对大学有一个整体的认识，对大学生活有一个初步的规划和目标。养成良好的学习、生活习惯，尽快适应学习生活环境的变化；在师生之间、同学之间建立良好的人际关系，做到尊敬师长、团结友善；建立优良的学风，养成积极进取、勤奋好学的良好风气，有正确的学习目的和专业思想；养成良好的品行，知恩感恩，明礼诚信，提高自身的心理素质和公德素质；模范遵守校规校纪，树立大局意识、集体意识，培育团队合作精神。

2. 二年级实施规划

施教内容：以"文明修身"和"生态文明"教育为重点，主要围绕人格养成教育和特色专业教育来开展。进行马克思主义基本原理教育和党的政策、路线教育；进行社会主义核心价值观教育，社会公德教育、文明行为教育、民主法制教育；进行世界观、人生观和价值观教育、科学精神和人文精神教育；进行社会实践教育，专业思想教育，专业特色教育，生态文明教育等。

教育目标：注重自身的人格养成，坚定理想信念，按照国家和社会对大学生的要求培养自己，树立良好的大学生文明形象。树立社会主义法制观念，知法、守法、用法。践行社会主义核心价值观，树立正确的世界观、人生观和价值观，形成文明的恋爱观，培养为人民服务和艰苦奋斗的精神。树立良好的道德品质和心理素质，增强自身理性分析问题、科学解决问题的能力。培养专业兴趣，深入学习研究。发挥专业特色优势，建设生态文明，传播环保意识，弘扬大学精神，促进人与自然的和谐。

3. 三年级实施规划

施教内容：以"责任担当"和"生涯规划"教育为重点，主要围绕责任担当教育、职业生涯教育和就业创业教育来开展。进行自我责任教育、家庭责任教育、社会责任教育和历史使命教育;进行职业道德教育、就业技能教育、创新创业教育和个人成长教育。

教育目标:正确运用马克思主义的立场、观点和方法分析问题、解决问题,充分认识党的基本路线,进一步坚定社会主义信念,在大学生中培育勇于担当的精神品质,树立个人责任、社会责任、历史责任感。进一步巩固正确的世界观、人生观和价值观,正确选择个人的成长道路,树立正确的择业观、创业观和敬业精神,做好踏入社会工作岗位的知识和技能准备。结合地方经济建设和行业发展进行就业教育,培养开拓进取、讲求实效、公平竞争、团结协作、艰苦奋斗、自力更生等观念,加强学生的诚信就业教育,激发学生的创业潜能,努力增强大学生的就业创业能力。

4. 四年级实施规划

施教内容:主要围绕"励志成才"和"荣校兴国"教育来开展。进行大学生的励志教育、成功教育、成才教育;开展大学生爱校荣校教育、文明离校教育、感恩母校教育;进行形势和政策教育,国防教育和国家安全教育以及爱国兴国教育等。

教育目标:使大学生学会做人,学会学习,学会做事,确立明确的、符合自身实际的成长目标,培养健全的人格和品质,增强危机意识和抗挫能力,励志成功成才,为自己的人生追求不懈努力。抒发母校情怀,增强爱校荣校意识,把个人成长经历与母校培养教育结合起来,做有思想、有志向、有品位、有修养的大学生,用实际行动感恩母校、感恩师生,为母校发展尽己所能,贡献力量。用马克思主义中国化的创新理论武装头脑、分析问题、指导实践,把自己的人生理想同祖国的前途命运紧密结合起来,志存高远,树立家国天下的宏伟胸襟,致力于民族复兴和中国梦的实现。

以上各阶段的思想政治教育内容和教育目标是完整统一的整体,有机地贯穿了整个大学过程。在分阶段实施过程中,内容各有侧重,要由浅入深、循序渐进、相互衔接。邓小平理论教育、"三个代表"重要思想、科学发展观、党的基本路线教育、人生观教育、公德教育、形势政策教育、爱国主义教育、学风教育、劳动教育和大学生心理健康教育、专业思想教育,要在把握重点教育主题的基础上,有机融入相关的教育内容,丰富大学生日常思想政治教育的内涵。主题推进式教育要贯穿大学生生活的始终和每一个角落,努力发挥春风化雨、润物无声的作用。主题推进式教育要四年级不断线,八学期有侧重,逐年有升华,贯穿大学生生活的始终。通过全面深化教育主题,全面检视教育效果,实现全校教育活动与育人目标的统一。

二、教育模块

主题推进式教育活动重点建立了"三大模块":一是理论教育模块,即通过举办主题报告或专题讲座,阐明不同教育主题的目的意义和行为要求,从理论层面教育引导大学生,为大学生释疑解惑,并用以指导日常行为活动。通过理论的引导和启迪,力争在每次活动之后,让学生们的心灵深处确实留下有价值的东西,并使他们在行动上有所体现。二是实践强化模块,即围绕教育主题开展丰富多彩的校园文化实践活动,强化主题报告的内容,丰富主题教育内涵,深化和检验主题教育的实际效果。把大学生日常思想政治教育融入到大学学习科研、文化娱乐和日常生活的各个环节,做到思想政治教育与解决实际问题的有机统一。三是科学研究模块,即通过对主题推进式教育的深入探究,长期跟踪,及时总结,不断改进,找准当代大学生思想状况的群体特征,把握大学生思想政治教育的客观规律,创新大学生日常思想政治教育理念和载体,从而不断充实教育内容,改进教育方法,增强大学生思想政治教育工作的实效。

第三章

主题推进式教育的主题设计

在主题推进式教育的主题设计上,重点设置了大学导行教育、感恩诚信教育、文明修身教育、生态文明教育、责任担当教育、生涯规划教育、励志成才教育和荣校兴国教育等八个方面的主题内容,同时对各个主题教育的现状、教育的必要性和重点宣讲内容等三个方面进行了分析和阐述,构成了东北林业大学主题推进式教育的主要内容。

第一节　大学导行教育

"十年寒窗苦读,一朝金榜题名"。通过高考进入大学,不仅是很多年轻学子的人生梦想和理想殿堂,甚至是一些寒门学子改变人生和命运的唯一机遇。党的十八大报告明确指出,教育是民族振兴、社会进步的基石,是提高国民素质、促进人的全面发展的根本途径,寄托着亿万家庭对美好生活的期盼。教育要把每个学生都培养成德、智、体、美全面发展的社会主义建设者和接班人。因此,要求教育者在施教过程中,对学生能够做到晓之以理、动之以情、导之以行,变被动教育为主动教育,使学生们真正从教育中获得快乐与成长,能养成自觉学习、终身学习的良好行为习惯。

一、新生对大学生活不适应的表现

进入大学,对大学新生来说不仅是人生命运上的一次重大转折,而且也是新生心理、生理、感情和生活习惯上的一次重要转变。在学习上,他们要变以往中学的被动填鸭式教育为自主学习;在生活上,他们要变以往"衣来伸手,饭来张口"为"自己动手,丰衣足食";在心理上,他们要变以往完全依靠父母为自己独自面对艰难险阻;在人际交往上,他们要变以往几乎不知人际交往为何物来处理错综复杂的大学人际关系。凡此种种,皆要求大学新生能尽快适应、早做调整。然而这种涅槃重生式的转变,对每个大学新生来说都是不易的、艰辛的,对于极个别同学来说是痛苦的甚至是危险的。

(一)大学新生对人生目标的迷茫与困惑

中国的教育尤其是中小学教育,目的性太强往往导致过于偏颇、过于短视、过于急功近利,上小学为了考初中,上初中为了考高中,上高中为了考大学,仅此而已。这种急功近利式的教育,使得有的大学新生进入大学后突然失去了学习和奋斗的目标,一时间不知所措,不知道为何而学。甚至有些学生会产生错误的想法:考上大学好像就是自己人生奋斗的终点,不再需要自己任何的努力,好像考上大学后自己就只剩下了享受。青年人在人生中最需要奋斗、至关重要的阶段出现了人生目标的真空期,丧失了继续前进和拼搏的动力,这是不容忽视的严重问题。丧失了人生目标,缺少了奋斗动力的人生,就像18世纪英国政治家和文学家切斯特菲尔德说的那样:"目标的坚定是性格中最必要的力量源泉之一,也是成功的利器之一。没有它,天才也会在矛盾无定的迷途中徒劳无功。"①

人生的目标一旦出现真空,社会上那些形形色色、乱七八糟的东西就会拼了命地挤进来。大学时期正是青年人世界观、人生观和价值观形成的重要时期,也是可塑性较强的时期,社会上一些腐朽、落后的思想一旦侵入,青年大学生的"三观"势必受到影响,甚至出现颠覆。这就是为什么媒体上会出现大学

---

① 褚律元:《切斯特菲尔德教子信札》,安徽人民出版社,2013年版。

生,甚至是重点大学的大学生干出一些荒唐的、让人不可理喻的事情来,因为这部分学生早已经在欲望、贪婪、拜金和享乐中迷失了自我。中国青年报社会调查中心和新浪网校园频道联合实施一项题为"你觉得大学生活有意思吗"的在线调查,结果也在很大程度上显示了大学生的这种心态。这项2451名网友参与的调查显示,36%的人感觉"解放了,可以随心所欲",同时也有26.7%的人说他们有一种"没人管后失去目标的迷茫"。

目前大学校园里,"郁闷"是很多大学生的口头禅,总是觉得无事可做;那些天天泡网吧的学生则认为,中学要升学,一直忍着没玩游戏,现在没有父母和老师管了,要好好奖励自己,好好玩玩,过过瘾;还有些大学生的目标就是:大学四年里一定要谈一场轰轰烈烈的恋爱,否则这四年就算白过了。其实,这样的学生往往在四年过去,毕业时才发现,大学留给他们的只有恋爱和失恋,正由于此,自己在其他方面错失了很多良机。

(二)大学新生对大学学习方式与思维特点的不适应

学习是人类一生的永恒主题,正所谓"活到老,学到老"。大学时期既是一个人身心发展的关键时期,也是"一个人一生中最初的专业学习阶段和真正掌握学习方法的时期,它是具有奠基意义的,它决定了一个人将来的专业发展方向和基本的学习方法,所以大学是人生中意义非凡的一个阶段"。① 然而,据媒体报道和网络搜寻了解到,国内许多高校每年都有数十人,甚至上百人不能正常毕业,未能取得学位证书。这其中也不乏"211""985"等著名高校。能考上这些重点大学的学生,当年都是天之骄子,都是同龄人中的佼佼者。然而,为何四年的大学学习生涯结束后,竟然沦落至此?究其原因,不能很好地适应大学的学习方式与思维特点,是影响他们的重要因素。

"学习适应性是学习者在学习过程中克服困难,与学习环境保持协调一致,取得较好学习效果的心理倾向和紧张而机械的高中学习不同,大学校园的课余时间富余,这会使很多大一新生变得不知所措,生活变得没有规律,学习

---

① 沈乐松、梅思佳:《大学新生如何适应大学学习》,《教育长廊》,2009年第4期。

也没有目的,出现了明显的学习适应性不良的状况。"①所以出现这种不适应的状况,就是这些学生没有很好的掌握大学的学习方式和思维特点造成的。那么到底大学的学习方式和思维特点有哪些独特之处?

首先,在学习目标上,与高中"考大学"这个独木桥不同,大学的学习目标更加多元,也更加多样,需要学生根据自己的实际情况和爱好兴趣,制定出自己每一阶段的实际学习目标,然后朝着自己的目标不断地前进。其次,在学习计划的制定和学习任务的分配上,高中阶段往往都是老师或者父母指定学习任务和学习计划,每天读什么书、做什么题、上什么补习班都是固定的,既不需要学生去考虑,相反学生也不能有所违背。然而,大学里老师不会为学生去制定这些固定的学习计划,父母又因为不在身边等种种原因无法再为学生规划学习,这样就要求每位大学生必须要自己根据课程安排等实际情况,为自己制定每学年、每学期、甚至是每个月的学习计划和分配相应的学习任务。其次,在学习的主动性上,高中时期完完全全是看着学生学习、逼着学生学习,是不得已而为之。进入大学后,却有着大量富余的时间,要求学生自我支配,自己给自己安排学习任务,自己监督自己学习,自己检查自己的学习。这就要求学生具有强烈的学习主动性和自觉性。再次,在授课方式上,相比高中阶段的精讲细读,大学更注重知识的广博和丰富。一节课老师可能就会讲几十页的教学内容,这就要求学生一定要提前预习,早早地将疑难问题记下来。同时大学老师不会像高中老师那样去频繁地辅导自习,所以就要求学生在课下做好知识的消化和扩展工作。最后,在学习内容上,高中的学习注重对知识点的理解和贯通,侧重理论层面,同时要求学生要准确掌握每个知识点,不能有丝毫的偏差。而大学的教学则是理论和应用的结合,同时鼓励学生大胆怀疑,勇于创新,敢于尝试课本之外的东西。

正是由于中学教育和大学教育在以上五个方面存在着严重的不同,才导致了很多学生进入大学后突然发现自己不会学习了,陷入了对学习的迷茫和

---

① 王姣、周颖:《大学新生增强学习适应性的途径分析》,载《出国与就业(就业版)》,2011年第5期。

恐惧之中,严重的最终导致逃课、厌学等不良行为的发生,从而影响了自己的一生。

(三)大学新生对心理问题的自我调控能力有待加强

"近日,一份调查报告显示:因各种心理障碍引起心理疾病而休、退学的大学生人数已占大学总休退学人数的50%左右,而大学生由于自卑、失恋、受挫等心理因素自杀已占大学生非正常死亡的第一位。"①同时,人际交往不和谐、恋爱感情问题处理不当、学习竞争压力大、家庭经济困难和就业形势严峻等问题也给大学生带来很大的心理压力,使他们时常徘徊于焦虑、紧张、恐惧、纠结和痛苦的边缘,欲罢不能。

大学时代对大学生来说,既是生理上走向成熟的阶段,也是心理上成熟的重要时期。大学生虽然和中学生只一字之差,但是生活和学习方式却有着天壤之别。进入大学的那天起,就意味着你要独自承担起来自学业、就业、爱情、人际交往等方方面面的挑战与压力,无论你是否愿意,也无论你是否准备妥当,这些都还要面对。恰恰有的学生,在短时间内很难出色地完成这样的角色转变。所以,对于每个大学生来说或多或少都会有一些心理上的不适和焦虑。但是,自我心理调控能力强的人,就会通过各种方式和途径,主动发泄心中的不满情绪,来保持自我心理的一个平衡。然而,长期以来不管是学校教育还是家庭教育,往往忽视对学生心理健康的关注,缺少对学生自我心理调控能力的培养与锻炼。这种情况往往导致大学生在进入大学后,面对扑面而来的各种心理压力的时候,不知所措,茫然和恐惧,甚至走向极端,走向毁灭。

(四)大学新生自我生存能力需要提升

伴随着互联网技术的不断发展和智能手机的大量普及,高校校园中又出现了一种新的现象——"千米经济"。所谓的"千米经济",是指大学生通过微信、QQ等平台发布信息,为广大学生提供送餐上门、代领快件等快捷商务服务,一般从校门口送到宿舍或教室,大概一千米的距离,收取一定的劳务报酬。这里先不讨论"千米经济"的功过是非问题,只是想透过这一现象,来了解和剖

---

① 王磊:《让阳光照耀心灵的每一个角落》,载《中国教育报》,2004年1月16日。

析这一现象背后隐藏的大学生精神层面的问题。

从生物学角度来说,动物的本能都是趋乐避苦的,人也不能例外。大学生用网络和手机代替了自己的双手和双脚,自己"躲进小楼成一统,管它春夏与秋冬",虽然充满着舒适与诗意。但是,长此以往,这种网络带给人的快捷与舒适,也会像吸食鸦片一样让人上瘾,欲罢不能,造成对手机、对网络的过分依赖,而与现实社会严重脱节,人为地隔离自己与真实世界的联系,变成了真正的"宅神"。这无疑会导致身体的损害、情感的冷漠、能力的退化和人际交往方面的障碍,从而一个人在自闭的道路上越走越远,以致于身心俱损、前途尽毁。更有甚者,笔者听闻有些高校的大学生竟然将自己的脏衣服用快递邮寄回家,父母洗干净后再用快递邮寄回来。凡此种种,类似的例子还有很多。如果教育教出来的只是一群"四体不勤,五谷不分"的懒人、庸人,那又何以指望他们去建设祖国、振兴中华呢?

二、大学新生进行导行教育的必要性

大学导行教育作为主题推进式教育的首要内容,有其存在的必然性和现实需求。同时,大学导行教育也契合人才培养规律和大学生成长成才规律,在高等教育人才培养体系中发挥着不可替代的作用。

(一)大学导行教育是人才培养的必要环节

"高等教育人才培养的目标是人们在知识、能力、态度等方面对高等教育机构所培养出来的人才的规格要求。"①党的十八大对高等教育人才培养提出了明确的要求,要注重培养学生的创新能力,要把立德树人作为教育的根本任务,培养德智体美全面发展的社会主义建设者和接班人。在这个问题上。国外的很多思想家和学者也提出了自己的见解,如纽曼提出的"绅士"教育目标;洪堡阐释的"全人"培养目标;赫钦斯论述的"完人"教育理念等。

综合这些教育理念和培养目标,不难看出不管是西方还是中国,对高等教

---

① 孙进、皮国萃:《新世纪高等教育人才培养的目标——基于英、德、加三国国家资格框架的分析》,载《教育理论研究》,2011年第6期。

育人才的培养都不只是简单的智育教育,不只是看重学生的学习能力,同时也关注学生的人文素养、道德品质、心理健康和综合人格。大学教育出来的不应是被人诟病的"有知识没文化"的不合格的人才,而是需要在各个方面都表现优异的人才。显然,要达到这个目标,单单依靠课堂教育或者说是知识教育是不行的。这就需要通过对学生导之以行的导行教育,来对学生的思想、行为加以引导和规范,从而提高学生的道德品质和综合素质,进而向着我国高等教育人才培养的目标迈进。大学导行教育作为我国高等教育人才培养的必要环节至关重要。

(二)大学导行教育是大学德育教育的重要组成部分

党的十八大报告指出,教育是民族振兴和社会进步的基石。要坚持教育优先发展,全面贯彻党的教育方针,坚持教育为社会主义现代化建设服务、为人民服务,把立德树人作为教育的根本任务,培养德智体美全面发展的社会主义建设者和接班人,并明确提出了教育的根本任务就是立德树人,就是要加强大学生的思想政治教育。而思想政治教育"是指一定的阶级、政党、社会群体遵循人们思想品德形成发展规律,用一定的思想观念、政治观点、道德规范,对其成员施加有目的、有计划、有组织的影响,使他们形成符合一定社会、一定阶级所需要的思想道德的社会实践活动。"[1]作为社会主义中国,就是指要深入开展爱国主义、集体主义、社会主义教育,倡导富强、民主、文明、和谐,倡导自由、平等、公正、法治,倡导爱国、敬业、诚信、友善,积极培育和践行社会主义核心价值观。

虽然,大学导行教育可以从教育学、心理学和社会学等学科进行研究和探索,但是它主要还是隶属于思想政治教育学科范畴。教育的根本任务就是立德树人,而如何进行立德树人,重点要依靠日常的思想政治教育,也就是德育教育。而大学导行教育,正是大学新生进入大学德育教育的第一站,其作用及其重要程度,不可忽视。

---

[1] 张耀灿等:《现代思想政治教育学》,人民出版社,2006年版。

（三）大学导行教育是大学生成长成才的客观需要

大学时期是青年人一生中成长和进步的关键时期，也是青年人面临诸多成长问题的时期。在这个转型时期，大学生会面临诸如人际交往、个人情感、学习压力和就业形势等一系列的问题，由此也往往给大学生带来一定的心理焦虑、紧张、恐惧、纠结和痛苦等情绪。而这些正是一个人成长和成才路上所必须要面对和解决的问题，只有正确、及时地解决这些问题，缓解矛盾，疏导思想，才能使当代大学生获得健康的成长。为此，如何正确、及时地处理这些问题就变得至关重要了。而大学导行教育，正是要通过对大学生进行行之有效地引导和教育，使大学生学会正确处理成长中的挫折与磨难，强化自身的适应能力。所以，在大学时代这样一个特殊的转型时期，大学导行教育对大学生来说必不可少。

三、大学导行教育重点宣讲的内容

导行教育的"导"："即指导、引导、疏导，就是要充分发挥教师的主导作用，根据大学生的思想实际，按照思想发展的客观规律，采取行之有效的方法，把一定社会的行为规范内化为大学生的观念、品德。"[①]所以说，大学导行教育不是简单地硬性对学生进行教育，而是要通过对学生进行晓之以理地引导，启发学生进行自我管理和教育，培养他们善于思考、勤于学习和创造性解决问题的能力。大学导行教育不仅是大学新生走向成熟和成才的重要开端，是其未来发展和成熟的重要支点，更是其追求个人道德、人格完善的基础。相对于大学其他教育教学活动而言，大学导行教育的目标，不是指向学生某一方面的素质养成，而是以帮助学生适应大学学习与生活为切入点，以促进学生在大学期间的全面发展和健康成长为目的，以促进大学生的人格和谐发展为价值取向，以学生的综合素质培养、能力提升和全面发展为目标，引导大学新生树立科学的世界观、人生观和价值观。因此，其内容应不仅是校史校情、院史院情、管理制

---

① 马兰娣：《浅论高校思想政治教育中的导之以行》，载《苏州大学学报（哲学社会科学版）》，1994年第1期。

度等,更重要的是还应包括理想信念、大学精神、大学文化、大学生为人处世、专业教育、学习方法、心理健康等方面的内容。

(一)理想信念导行

青年大学生的世界观、人生观和价值观还处在不太成熟的发展时期,容易受到外界思想和行为的干扰,特别是市场经济条件下,一些腐朽的、拜金的、自私的、享乐的、伪民主和伪自由的思想流毒仍然存在,它们形式多样,无孔不入,通过各种方式和手段侵入大学生的头脑,目的就是想腐蚀他们的心灵、麻痹他们的思想、蚕食他们的意志、摧毁他们的信心,直到导致大学生迷茫、沉沦,甚至腐化堕落,给社会主义事业带来严重威胁。所以,十八大报告中明确指出,要加强社会主义核心价值体系的建设。广泛开展理想信念教育,把广大人民团结凝聚在中国特色社会主义伟大旗帜之下。大力弘扬民族精神和时代精神,深入开展爱国主义、集体主义、社会主义教育,丰富人民精神世界,增强人民精神力量。高等学校要在大学生中,广泛地开展理想信念教育,要用先进的思想占领他们的头脑,武装起来,坚决抵制腐朽落后思想的荼毒,使大学生更加坚定不移地拥护社会主义、拥护中国共产党、拥护中国人民。主题推进式教育把理想信念教育作为导行教育的一项重要内容,使大学生认识到社会主义发展任重而道远,坚定中国特色社会主义理想和信念。

(二)自主学习能力导行

大学新生步入大学的殿堂后,首当其冲地就是如何学习的问题。高等教育与中小学教育在教学理念和教学模式上有着明显的区别,如果说中小学教育是应试教育的话,那么高等教育则主要侧重于学生自主学习能力的培养和主动学习自觉性的养成。然而,学生的自主学习能力千差万别,差异较大,一些学生主动学习的积极性也不是很高。这就要求高校的教育,要设计这样的教学环节和教学内容,真正培养起学生的学习兴趣,激发他们的学习热情,提升他们的学习能力。指导新生形成与大学生相适应的思维方式和学习方式尤为重要,主题推进式教育非常重视大学生的学习引导和教育,使他们尽快了解大学的学习特点,学会自主学习、主动学习,学会思考、学会做学问。

(三)心理调控导行

大学新生由于生活环境、学习方式和社会角色等方面的转变,必然会产生心理上的不适应,导致大学新生普遍面临心理适应问题,许多研究者称其为"新生综合症",心理不适应自然就会影响到他们的学习和生活,因此必须加强新生的心理疏导和心理健康教育。教育者要不断探索通过教育促进个体认知改变的模式,对新生进行发展心理学教育,帮助他们在理论上明确自己所处的心理转折阶段,引导新生选择有意识地主动适应环境,教育学生要勇于"尝试错误",并适时地提醒和帮助学生纠正错误,要教育新生学会从不同角度看待变化了的环境,要围绕大学的主要目标定位,对新生进行"心理成熟"教育。通过主题推进式教育的导行教育,使大学生正确认识和对待心理不适应现象,掌握心理调适的方法和策略,增强自信心,学会学习,学会与人相处,学会处理事务,学会客观地评价自我,真正拥有一颗健康的心灵。

(四)人际交往导行

情商作为一个全新的名词和概念,应用的范围越来越广,也被更多人所认可和接受。而情商的高低,被认为是一个人成功与否的关键因素。情商中一个很关键的部分就是处理人际关系的能力。而从小基本在应试教育下成长起来的大学生,身上往往缺乏处理人与人之间复杂关系的能力,尤其是在大学阶段这种矛盾表现得更为明显。一些大学生不能很好地处理与寝室同学、班级同学、朋友、老师之间的关系,往往因为一些小事就恶语相向,甚至是大打出手,要么就是自我封闭不与同学、他人来往,从而导致抑郁症、甚至是自闭症的出现,害人害己。所以,在主题教育的过程中,应该教会大学生科学合理地处理人与人之间的关系,使他们能熟练掌握与他人交际的能力,提升自己的情商,为自己日后的学习、生活创造一个良好的环境。

第二节 感恩诚信教育

《诗经》中曾有"投之以木桃,报之以琼瑶"。感恩是千百年来萦绕在人们心头亘古未变的话题。而"民无信不立"的古训也影响着生活中的人们。感恩和诚信都是中华民族优秀传统中的重要组成部分,是中国人安身立命之本。然而,随着改革开放的不断深化,市场经济体制改革的不断深入,受西方思潮和拜金主义的影响,一些人的感恩诚信意识逐渐变得淡薄,在社会上,出现了一些违背诚信和良知,甚至触犯法律的事情。当代大学生身处社会之中,一些大学生的感恩诚信意识也有所削弱,自私自利、考试作弊、欠缴学费、求职违约等不良现象在高校中也有存在。这就需要高校加强对大学生感恩诚信意识的教育,使大学生能常怀感恩之心,常行报恩之举,老老实实做人,踏踏实实做事。

一、当代大学生感恩诚信缺失的表现

(一)当代大学生感恩缺失的表现

感恩是中华民族的传统美德,"感恩"一词在《现代汉语大词典》中释义为"对别人给的帮助表示感激"。古人对"感恩"进行了阐释和践行,儒家提倡"忠、孝、节、义"的观念。"忠"即为国尽忠职守,报君恩;"孝"即爱父母,报养恩,早在《诗经·小雅·蓼莪》中就有对"孝"的表达,"父兮生我,母兮鞠我。拊我畜我,长我育我。顾我复我,出入腹我。欲报之德,昊天罔极。"[1]"节"即守节保贞,报夫恩;"义"即讲义气,重情义,报友恩。"忠、孝、节、义"从本质上讲就是感恩,它成为儒家检测一个人道德修养的标尺。当前我国正处于经济发展的关键时期,现代商业文明与传统道德文明产生激烈的碰撞,大学生的人生观和价值观随之受到较大冲击,包括一些大学生对父母提出诸多要求,却不

---

[1] 刘毓庆、李蹊注:《中华经典名著全本全注全译丛书:诗经》,中华书局2014年版。

知道替父母分忧;在学校挑剔老师和同学,不懂得尊重理解别人,以自我为中心;走向社会后不能承担起相应的社会责任,这些都是大学生感恩意识淡薄、社会责任感弱化的表现。综合考虑当前大学生的生活学习情况,大学生感恩缺失主要表现在以下几个方面:

1. 对父母的养育缺乏感恩

古语云:"乌鸦有反哺之义,羊亦知跪乳之恩,禽兽尚知孝,何况于人?"汉朝曾用举孝廉来选拔人才,可见"孝"的重要地位,而今,感恩父母的养育之恩仍然是一项重要的道德准则,然而这项道德准则的地位在学生心中的地位却让人堪忧。"东南某高校在对1400多名在校大学生进行问卷调查后发现:近80%的学生只有需要父母给钱时才与父母联系,22%的学生从未在节假日主动打电话问候父母和家人;56.7%的学生不知道自己父母的生日,23.7%的学生从来没有想过应该祝福父母亲生日快乐;更有甚者,近20%的人认为长大后不一定或不应该承担赡养父母的责任,而仅有20.4%的人则明确认为父母亲不应该承担大学期间的读书费用。"①这项调查反映了大学生感恩意识的淡薄,还有很多学生不顾父母生活的压力和辛苦,贪图享乐,穿名牌,摆阔气,使用高档的手机、名牌笔记本电脑等,购买时髦物品超前消费,刚开学就把整个学期的生活费花光,更有甚者欺瞒父母,逃学旷课,白天不上课,深夜寝室玩电脑,用父母的钱谈情说爱,对父母的劝说毫不理会,对父母的抚养毫无感激之情,只认为是理所应当。离开校园时,没有找到如意的工作,不从自身找原因,而是抱怨父母没有能力帮助解决。

2. 对他人的帮助缺乏感恩

俗话说得好,"滴水之恩,当涌泉相报",这是在接受他人的帮助时应有的感恩之心。然而,在改革开放三十余年后的今天,似乎这种传统的感恩之心正在慢慢地离一些人远去。报纸上、网络上曾有过大学生接受了他人的帮助后,没有丝毫感恩之情的消息。大学生群体相对于工人、农民等社会上的其他群

---

① 杨筱柏、赵霞:《有效感恩教育的现代命题》,载《石家庄铁路职业技术学院学报》,2007年第3期。

体来说,他们的受教育程度更高,科学文化知识储备也应较多。然而,就是这些接受了高等教育的大学生,有的竟然忘记了"投桃报李"的道理,没有把感恩之情铭记心中,没有把感恩的行动付诸实践。青年人是未来祖国的生力军,是中华民族伟大复兴重任的肩负者,这种感恩的美德不能传承,不能很好地进行自身人格的塑造,又如何能保证他们能更好地传承中华文明,积极主动地去建设和谐社会,并承担起民族振兴的重任?

3. 对学校的教育缺乏感恩

每年7月是毕业生离校的时候,除了空气中流动着些许悲伤,还压抑着躁动和不安,从全国高校毕业生的离校信息看,不乏公共财物被损坏的,如:教室和寝室玻璃被打碎;桌椅黑板被破坏;从寝室的窗户往楼下扔暖水瓶、书本、衣物;同学之间发生斗殴事件等。也许这样的事例不是很多,但从侧面也反映出这些大学生存在的问题。不但不对学校的教育培养心存感恩,反而要制造不符合文明大学生身份的事端,给个人带来不良影响,给学校带来不必要的麻烦,甚至有的学校不得不在毕业生离校前,安排各学院的辅导员甚至学校工作人员整夜值班、查岗,防止学生惹出事端。

(二)当代大学生诚信缺失的表现

诚信的含义包括"诚"与"信"两个方面,"诚"即诚实,"信"即"信任"。在中国璀璨的传统文化中,诚信作为中华民族的传统美德一直被人们所信仰并流传至今,但在当代大学生群体中确实存在一些诚信缺失的问题,主要表现在以下方面:

1. 考试作弊,论文造假

"人无信不立",诚信是人立足于社会的基础,是一个人应该遵守的基本道德,因为缺少诚信而吃苦果的例子也屡见不鲜。80年代末,某地区商人用许多包装纸甚至马粪纸做鞋的内衬,有的女高跟鞋底内衬甚至使用烂铁皮和旧竹片,一时间该地区就成了假冒伪劣的代名词。可见诚信不仅是人立足社会的根基,也是企业得以生存的根本。大学生的诚实最基本要表现在学业成绩的真实性上,但令人汗颜的是,虽然国家建立的考试制度越来越完善,监督的设备越来越先进,违反考试纪律的处分越来越严厉,但是在高校中却总是有学生铤而走险,在每年学业考试、四六级考试、公务员考试、研究生考试中,都可能出现作弊事件,作弊方式花样百出,作弊手段防不胜防。作弊文具、作弊耳机、伪造证件、"枪手"替考等方式已经有事实为证。在有的大学生的心中,考试作弊已经不被看作是有悖做人准则的事,"做人要讲诚信"已然成为一句空话。

目前,大学生的论文抄袭、剽窃现象依然屡禁不止,互联网的高速发展也为学生剽窃打开了便利之门,复制粘贴他人观点、伪造实验数据、将外文期刊翻译成中文在国内期刊上发表等行为都有存在,在中国知网等数据库中检索同一主题论文时,经常可以看到内容相似、观点雷同的文章。这些行为还助长了非法盈利机构的诞生,论文抄袭造假已经走向了公开化。有的学生还对此不以为然,可见诚信意识之薄弱。

2. 助学贷款,有意拖欠

贫困学生助学贷款是1999年国家教育部为了缓解贫困生的经济压力施行的助学贷款教育制度,它是一种无担保信用贷款,贷款程序简单方便,毕业后偿还贷款。国家为一些贫困学子提供便利的政策,大学生的求学之路也变得更加顺利,但是在这项惠民政策实行的同时也出现了一些诚信缺失的尴尬现象,主要表现为:首先,在申请贫困助学贷款时,信息造假。由于贫困学生助学贷款对象是家庭贫困的学生,有一些不符合贷款条件的学生就想尽办法伪造信息,夸大家庭困难的程度,以取得助学贷款的资格。其次,恶意拖欠贷款。一些大学生,钻国家的空子,恶意拖欠贷款,已经工作数年,完全具备还款能力却迟迟不还贷款,在汪瑞林学者的研究中表示"在首都北京其他社会个人消费贷款群体中,对于贷款不还的比例要小于千分之一,但是大学生不还助学贷款的比例却比这个数字要高很多"[①],这种行为导致了一些银行不愿意再向贫困生发放贷款,使贫困生助学贷款政策陷入尴尬的境地,贫困生助学贷款的拖欠显露了大学生群体中的诚信危机。

3. 求职就业,违约违信

1999年,我国扩大了普通高校本专科院校招生人数,扩招提高了高中升学

---

① 汪瑞林:《助学贷款呼唤信用机制》,载《中国教育报》,2002年5月4日。

率,使更多学生圆了大学梦,但高校毕业生的就业压力也随之增大,面临着就业难的现实困局,于是在就业时出现了违反诚信的现象。主要表现为:

首先,捏造履历。有的学生为了找到一份理想的工作,想尽办法美化自己的简历,从学习成绩、担任职务到工作经历都被肆意的编造美化,这些现象在当下也会偶有发生。这种现象的出现不仅仅反映了学生就业的不诚信,也对就业市场秩序产生了干扰,可能使一些优秀诚信的学生失去好的机会,使企业招聘不到适合自己的优秀人才,企业对学校、学生信任度降低。

其次,签约不履约,毁约跳槽。搜狐新闻曾经报道了这样一则消息,2005年广东省2000多家用人单位招聘毕业生情况调查显示,批量招聘应届毕业生三成大学生毁约。这其中,有两成多的用人单位到岗率不足50%,学生毁约现象较严重。在大部分违背合同的事件中,大学生一方居多,而毁约中的很多是"保底派","保底派"们的心中最中意的工作是公务员、事业单位、国企,但是迫于就业形势不利,想考上这些理想的工作并不是一件容易的事情,于是他们先找个工作作为基本的保证,一旦考上心中理想的单位便会立即跳槽毁约,这种玩弄工作单位的行为影响了整个用人单位的招聘工作,造成了严重的资源浪费,影响了用人单位的人事安排。还有的学生,过五关、斩六将获得的工作机会,因为一些外界的影响,违背了就业约定而放弃了工作。

二、对大学生进行感恩诚信教育的必要性

(一)大学生感恩诚信教育是发扬中华民族传统美德的需要

感恩诚信是中华民族的优良传统,也是中华民族发展的不竭动力,一个不知道感恩诚信的民族是没有未来可言的,也不可能屹立于民族之林。古人云"知恩不报非君子","不信不立,不诚不行",知恩报恩,明礼诚信,是在长期的社会实践中形成的良好美德,它稳定了社会的结构,也带动了昌盛不息的华夏文明。因此,必须加强感恩诚信教育,继承感恩诚信的传统,把中华民族的传统美德发扬光大。

(二)大学生感恩诚信教育是高校完善培养目标的必然要求

高校担负着为国家培养有理想、有道德、有文化、有纪律人才的艰巨任务,江泽民同志曾强调"各级各类学校不仅要建立完备的知识传授体系,而且要把德育放在首位,确定正确的政治方向"①。高校要不断完善培养目标,努力对大学生进行思想品德教育。感恩诚信教育是德育培养目标的重要方面,针对当前大学生群体中感恩诚信缺失的表现,由表及里、由浅入深,抓住时机通过学习让大学生的思想道德能够提高一个层次,形成高尚的品德,达到一定的标准。改善高等学校大学生感恩诚信现状,实施感恩诚信教育,健全大学生良好人格,是高等学校完善培养目标、保证人才培养质量、实现自身长远发展的必然要求。

(三)大学生感恩诚信教育是大学生自身发展的内在要求

"十年寒窗苦读",每一位大学生都渴望成就一番事业,实现自己的理想,大学生的成功需要智慧、需要勤奋、需要拼搏、需要机遇,但是其根基在于,大学生自身应拥有感恩诚信的道德品质,拥有这种品质就会赢得更多的朋友,更多的合作者,更多的机会。一个不懂得感恩,不讲诚信的人是不能得到别人的认可的,更不能实现自身的价值,甚至会造成知识的滥用或误用,给自己和社会带来危害,由此可见感恩诚信的品质是一种无形的潜在资本,它是大学生自身发展的内在要求。

(四)大学生感恩诚信教育是实现"中国梦"的重要保障

2012年11月2日,习近平同志带领新一届中央领导集体参观中国国家博物馆《复兴之路》基本陈列时指出:"实现中华民族伟大复兴,就是中华民族近代以来最伟大的梦想。"2013年3月17日,习近平同志在十二届全国人大一次会议闭幕会上进一步指出:"实现中华民族伟大复兴的中国梦,就是要实现国家富强、民族振兴、人民幸福。中国梦归根到底是人民的梦。"②"中国梦"是华夏儿女共同的梦想。当代大学生是祖国的未来和希望,是实现"中国梦"的重要后备力量。懂得感恩、坚守诚信才能勇敢地肩负起时代赋予的使命,将自身

---

① 江泽民:《在庆祝中华人民共和国成立40周年大会上的讲话》,载《党建研究》,1989年第8期。
② 习近平:《在第十二届全国人民代表大会第一次会议上的讲话》,载《人民日报》,2013年3月18日。

的成长与国家的命运紧密联系在一起,脚踏实地,努力拼搏,放飞梦想,真正担负起时代赋予的使命和责任,因此对大学生进行感恩诚信教育是实现"中国梦"的重要保障。

三、感恩诚信教育重点宣讲的内容

(一)感恩教育重点宣讲内容

湖北的《楚天都市报》曾经刊发过一篇题为《贫困大学生,你为何没有感恩之心》的报道,说的是19位当地女企业家面对贫困大学生慷慨资助,然而在一年的时间里却有三分之二的学生,从未向这些资助自己上大学的女企业家们表示过感谢,使得这些好心的企业家们心寒而放弃资助他们的事情。这一新闻的背后,反映的是现在的大学生缺少感恩之心,不知道应该感恩什么,怎样去表达自己的感恩之情。所以,在主题推进式教育过程中,重点开展感恩教育,主要从以下方面入手。

1. 感恩自然

人类的生存与发展离不开自然万物,就连中华文明的起源也是黄河对我们的馈赠。没有黄河对人类的孕育,也就没有华夏灿烂的五千年文明。古语有云:"一粥一饭,当思来之不易;一丝一缕,应知物力艰辛"。大自然为人类的生存与发展,提供着丰富的物质支持,是人类文明发源的基础。所以,我们的祖先感恩自然,严格按照自然规律来捕捞打猎、耕种收割,绝不过渡开垦。《孟子·梁惠王上》有载:"不违农时,谷不可胜食也。数罟不入洿池,鱼鳖不可胜食也。斧斤以时入山林,材木不可胜用也。"[①]只有人们懂得感恩自然,人与自然和谐相处,人类的生存和发展才能有所保障,人类的文明才能发扬光大。

2. 感恩社会

人是一种社会动物,人的存在也是一种社会存在,人就是一切社会关系的总和。所以,每一个个体的人都必须依赖别人、依赖社会而生存和发展。而社会的每一次巨变,反过来也在影响着每个人。火的使用,使全人类告别了茹毛

---

① 杨伯峻:《孟子译注》,中华书局出版社,2008年版。

饮血的野蛮年代;农耕技术的掌握,提高了人们的生存能力;四大发明的出现,不仅大大方便了人们的日常生活,而且还将人类文明前进的脚步加快了数百年;蒸汽机的使用,彻底改变了整个东西方世界。每个人不管你愿意与否,你都曾从社会的巨大变革之中得到了好处。所以,大学生应该对给予利益和帮助的社会,给予尊重和感动。

3. 感恩父母

对每个人而言,最大的恩情莫过于给予自己血肉之躯并把自己带到这个世界上来的父母。父母无疑是我们最大的恩人。当然,父母之恩不只是他们给予了我们生命,还包括他们在日常生活中对儿女的照料与抚养所劳费的心思、劳动、金钱和感情投入。因而对父母之恩的报答,在数量和时间上都是无限的,方式也是多种多样。"谁言寸草心,报得三春晖。"父母对子女的恩情,是子女一辈子也报答不完的。而且,感恩父母、孝敬父母也是中华民族的传统美德。儒家向来重视父母家人的孝道。在"罢黜百家,独尊儒术"的汉朝,只要你孝敬父母,就可以通过"举孝廉"的方式入仕为官。孝敬父母就能使你收入增加、社会地位提高。中华文明对孝敬父母的重视可见一斑。

在当今社会,感恩被更加的生活化,被赋予了更多的内涵,从情感、精神、物质上都能体现出人们对于父母的感恩,人们也更加注重表达这种对父母的感恩之情。

4. 感恩他人

第一,知遇之恩。刘备和诸葛亮的故事,家喻户晓。诸葛亮为了报答刘备的知遇之恩"受任于败军之际,奉命于危难之间,尔来二十有一年矣",并且为了完成"复兴汉室,还于旧都"的理想而"鞠躬尽瘁死而后已"。正是由于诸葛亮不忘刘备对自己的知遇之恩,才有了这段历史佳话。

第二,师道之恩。韩愈曾在《师说》中说到"古之学者必有师。师者,所以传道授业解惑也"。老师为学生传授知识与文化,帮助学生习德修身,引导学生向善。学生尊重老师,感念老师的奉献精神,感恩老师的师道之恩。有诗为证"山高水长有时尽,唯我师恩日月长"。

第三,助人之恩。助人为乐是中华民族的传统美德。帮助他人是一种行为倡导,更是人们自身道德修养的体现。每个人在这个世界上生存,无时无刻都会得到别人的帮助,当代大学生要常怀感恩之心,不管帮助是大是小,哪怕只是一句赞叹、一个微笑,也要把它深藏心底,并内化为帮助他人的不竭动力。

(二)诚信教育重点宣讲内容

1. 提高大学生对诚信美德重要性的认识

要让大学生体验到诚信美德的重要性,就要采取多种方式提高大学生对诚信教育重要性的认识,做到点面结合,使诚信教育能够深入人心。首先,通过政治理论课的学习培养大学生的诚信观念,政治理论课在高校思想教育中是一门非常重要的课程,在提高高校学生思想道德素质方面发挥着"主渠道"和"主阵地"作用。改变以往的填鸭式、说教式教学方式,通过情境教学,充分地课堂讨论,激发学生的学习热情,打造生动活泼的课堂教学模式,让学生充分地参与讨论有关诚信的社会事件,将理论与实际结合起来,使学生认识诚信、思考诚信、关注诚信并且崇尚诚信,提高大学生对诚信美德重要性的认识,使其在生活中自然而然地做到守信用。

其次,高校教育者要用自己的诚信行为影响周围的大学生,从而促使他们认识到诚信所体现出的人的修养。身教胜于言教,在诚信教育中,高校教育者要以身示范,用自身的人格魅力影响学生。通过教育,使大学生懂得诚信对一个人的修身养性,对于学习生活,对于日后工作及个人成长所起到的重要作用。同时,要充分加强学生干部的诚信教育,发挥学生干部的带头和辐射作用,带领学生主动开展丰富多彩的诚信实践活动,使学生在活动中潜移默化地受到感染和熏陶,从而提高了自身诚实守信的道德素质。

最后,要通过丰富的活动增强大学生的诚信意识。开展"诚信"为主题的演讲比赛、针对社会诚信事件的学生辩论赛、关于诚信的征文比赛,在校园网上创办诚信论坛等诚信系列活动,通过这些活动,可以使学生深入思考,逐渐树立学生心中的诚信美德观念。

2. 培养大学生对诚信规则的敬畏之心

俗语说得好:"民不畏死,奈何以死惧之"。当代大学生之所以出现诚信缺失的现象,主要原因是社会上的一些不良习气对大学生产生影响,大学生对诚信规则缺少敬畏之心。想要加强高校思想教育中的诚信意识培养,使高校学生遵守诚信美德,有效地制止学术抄袭等失信行为的发生。对于违反诚信的行为,也应该制定具体、明确的惩处规则,并且严格地执行,对不诚信行为进行警示。这种制度可以通过一些学生广泛关注的奖学金、助学金的获得实现,对于违背诚信的学生,使其在一段时间内不能参加奖项荣誉的评比。建立系统的诚信体制,也是有效增强诚信意识的重要途径。只有明确诚信缺失的惩处方式,树立大学生对诚信规则的敬畏之心,才能更加有效地抑制违背诚信行为的发生。

3、高校思想教育要建立学生的个人诚信档案

在高校中广泛开展大学生诚信评价制度,加大诚信教育力度。将诚信教育融入在大学生入学教育当中,结合金融诚信体系的建立、运行和惩处情况,让大学生了解到诚信对于一个人为人处事的诸多影响。大学生既要明白做诚信之人的道理,又要身体力行,从点滴做起,从小事做起,自觉培养高尚的人格素质,诚信为人的同时,更要诚信做事。鼓励大学生遵守诚信规则,激发大学生以诚信为本的信心,塑造良好的诚信榜样,发挥大学生的力量,营造良好的诚信人文环境。

第三节 文明修身教育

《礼记·大学》中这样写道:"古之欲明明德于天下者,先治其国;欲治其国者,先齐其家;欲齐其家者,先修其身……身修而后家齐,家齐而后国治,国治而后天下平。自天子以至于庶人,一是皆以修身为本。"在儒家知识分子们看来,要想一展抱负,实现自我的最高人生价值,其根本手段和修行途径就是修身。一切的一切都得从自我的修养开始,内求诸己,才能外化于人。

改革开放的中国,是一个转型中的社会,是一个打破陈规陋习建立新机制的时代,但在这样错综复杂的时期,往往也会有信仰缺失、思想混乱、价值观偏离的现象发生。大学作为先进思想的引领者,文化阵地的前沿和高技术人才

的培养者,有责任和义务来肃清恶习、引领风尚。加强大学生的文明修身教育不仅是人才培养的内在要求,也是发挥大学生先锋模范作用,用榜样的力量去带动全社会,传递正能量的外在需要。

一、当代大学生不文明行为的表现

由于改革开放的日益扩大,社会主义市场经济体制的不断深入,全球化趋势的日益加强,各种思潮互相碰撞,腐朽落后的价值观念也趁机潜入,腐蚀着人们的思想,蚕食着人们的良知。受社会上这些不良思想和行为的影响,当下大学生群体的整体思想和价值观念也会发生变化,其思想品德素养和行为习惯也参差不齐,很多大学生身上都或多或少的存在着一些不文明的行为举止,主要表现在以下几个方面。

(一)缺乏公共道德意识,日常行为习惯不文明

两千多年前孔老夫子就教育"文质彬彬而后君子",要求做一个彬彬有礼、举止优雅的人。"仁、义、礼、智、信"向来是中国人奉行的基本道德行为准则,中国也一直被外人称为礼仪之邦。然而在当今的社会上,大学校园中,却也不时存在不文明的行为举止。不懂得最基本的礼貌和尊重,不遵守最起码得公共道德。有的语言粗俗,出口脏话,甚至有人还把互相漫骂作为关系亲密的象征;有的不尊师重道,上课迟到早退,课堂上交头接耳、乱吃零食、互发短信,甚至是接打电话,俨然不顾及老师和别的同学的感受;有的食堂用餐插队、乱扔垃圾、随意涂抹、乱刻乱画,没有一丝的羞耻和惭愧;有的在公共场所大声喧哗、肆意谈笑、谈情说爱、卿卿我我,毫无顾忌;有的在网络上对他人进行人身攻击,互相漫骂,肆无忌惮地传播色情、暴力凶杀等内容,其行为不仅不道德、不文明,甚至都已经触犯了法律。

(二)缺乏责任意识和奉献精神,个人思想道德品质低下

大学生基本上都是18岁以上的成年人,都应该对自己的行为负责任,同时也应该担负起对父母、对家庭、对社会相应的责任。然而,一些大学生从小就处在父母的溺爱和呵护之下,根本不考虑责任为何物,自己应该担当些什么,缺乏这样的责任意识和担当精神,遇事只会逃避和后悔。一些大学生视谈

恋爱为儿戏,不对自己负责,不对对方负责,甚至导致严重后果而悔恨晚矣;很多大学生虚荣攀比,只知道一味地追求高消费,买名牌衣服、用高档化妆品、买名表、名包,出入高级餐厅,挥霍金钱、虚度年华,对父母家人的艰辛毫不体恤,对自己的前途和未来毫不负责;一些大学生思想自由、散漫,组织性纪律性差,存在着个人主义和利己主义,只占便宜不吃亏,涉及个人的利益斤斤计较、多拿多占,碰到集体活动和公益活动却一概不参加,更别谈为同学服务,为班级做贡献了;有的大学生上学时受党和国家资助,毕业时却从不想着要报效祖国、振兴中华,不愿意到西部去,到基层去,到祖国最需要的地方去,而只是一门心思想着到条件优越的地方去。

(三)缺少诚信意识和社会正义感

大学本应该是知识的殿堂,神圣的象牙塔,然而校园中考试作弊的现象却是屡禁不止、层出不穷,其形式也由过去的夹带、抄袭发展到"枪手"替考,甚至利用手机、对讲机等高科技通信设备作弊,甚至是公然贿赂监考教师,花钱买分等。考试作弊现象已然成了大学校园中不能承受之痛。同样的不诚信行为还发生在大学毕业生的求职就业之中。有的大学生简历造假,虚构自己的职务和实习经历。曾经有一家用人单位就发现,在他们单位的应聘者中就有同一个学校同一个班级中的五名同学,都在自己的简历中表示自己一直是这个班级的班长,令用人单位啼笑皆非。有的同学不讲诚信,匆忙签约又轻易毁约,不但给用人单位造成损失,也使自己的母校蒙羞。有的大学生在评奖评优、发展党员过程中,弄虚作假,欺上瞒下,一心想靠不正当手段实现自己的目的。

北宋大哲学家张载曾经说过,读书人应该为天地立心,为生民立命,为往圣继绝学,为万世开太平,读书人要胸怀天下。然而,当代的大学生却往往有人缺乏这样一种浩然正气,奉行的都是"事不关己高高挂起"的处事原则,对校园中、社会上一些不道德行为、一些违法乱纪的行为,都是睁一只眼闭一只眼,漠然处之。老人和孕妇上车无人让座,老人在马路上摔倒无人去扶,小孩子找不到家没人主动帮助。如斯表现,不得不让人寒心和反思。

二、大学生进行文明修身教育的必要性

文明修身教育的开展,就如金耀基先生说得那样,一个大学生应该对人类知识文化有相当程度的了解,对自己民族的文化有基本的欣赏与把握。同时,他应该养成一种独立思考、判断的能力,一种对真理、对善、对美等价值执着的心态。①

（一）文明修身教育是对中华传统文化的继承和发扬

中华民族的文化传统源远流长,不仅数千年中从未中断,留下了极其丰富的文化遗产,而且儒家文化最重视自我修养,并归纳总结出了慎独、慎思、克己、内省等一系列具体的修身方式和原则,为我们今天所借鉴。虽然今日之世界与数千年前相比,在社会生产力和生产关系等文明程度方面不可同日而语,但是在人类道德和品质的自我修养方面,数千年经验的积累和总结,却是今日人们所应该崇拜和学习之处。同时,还应该理论联系实际,密切结合当前社会的现实情况,将中华民族的优秀传统文化与当前的社会现状有机结合,对传统文化不曾涉猎的恋爱文明、网络文明和求职诚信等领域,要实事求是、勇于创新,制定出新的道德准则和行为规范,把中华民族的优秀传统文化发扬光大。

（二）文明修身教育是实现"中国梦"的必然要求

习近平总书记指出,"实现中华民族伟大复兴,就是中华民族近代以来最伟大的梦想。"毫无疑问,当代青年大学生将是实现这一伟大梦想的生力军,不论是全面建成小康社会,还是建成富强、民主、文明、和谐的社会主义现代化国家,都需要当代青年大学生具有高尚的品德、坚强的意志、渊博的知识和完美的品质。当代大学生只有具备了这些优秀的素养,才能更好地为实现伟大的中国梦做贡献。否则如果在自身修养上都相差甚远,又如何敢奢谈实现中华民族的伟大复兴呢？所以,要实现中华民族的伟大复兴,首先就得调动和激发起大学生学习科学文化知识的积极性、主动性和创造性,引导大学生自觉遵守爱国守法、明礼诚信、团结友爱、勤俭自强、敬业奉献的基本道德规范,使他们

---

① 金耀基:《大学之理念》,生活·读书·新知三联书店,2000年版。

具备丰富的科学文化知识和高尚的道德品质,真正成为实现中华民族伟大复兴"中国梦"的建设者和推动者。

(三)文明修身教育是大学生形成健全人格和高尚品质的内在需求

古语有云"天下大事,必作于细"。当代大学生是祖国的栋梁,是社会主义事业的建设者和接班人。这就要求当代大学生必须德智体美全面发展,不可忽视任何的细节,在学习科学文化知识认真做事的同时,还要学会做人,要养成良好的个人行为习惯,做到谦虚谨慎、文明礼貌、举止优雅、谈吐不凡。而要养成良好的行为习惯,形成健全的人格和高尚的道德品质,就必须要通过旷日持久的自我道德修养来实现。文明修身教育作为一种自律自教的活动,一种养成教育,不仅可以增强大学生的道德自律性,使大学生明白自己应该具备哪些优秀的品质,应该成为怎样的人才,而且还能为大学生提供衡量自我道德修养水平和境界的标准,重新构建大学生的精神家园。

三、文明修身教育的重点宣讲内容

文明修身是一个系统性的概念,其内涵和外延都十分的丰富。从表面上看,它解决的都是诸如用餐插队、乱扔垃圾、污言秽语、肆意浪费等一些细枝末节的问题。但是从深层次看,它关注的是人的全面发展,是要教给他们安身立命之道。具体来说,大致包含以下方面:

(一)崇高的理想信念和正确的世界观、人生观和价值观

随着网络和信息技术日新月异的发展,全球化的趋势不断加强,世界比以往任何时候都联系得更加紧密。这促使思想的更新和传播速度大大提升,人们接收资讯的数量和思想面临的冲击是难以想象的。受此影响,当代大学生的思维极其不稳定,易于受到影响和改变。思维的改变和信念的不坚定,极易对大学生的世界观、人生观和价值观产生影响。所以,高校要通过文明修身教育,帮助大学生树立崇高的理想信念,引导他们建立正确的世界观、人生观和价值观,使他们对自己的国家和民族形成正确的认识,对纷繁复杂的社会现象做出准确而又成熟的判断。

（二）刻苦勤奋的学习精神

大学生也是学生，是学生就应该以学业为重。一个优秀合格的文明大学生必须要具备刻苦勤奋的学习精神，虚心好学的学习态度，持之以恒的学习毅力，科学正确的学习方法和勇于创新的学习品质，只有掌握了丰富的科学文化知识和过硬的技术本领，具有科学合理的知识结构和思维方式，大学生们才可以在实现中华民族伟大复兴"中国梦"的征程中，体现自己的人生价值、实现自己的人生理想。

（三）良好的道德素质和健康的身心修养

"道德素质是民族精神的重要内容，道德水平是社会文明的重要标志"[①]所以，良好的道德素质和健康的身心修养，是文明修身教育的核心内容，也是文明修身教育成效的最终体现。一个人只有具备了良好的道德素质和健康的身心修养，才能被人所认可、所尊崇，也才能感染和影响身边更多的人。所以，当代大学生首先必须要学会做人，要自觉养成良好的道德素质和行为习惯，加强对基础文明习惯和礼仪规范的学习，力争使自己做到谦虚谨慎、文明礼貌、举止优雅、行为端庄。而且作为社会中的一分子，当代大学生有责任也有义务，规劝和帮助身边的人一起加入文明修身的行列之中。

（四）较高的艺术鉴赏能力和审美能力

从古至今，中国的知识分子从来都不是指那些只会死读书的书呆子。早在三千多年前的周王朝，对知识分子基本技能的要求就包括礼、乐、射、御、书、数六种之多。尤其是要求读书人必须具备一定的艺术鉴赏和审美的能力，这样才能称之为"高雅之士"。无独有偶，西方近代的大思想家培根也要求年轻人，要对诸多学科的知识进行涉猎，进而提高自身的文化修养水平和品德意志。他说，读史使人明智，读诗使人灵秀，数学使人周密，科学使人深刻，伦理学使人庄重，逻辑修辞使人善辩，凡有所学，皆成性格。

所以，做一名优秀的当代文明大学生，只懂得科学文化知识和思想道德修养，是远远不够的，还要培养自己的艺术气质，提升自己的艺术鉴赏能力和审美能力，使自己成为一个懂得浪漫、追求高雅的人。

---

① 任颖：《浅谈文明修身与大学生全面发展》，载《企业导报》，2012年第5期。

第四节 生态文明教育

始于上世纪末的中国改革开放事业,促进了中国经济的发展、综合国力的提升和人民生活水平的提高,然而相伴而来的环境问题也愈发突出。纵观欧美发达国家近三百多年以来的近代化进程,不难发现经济的发展总会带来环境的破坏。如何解决这一世界性难题是21世纪初世界各国,尤其是发展中国家面临的重大课题。

为了更好地解决这一问题,使得经济的发展尽可能地不破坏生态环境或者尽可能小地破坏生态环境,生态文明教育逐渐成了世界各国教育界备受关注的理论形态之一,越来越多地引起了学术界的关注与研究。我国也非常重视生态环境的保护,充分吸取了西方国家"先污染后治理"的经验教训,陆续提出了"可持续发展""科学发展观"等新理念,党的十七大报告中更是明确将"建设生态文明"作为中国实现全面建设小康社会的新要求之一,十八大报告更是将生态文明提到了新的高度"建设生态文明,是关系人民福祉、关乎民族未来的长远大计",并要求必须要"把生态文明建设放在突出地位,融入经济建设、政治建设、文化建设、社会建设各方面和全过程,努力建设美丽中国,实现中华民族永续发展。"

作为思想政治教育前沿阵地和培养高素质人才摇篮的高校,尤其是林业高校,更应该将生态文明教育纳入到大学生日常思想政治教育中来,开拓创新、积极实践,努力使生态文明的意识深入到每位大学生的心中,为建设出一个青山绿水的强大中国,实现中华民族的永续发展而贡献力量。

一、开展生态文明教育的必要性

笔者以"生态文明"为关键词,仅在中国知网的中国期刊全文数据库进行资料查找就能发现,至今学界共发表与生态文明相关的学术论文三万余篇,而且研究论文在2008年以后大量增加,可以看出,学界对生态文明的研究方兴未艾。学术界对某一问题的关注度越高、研究越多,越能说明这一问题的关注度或严重性。其实,根本不需要任何的统计数据,2013年中国各大城市此起彼伏的雾霾天气,已经足以引起人们对这一问题的重视。中国生态危机的警钟已经敲响,开展生态文明教育,建设生态文明已经刻不容缓。

(一)开展生态文明教育是中国经济现代化的必然要求

改革开放三十余年,中国经济得到了长足的发展,一跃成为仅次于美国的世界第二大经济体,中国也获得了"世界工厂"的美誉。虽然中国的经济总量增长了,然而中国的经济质量与发达国家还具有相当大的差距。过去三十多年,中国的经济增长主要集中在能耗较大,技术含量较低、污染严重的劳动密集型产业和资金密集型产业,如煤炭、冶金、钢铁、建材、服装业等部门和行业。这种粗放型的生产方式和经营方式,已经给中国的生态造成了的损害。

长期以来,我国的经济是资源依赖和投资驱动为主的发展模式,经济发展不平衡、不协调、不可持续的问题非常突出。为此,党的十八大报告提出要加快转变经济发展方式,并把此看作是关系国家发展全局的战略任务。新型的经济发展方式,要求必须改变以往传统工业过分强调经济增长速度的做法,而更加注重经济发展的质量和效益,通过科学技术的力量,减少对自然资源的损耗,进一步优化资源的配置,达到利益的最大化。这一新兴经济发展方式的确立,无疑要求人们务必坚持防治污染、保护生态环境,实现经济建设和生态建设和谐发展。通过对传统的粗放式经济发展方式的生态化改造,推动经济绿色转型,着力推进绿色发展、循环发展、低碳发展,为中国特色新型工业化道路指明方向。

(二)开展生态文明教育是中国人民群众幸福生活的现实诉求

2007年10月党的十七大报告中明确将"生态文明建设"作为了全面建设小康社会奋斗目标新的要求,要实现"主要污染物排放得到有效控制,生态环境质量明显改善。"党的十八大提出了包括生态文明在内的现代化建设"五位一体"的总体布局,将"生态文明"建设工作上升到了新的高度,并要求"从源头上扭转生态环境恶化趋势,为人民创造良好生产生活环境"。

2011年我国的人均GDP达到5432美元,首次突破5000美元大关,按照国际衡量标准,我国首次成为中等偏上收入国家。在欧美等西方发达国家,一旦人均 GDP 超过了 5000 美元,相应的人们对生态环境的认识和觉悟将会有所提高,人们对其居住和生活的生态环境相应也会提出更高的要求,要求不论是乡村还是城市,都应该具有更加优美的生态环境供人们居住和生活。当然,中国人民也不例外,根据中国环境意识项目办公室发布的《二〇〇七年全国公众环境意识调查报告》显示,环境污染问题已成为中国严重的社会问题,在所有被调查列举的 13 项社会问题中列第四位,公众认为其严重性仅次于医疗、就业、收入差距问题之后,而居于腐败、养老保障、住房价格、教育收费、社会治安等问题之前。①

由此可见,伴随着人们经济生活水平的提高,人们的生态环境意识也在与日俱增,公众环境意识觉悟的时代已经到来,人们更加关注现实和未来的生活环境和生活品质,而不只是简单的温饱问题,人们愿意花费更多的金钱去购买环境友好型的产品,愿意接受严格的环境规制。大力推进生态文明建设,是广大人民群众幸福生活的现实诉求。

(三)开展生态文明教育是中华文明的内在要求

虽然生态学或者说生态环境思想是起源于近代西方国家,但是在熠熠生辉的五千年中华文明中,无不闪烁着生态智慧的光芒。从人与自然关系的角度来看,中国的道家思想注重尊重自然,顺应规律,要求人们对自然不要太过功利,不可贪得无厌、急功近利,要尊重宇宙间的既有法则,提出了"人法地,地法天,天法道,道法自然"的无为思想,强调人尊重自然规律为最高准则,以崇尚自然效法天地作为人生行为的基本皈依,要求人们在面对自然万物时要尊重自然界的固有规律,人只可以发现规律、认识规律、利用规律,切不可试图去改变规律或者甚至逆天而行,违背自然规律。此外,道家还提出通过"心斋""坐忘"等方式,涤除心灵的污秽,从而达到净化心灵、洗涤灵魂,促成人向自然的主动回归。而从古印度传入中国而后被本土化了的佛家,则认为万物都是有生命有佛性的,众生平等,无贵贱之分,万物皆有生存的权利,要求人要学会

---

① 中国环境意识项目办,2007 全国公众环境意识调查报告,2008 年 4 月。

尊重自然,爱护自然,平等地对待自然。

从人与社会,人与人之间关系来看,我国古代最具代表性的思想非儒家莫属。孔子把"仁"作为最高的道德原则、道德标准和道德境界。他第一个把整体的道德规范集于一体,形成了以"仁"为核心的伦理思想结构,包括孝、悌、忠、恕、礼、知、勇、恭、宽、信、敏、惠等内容。"仁"是儒家学说的核心。孔子的"仁"不是小仁,而是人间的大仁,不仅要求人人要懂得爱自己、爱自己的父母、兄弟、妻儿老小,而且还要求"老吾老,以及人之老;幼吾幼,以及人之幼"。这就是从伦理学的角度来分析人与人、人与社会之间的关系,用"仁"来维系社会的秩序。但是儒家的"仁"也绝对不只局限于在人与人之间,而是以此延伸至万事万物。孔子之后,孟子继而提出"仁民而爱物",认为"仁爱"不仅要推己及人,"己所不欲,勿施于人",也要推己及物,尊重自然界既有的规律与法则,要在利用自然的同时更好地尊重自然、爱护自然、保护自然。从而将"仁爱"思想上升到一种善待生命、仁爱自然的崇高、博大、深邃的思想。

综上所述,在博大精深的中华文化中一直就孕育着"生态文明"的智慧火花。当前,在高校中开展生态文明教育,就是对中华传统文化的一种继承和发扬,是中华文明发展壮大的内在需求。

(四)开展生态文明教育是高校德育工作和大学生成长成才的迫切需要

推进高校生态文明教育,培养大学生的生态文明意识及提升其践行能力,是当前高校德育工作的迫切需要。育人为本,德育为先。高校肩负着为社会主义现代化建设培养合格建设者和可靠接班人的重任。不仅要求大学生们学习渊博的知识,掌握熟练的技术,同时还需要大学生们具有坚定的信念和高尚的品德。然而目前,在大部分国内高校中依然存在着许多不文明、不环保的行为,如:随手乱扔果皮纸屑,浪费粮食,踩踏草坪,攀折树枝,使用一次性筷子和塑料购物袋,放任"长流水"和"长明电",浪费纸张等行为。同时,大学校园中还存在着"课桌文化""墙壁文化""厕所文化"等"不和谐文化"现象。就如学者所说"当前高校生态文明教育建设状况与高校在生态文明建设中所承担的任务相差甚远。"①对于生态文明,广大学生还缺乏科学的认识与理解,生态文明的观念和意识还比较的淡漠,未能形成科学的、系统化的知识结构,日常行为习惯多有失范,缺乏自我的约束与管理,生态责任意识不强,参与的主动性和积极性不高。而高校德育的主要任务是对大学生进行价值取向引导,培养大学生形成良好的道德价值观和道德行为。因此,对大学生进行系统的生态文明教育十分迫切和必要。当前,将生态文明教育纳入高校德育,是新的形势下高校德育工作的迫切需要。

同时,在高校开展生态文明教育也符合大学生成长成才的客观规律。因为,在当今社会中,良好的生态文明素质是衡量国家文明程度的重要标志,也是衡量公民素质的重要标准。对生态文明观念的认知和践行是大学生综合素质的重要方面,也是大学生全面发展、融入社会的基本要求。新时代的大学生不仅要有广博的科学文化知识,而且要有较高的思想道德素质;不仅要有处理人际关系的高超能力,而且还要有处理人与自然关系的优秀品质。生态文明素养是当代大学生应具备的道德素养之一,也是衡量大学生成才与否的重要指标。因此,是否具有较高的生态文明意识,是当代大学生是否全面发展的衡量标尺之一。在高校开展生态文明教育,提高大学生的生态文明素质,是大学生成长成才的客观需要。

二、林业院校开展生态文明教育的优势

林业是生态文明建设的主体和基础,在生态文明建设中发挥着主导和核心的作用。林业高等院校林业特色鲜明,优势明显,理应成为生态文明教育的排头兵。在林业院校开展生态文明教育,具有得天独厚的条件。那么,在林业院校开展生态文明教育,到底有哪些优势呢?

(一)林业院校开展生态文明教育的资源丰富

"生态文明",顾名思义,它是与自然、生态、环境密不可分的,东北林业大

---

① 姜树萍、赵宇燕、苗建峰、陈芊羽:《高校生态文明教育路径探索》,载《教育与教学研究》,2011年4月第25卷第4期。

学就是以林科为优势的高校,自然在生态文明教育上有着丰富的资源。

1. 齐全的学科门类和雄厚的师资力量,为生态文明教育提供了理论基础

从目前的国内高校教育现状来看,推动大学生生态文明教育,必须要加强高校学科体系建设,重视生态文明的课堂教育,提高大学生生态文明理论水平,为生态文明建设打下坚实的理论基础,这就需要积极推动高校生态文明教育学科体系的建设。"从当前的学科设置来看,只有极少数高校在学科设置上涉及到生态文明教育相关学科,主要是环境科学类专业学科"①,而林业类院校在环境科学类专业方面,不仅比其他类院校的学科门类齐全、研究范围宽广,而且研究力量雄厚,集中了国内一大批著名学者和专家教授,研究成果丰富,可以很好地为本校的生态文明教育提供理论基础。

2. 广阔的实验林场和种类繁多的动植物,为生态文明教育提供了物质基础

林业高校大多都有自己的实验林场和实习基地,以东北林业大学为例:学校拥有帽儿山实验林场(帽儿山国家森林公园)和凉水实验林场(凉水国家级自然保护区)等教学、科研、实习基地,总面积达3.3万公顷。

帽儿山实验林场是典型的东北东部天然次生林区。2005年被黑龙江省教育厅批准为"黑龙江帽儿山大中小学生户外素质教育基地"。帽儿山实验林场生态自然景观优美,植被种类繁多,资源丰富,生物多样性高。现已建立了老爷岭森林生态实验站、帽儿山鸟类环志站、老山人工林实验站、林木遗传改良试验站、森林培育实验站、森林碳汇观测研究站,设有大量的科研样地、定位观测站、观测点、观测塔和气象站等。老爷岭森林生态实验站是国家林业局森林生态站网之一,是国家科技部森林生态系统定位研究站。帽儿山鸟类环志站,也是全国第一批陆生野生动物资源疫源疫病监测站点实施单位。帽儿山实验林场设有动物、植物、昆虫标本室、沙盘室,图书馆等数据库,具备生态、科普教育和宣传的展室、橱窗等设施,形成了比较丰富的生态教育资源。

---

① 姜树萍、赵宇燕、苗建峰、陈芊羽:《高校生态文明教育路径探索》,载《教育与教学研究》,2011年4月第25卷第4期。

凉水国家级自然保护区1997年加入中国人与生物圈自然保护区网络，并晋升为国家级自然保护区，2005年经黑龙江省旅游局批准为AAA级景区，2006年经国家林业局批准为全国示范自然保护区之一。保护区是我国目前保存下来的较大片的原始红松林之一，它能够提供小兴安岭阔叶红松林生态系统的原始"本底"资料，具有较高的科学研究价值和生态教育意义。境内森林植被类型多样，物种多样性丰富。

东北林业大学帽儿山和凉水这两所天然林场，不仅可以为研究我国红松针阔叶混交林生态系统及其生物多样性提供天然基地，而且也为教育和宣传生态文明理念和自然保护的科学知识提供了广阔的课堂。

3. 丰富多彩的校园环保活动，为生态文明教育提供了实践基础

提高大学生的生态意识和践行能力，实践是一个非常重要的环节。近代著名教育学家陶行知先生一生都在倡导"知行合一"，他认为"行是知之始，知是行之成"。而从某种意义上讲，实践甚至比书本知识更能启迪人的心灵，更能培养大学生对自然生态的情感和认知，树立和增强生态文明的信念，提高生态文明的践行能力。因此，高校在开展生态文明教育过程中，一般都特别重视实践育人环节，借助丰富多彩的实践活动提升大学生的生态文明综合素质。

林业院校不仅林业方面的知识讲座、学术研讨多，而且以保护自然环境、提倡低碳生活的学生社团和公益组织也相对较多。在林业院校，不论是学校、学院等组织，还是学生自发成立的公益社团，都会积极组织以生态文明教育为主题的座谈会、报告会、交流会、讲座，开展以生态文明为主题的书画、摄影、演讲、辩论、征文、主题海报设计、生态科普知识、环保科技作品设计比赛等活动，充分利用植树节、世界水日、世界气象日、世界地球日、世界环境日等环保节日开展相关主题教育。同时，还会利用周末或者寒暑假的时间，开展丰富多彩的校外实践活动，积极引导大学生走向户外、走进社区、走向社会、走进大自然，开展生动有效的生态环保活动，定期组织环保宣传、湿地保护、生物多样性研究、资源节约等社会实践活动，深入学校、社区、农村等场所开展实践调查、环保宣讲等活动，让学生在实践中感受真实、体验真知，在传播生态文明理念的同时从社会实践中深化认识。

(二)林业院校对生态文明教育的重视度较高

就像有的学者说得那样"领导重视是办好事情的重要因素,高校生态文明教育也不例外。"①林业院校的管理干部和教师,与其他院校相比,他们中很多人都毕业于林学学科,自然对生态文明教育认识得更加充分,也对生态文明更加钟情,自然而然地会对本校的生态文明教育更加的重视。这具体表现在以下几个方面。

首先,"据调查,目前全国高校成立生态文明教育专门部门的极少,其职能主要由教务处、团委、宣传部、马克思主义学院等分担,缺乏统一的规划和管理。"②而林业类院校由于学校领导的重视,一般在此方面都会走在全国高校的前面,成立专门的规划和管理部门,将本校的生态文明教育工作纳入到学校的发展规划工作中去。

其次,教材是教育的蓝本和依据。然而由于我国在生态文明教育方面起步晚、研究力量弱,所以国内大部分院校是没有专门的生态文明教育的教材的。而林业类院校由于他们具有研究力量雄厚的专业教师团队,所以他们在教材的编写方面会相对其他类院校更有优势。

再次,为了让生态文明意识更深刻地融入到每一位在校大学生的头脑里,外化为他们的日常行为习惯,就需要他们进行长时间、深层次和一定量的生态文明课程教育。这就需要在每位大学生四年的大学课程设置中,多为他们开设一些有关生态文明教育的必修课。然而,每个学校在课程设置上都会有所侧重,工科的侧重工科类课程,人文社科的侧重人文类课程,那林业类院校很自然也就是侧重于林业类课程了。

最后,一切教学活动的开展都需要辅以相应的教学场所和充足的教学资金。而林业类院校在动植物标本室的数量和质量上,在珍稀树种的培育上,甚至在校园森林博物馆的建造等方面都比其他类院校有优越条件。

---

① 廖金香:《高校生态文明教育的时代诉求与路径选择》,载《高教探索》,2013年第4期。
② 同上。

(三)林业院校学生的生态意识强烈,校园环保氛围浓厚

考察一所学校的生态文明教育成果如何,不只是看这个学校相关的生态必修课程设置了多少,也不只是看这个学校有多少间动植物标本室,更不只是看这个学校种了多少树木,他的绿化率有多少,而最最重要的就是这个学校的师生们的生态文明意识有多么强烈。学生们在日常的生活、学习和娱乐中有没有养成环保低碳的好习惯,校园里是可能就会经常出现不环保的行为了。在林业类院校中,由于学习林业、环境保护类学科专业的学生数量多、比重大,而这些学生都系统地接受到了专业的教育和学习,相对于其他学科的学生,生态环保的意识比较强烈。同时,由于在林业类院校中他们的比重大,所以生态文化在校园里氛围较浓。这些占据着校园文化主流的大学生,通过环保实践活动、环保绿色宣传和低碳生活倡议等行动,将环保的意识和理念带给身边更多的大学生,以点带面,使整个校园都弥漫着环保低碳的气息,与生态文明教育相得益彰。

三、生态文明教育重点宣讲的内容

纵观我国高校生态文明教育的发展脉络,发现我国现阶段生态文明教育主要包括生态意识教育、生态观念教育、生态道德教育和生态法治教育等四个方面。

(一)生态意识教育

生态意识教育主要包括两个方面。一是忧患意识。李克强总理在会见出席中国环境与发展国际合作委员会2012年会的外宾时曾说:"朝着生态文明的现代化中国迈进,是摆在大家面前的一项全新课题","我们面临前所未有的机遇和挑战,大学生既要有'走钢丝'的忧患意识,也要有'登高峰'的必胜信心"。[①] 那么,为什么在生态文明的建设过程中要有忧患意识呢? 一方面是,由于改革开放以来,人们过多地追求经济的高增长,忽视或者说牺牲了太多的

---

① 《李克强会见中国环境与发展国际合作委员会2012年会主要外宾》,载《光明日报》,2012年12月13日。

环境利益,今天生态环境出现了严重的恶化,不得不再次引起人们的深入思考。另一方面是,古人一直教导人们,要做成事、做大事,就一定要有忧患意识。而且生态忧患意识教育可以很好地帮助大学生了解生态环境问题的严重性,克服麻痹大意、盲目乐观的思想,有助于大学生形成科学的生态观,激发大学生建设生态文明的责任感,使他们认识到,如果继续过度地开发利用资源,加剧生态环境的恶化,将使人类的生存和发展受到威胁。

二是主体意识。目前,由于我国公众生态文明建设的主体意识不强,中国人现阶段的环保意识还比较薄弱,还有很多的不环保、不文明的行为发生。生态文明教育中的主体意识教育就是要让大学生明确,生态文明建设人人有责。对于我们生活的环境来说,生活于其中的每一个人都应该负有义不容辞的责任,正如《中国生态文明建设高层论坛——广州宣言》倡议的那样:"每个公民都要争做生态文明建设的积极倡导者、热心宣传者和忠实践行者。"[①]而且,现在电视、网络上越来越多的公益广告都倡导大家要关爱环境,从身边的一草一木做起,唤醒国人的环境保护意识。

(二)生态观念教育

一是生态自然观。这是生态文明的哲学世界观教育。生态自然观是以马克思主义关于人与自然的辩证关系为直接理论来源,在生态学、环境科学、系统科学的基础上产生的新的自然观,是辩证唯物主义自然观的现代形式之一。生态自然观把包括人类在内的整个自然界,理解为一个完整的整体。它认为自然界中的一切生物和非生物都是相互依赖和相互联系的,人与自然相互联系并相互作用,人与自然是不可分割的有机统一整体。自然界是"人-社会-自然"系统的内在机制,自然因素支持和参与社会历史的创造,从而获得社会历史尺度。生态自然观要求人类要明确自然界是人类生存和发展的根基,它既有作为人类利用对象、为人类发展提供资源的外在价值,也有其自身的内在价值即自然价值,人类要尊重自然,要与自然和谐相处。

---

① 《〈中国生态文明建设高层论坛——广州宣言〉倡议——人人参与从我做起为生态文明建设作贡献》,载《安徽林业》,2008年3月。

二是可持续发展观。这是生态文明的社会发展观教育。生态文明理念的提出,就是人们对可持续发展问题长期认识的必然结果,是可持续发展的必然选择。可持续发展就是要促进人与自然的和谐共处,实现经济的发展与人口、资源、环境相协调,坚持走经济文明、精神文明、政治文明和生态文明协调发展的特色道路。而且,人类的发展要讲究代际公平,当代人不能为了自己的利益,而牺牲子孙后代的利益。要维护自然资源的可再生能力,保证中华民族的永续发展。

三是绿色、适度的消费观。这是生态文明的生活观教育。消费是人类满足生产、生活需要的途径,是人类维持生存的手段。但是,个人的消费应建立在环境与自然资源可承受的基础之上,维护和促进生态系统的动态平衡。当代社会,需要提倡绿色消费和适度消费,即消费要符合"三E"原则——经济实惠(Economic)、平等人道(Equitable)、注重生态(Ecological)。同时,还要提倡适度消费,不可为了满足一己之私欲,而对自然资源取伐过度,毫不节制,从而超过了自然界可承受的范围,对环境造成难以恢复的破坏。我国传统文化中就有提倡勤俭节约,反对铺张浪费的思想,应该加大对传统文化的继承和学习。

(三)生态道德教育

要把道德纳入人与自然的关系之中,弘扬生态道德观念,养成良好的"生态德性"。这是相对于人类社会的伦理观教育而衍生出的生态文明的伦理价值观教育,是一种主张把道德行为的领域从人与人、人与社会的领域扩大到人与自然之间,把道德关怀扩展到人之外的各种非人类存在物——所有生物乃至整个大地和地球生态系统去的伦理学说。生态道德教育认为大自然的一切存在都有独立于人类的"内在价值"及人类必须予以尊重的"生存权利",人类需要将人与人之间、人与社会之间遵循的善恶、道德、正义、义务等观点应用到处理人与自然、生态的关系中去,将大自然的万事万物看成和人类平等的存在,并将是否维护自然界及自然存在物的内在价值和生存权利,作为判断人们对他们自身的行为在道德上是否正确的终极根据。生态道德研究者为人们保护环境的行为提供了不同的伦理理念,这些理念之间存在着分歧和争论,但从善待自然、保护环境、促进人与自然的协调与和谐这一目标上,它们却又是一致的。

(四)生态法治教育

生态文明建设不能只有道德的说教,还需要相关法律、法规的引导和约束。近年来,我国的生态立法发展迅速,注重生态环境的保护和坚持可持续发展,维持人与自然的和谐发展已经成为我国生态立法的共识和精神。加强生态法治教育,能够使大学生对我国的生态法律法规增进了解,提高他们的生态法律意识,为生态文明建设保驾护航。

生态法治教育主要包括:一是生态法治意识教育。学习生态法律法规知识,不仅可以增强大学生的生态法律意识,而且还可以用生态法律规范来约束他们自己的日常行为,做到懂法、知法、守法。二是生态维权意识的教育。生态文明建设是全体人民共同的事业,人人都有维护和保持生态文明的义务,同时也有权对污染和破坏环境的单位和个人进行检举和控告。提高大学生的生态维权意识,有助于促进人们参与生态立法、执法的意识,从而提高生态立法的质量和执法的效果。

第五节 责任担当教育

明末清初大学者顾炎武曾说"天下兴亡,匹夫有责"。人是一种社会关系的总和,既要承担自身的责任,也要承担与他人、与社会的责任。知道自己的责任并主动学会承担责任,是每个人成长成才的必备条件,是每一个大学生在步入社会前必须要掌握的基本素养之一,就像美国学者马斯洛说得那样"每次承担责任就是一次自我实现"[1]。责任担当教育不仅要培养大学生的责任意识,让他们知道自己肩负的社会责任、历史责任,而且要让他们自觉承担起相应的责任,做一个知责任、敢担当的人。

---

[1] 马斯洛:《人的潜能和价值》,华夏出版社,1987年版。

一、当代大学生责任感缺失的表现

中共中央、国务院《关于进一步加强和改进大学生思想政治教育的意见》指出,要使大学生"认识国家的前途命运,认识自己的社会责任""增强社会责任感",把他们培养成德智体美全面发展的社会主义合格建设者和可靠接班人。党的十八大报告中也明确提出要"着力提高教育质量,培养学生社会责任感"。这些都要求当代大学生必须具有强烈的社会责任感和担当精神。然而,现实当中,却有一些大学生社会责任意识淡薄,重个人利益而轻集体利益、社会利益,同时缺乏应有的担当精神,犯了错误不想着如何承担后果,而只是一味地逃避责任。

(一)在思想观念上,重自我实现轻社会责任

中华民族历来都是一个团结的民族,是一个集体利益大于个人利益的民族。正是如此,当西方列强凭借自己的坚船利炮打破我国的国门侵略我们的家园时,无数的仁人志士前仆后继,用自己的生命和鲜血捍卫着国家的独立和民族的尊严,发出了"苟利国家生死以,岂因祸福避趋之"和"我自横刀向天笑,去留肝胆两昆仑"的豪言壮语。也正是由于先辈们的不懈努力,才使中华民族从水深火热之中拯救出来,建立了新中国。

然而在今天,随着改革开放和社会主义市场经济的不断发展,加上西方资本主义国家一些不良思想的入侵,对当代青年人的思想也产生了不良的影响。一些人从重理想到重现实和功利;从重无私奉献到重贪婪索求;从重精神追求到重物质享受。这些人更多的是顾及自己的个人得失,而忽略了本应担当的社会责任和历史使命。有的只是为了个人的功成名就,上大学只是为了找份好工作,挣更多的钱,买更大的房子,开更好的汽车,享受着更舒适的生活而已,至于应该担负的国家和社会责任,则很少去思考。

(二)在价值取向上,重个人本位轻社会责任

社会责任反映的是个体与社会的关系,其价值取向是社会的整体利益。所以,当社会公众利益和个人利益发生矛盾时,毫无疑问,应该舍小我成全大我,牺牲或者放弃个人利益来服从社会整体利益,以大多数人的利益为重,更

多地考虑别人、考虑社会、考虑国家。在市场经济条件下,越来越多的大学生正视并积极追求个人的价值尊严和利益要求,其自我意识、进取精神和成就欲望明显增强。但是,在大学生个体意识和主体意识不断加强的同时,不少大学生的社会责任感表现出明显的向个人利益倾斜的特点。他们并不否认承担社会责任,可一旦涉及具体利益时,他们又往往首先考虑的是他们自身的利益不能受到侵犯,完全地以自我为中心,缺乏为社会和集体牺牲的精神。

现在的大学生课余时间不是忙着考各种技能证书,如:计算机等级证书、英语等级证书、普通话等级证书、雅思、托福、GRE 等,就是忙着做兼职、家教、送餐、销售、发宣传单等,学生参加这些考试和活动没有错,但是当学校组织公益劳动、志愿服务时,有些人却开始"打退堂鼓"。同学们不愿意在不能为自己带来切实利益的事情上"浪费"时间。部分大学生倾向于夸大个人与他人之间的对立和冲突,而对个人和他人之间的相互依存、密切联系的认识却相对不足。因此,在追求实现个人目标的过程中,他们往往忽略甚至排斥他人的存在,自我责任感容易走向以个人为中心的极端。

(三)在理想追求上,重物质享受轻理想信念

众所周知,市场经济所遵循的是价值规律,其驱动力是逐利思想,以所获得利润的高低作为评价市场行为成功与否的主要标志。一些大学生盲目地将市场经济的价值观带入自己的学习与生活中,不加以鉴定和区分,甚至成为自己的思想基础和行为准则。再加上社会上一些不良风气的影响,使他们产生了唯利益论、唯金钱论的思想,只关注自身,而不考虑社会利益,以自己的利益作为自身行为成败的标准,也很容易使他们产生"一切向钱看"的思想,再没有"为天地立心,为生民立命,为往圣继绝学,为万世开太平"的雄心壮志和伟大抱负了。大学生迷失了自我,忘却了理想,丢弃了信念,这是不容忽视的问题。

二、开展责任担当教育的必要性

责任意识和担当精神不仅是 21 世纪衡量人才的标准之一,也是一个负责任的伟大民族所必须具备的品德和精神。一个人只有将自己的理想和抱负融入到民族和国家的发展中去,才会有一番大作为。

(一)责任担当教育是大学生成长成才的内在需求

联合国21世纪教育委员会在1996年就曾提出:崇高的道德品质和对人类的责任感应是21世纪人才的一个重要标准。而德国古典哲学家康德则说得更为严厉,他认为:"每一个在道德上有价值的人,都要有所承担。不负任何责任的东西,不是人而是物。"①可见,没有责任和担当意识的人,在康德看来已经不能称其为人了,也就是说责任和担当意识是人之为人的必要条件。

美国学校早在20世纪70年代就提出了"责任公民"理念,强调个人与社会并重的价值取向。美国大学德育工作的目标就是,要培养美国的大学生成为具有爱国精神、守法精神,具有健全人格的、有用的、有自尊心的、负责任的、可依赖的美国公民。而英国的高校也要求自己的学生要充分考虑他人的需求,强调对别人的尊重和公平公正。法国、德国、荷兰、意大利等西方国家,甚至是日本、新加坡、韩国等亚洲国家,在对大学生的德育培养方面都无以例外的要求学生必须具备责任意识,要懂得尊重他人、关心社会利益,主动承担自我需要承担的责任。大学生是十分宝贵的人才资源,是民族的希望,是祖国的未来,责任担当意识是他们成长成才中不可或缺的素质之一。全面建设小康社会,努力实现中华民族的伟大复兴已经成为包括大学生在内的全体中国人的共同目标和责任。

(二)责任担当教育是"中国梦"实现的重要保障

"中国梦"的提出是对中华民族近代以来奋斗历程的深刻总结,更是对中华民族美好未来的伟大预言和展望,具有划时代的重要意义。当下的中国,仅次于美国成为世界第二大经济体,人均GDP也已经超过了5000美元大关,军事实力、综合国力和国际影响力也得到了飞速的提升。可以说中华民族比近代以来的任何时期,都更接近民族复兴这一伟大目标。

然而,前途是光明的,道路是曲折的。虽然全国人民正在接近民族复兴这一伟大目标,但是摆在面前的任务依然严峻,中国社会还面临着诸多复杂的问题亟需解决。国家的发展靠人才,人才的培养靠教育。《国家中长期教育改革

---

① 康德,苗力田译:《道德形而上学理论》,人民出版社,2002年版。

和发展规划纲要(2010—2020年)》指出,教育改革发展的核心是解决培养什么样的人和怎样培养人的问题,重点是要促进学生的全面发展,提高学生服务国家、服务人民的社会责任感、勇于探索的创新精神和善于解决问题的实践能力。少年兴则国兴,少年强则国强,当代大学生是青年的主流,是中华民族伟大复兴的主力军。所以,要实现中华民族伟大复兴的中国梦,需要加强对当代大学生社会责任感的培养,社会责任感是人们团结奋进、求知创新的不竭动力和遵纪守法、诚实守信的道德基石,只有强烈的社会责任感和良好的国民素养才能保障中国梦的实现。

(三)责任担当教育是中华传统文化的继承和发扬

中华民族是一个智慧的民族,中华文明是人类历史上唯一一个从未中断的文明。五千年的历史发展过程中形成和发展起来的中国传统文化,包括道德情操、思想观念、思维方式、价值取向等诸多方面,有着丰富的内容。"没有一个民族的道德文化是从真空状态突然发展起来的,传统是整个文化中根深蒂固的大本大源。"[1]中华民族要实现伟大复兴的中国梦,中国传统文化就是它取之不尽用之不竭的思想宝库。中共中央《关于深化文化体制改革推动社会主义文化大发展大繁荣若干重大问题的决定》中指出,优秀的传统文化凝聚着中华民族自强不息的精神追求和历久弥新的精神财富,是发展社会主义先进文化的深厚基础,是建设中华民族共有精神家园的重要支撑。党的十八大报告中也强调要建设优秀传统文化的传承体系,弘扬中华优秀传统文化。

中华文明历来就是一个重视集体利益,具有强烈社会责任感的文明。在中华文明五千年发展的历史长河中,无数的名流学士、古圣先贤都表达了他们对祖国、对社会、对人民深深的责任感和使命感。《尚书》说"民惟邦本,本固君宁。"孔子说"己所不欲,勿施于人""己欲立而立人,己欲达而达人""君子喻于义,小人喻于利"。《大学》要求读书人要"修身,齐家,治国,平天下"。范仲淹有"先天下之忧而忧,后天下之乐而乐",文天祥的"人生自古谁无死,留取丹心照汗青",于谦的"粉身碎骨浑不怕,要留清白在人间"和北宋大学者张载的"为

---

[1] 范英:《社会公德概论》,海天出版社,1991年版。

天地立心,为生民立命,为往圣继绝学,为万世开太平"。这些优美的诗章,无不饱含着古代知识分子对家国、对社会、对他人深深的关切之情和忧国忧民的历史情怀。现阶段的责任担当教育,必须要以培养大学生浓厚的爱国主义情操为基础,继承和弘扬中华民族的伟大文化。

三、责任担当教育重点宣讲的内容

大学生是国家、民族的未来和希望,一个国家,一个民族能否屹立于世界民族之林,实现民族的伟大复兴,其关键就在于能否培养出德才兼备的建设者和接班人。针对现阶段大学生群体责任意识和担当精神方面存在的问题,应从以下三方面加强教育。

(一)社会主义核心价值观教育

社会主义核心价值体系是社会主义社会主导价值观。社会主义核心价值体系包括四个方面的基本内容,即马克思主义指导思想、中国特色社会主义共同理想、以爱国主义为核心的民族精神和以改革创新为核心的时代精神、以"八荣八耻"为主要内容的社会主义荣辱观。

其一,大学生责任担当教育要始终坚持以马列主义、毛泽东思想、邓小平理论、"三个代表"重要思想和科学发展观为指导思想,坚定共产主义信念,坚持中国共产党领导下走中国特色社会主义道路,在社会中真正践行中国特色社会主义道路,成为中国特色社会主义事业的继承者、实践者和开拓者,最终实现中华民族的伟大复兴。其二,大学生作为我国社会主义现代化的建设者,要坚定建设中国特色社会主义的信念,增强责任担当意识,心系祖国和人民,以负责任的态度为社会主义事业添砖加瓦。其三,大学生的责任担当,正是对祖国与人民的责任担当,没有对于祖国与人民血浓于水的情感,这种担当是毫无动力可言的。因而在对大学生的责任担当教育中,应该以爱国主义教育为核心,深化大学生对于民族与国家的热爱与忠诚,使大学生自觉为我国的社会主义建设承担起应有的历史责任。其四,大学生责任担当教育要坚持以"八荣八耻"的社会主义荣辱观为标准。帮助大学生明辨荣辱,树立"八荣"意识,以"热爱祖国、服务人民、崇尚科学、辛勤劳动、团结互助、诚实守信、遵纪守法、艰苦奋斗"为行为的准则。

(二)责任意识教育

对于当代大学生来说,他们的责任包括自我的生命责任、家庭责任和社会责任,三者相辅相成、缺一不可,互相联系又互相区别,构成了每一位大学生现阶段责任担当的重要内容。

其一,自我的生命责任。生命是一种与生俱来的责任,承担和履行这种责任的过程,就是探索和实现生命价值的过程。生命因承担和履行着对自己、对他人、对社会的责任而显得亮丽、充实和富有意义。每一个生命体的诞生,都很不容易。大学生应该认识生命的意义,要倍加珍惜自己的生命,任何情况下都不能轻言放弃。其二,家庭责任。每一人都有家,都是家庭成员中的一分子,为人儿女,为人兄弟姐妹。父母养育儿女,含辛茹苦。大学生要感恩父母,尽到对父母的孝道也是大学生应有的责任。孟子认为对家庭的责任是"事父母""畜妻子",这是一个人不可以推卸的责任。一个人实现了对家庭全部的责任,他的人生才算完美,他也会倍感幸福。其三,社会责任。马克思曾说,人是一切社会关系的总和。一个人只要存在,他就不得不与别人发生联系,也就不得不处身于社会之中,小到班级、寝室,大到民族、国家,大学生都应该主动承担相应的社会责任,做到"人人为我,我为人人"。

(三)大学生的公民意识教育

增强大学生的公民意识是培养大学生社会责任意识的关键所在。《公民道德建设实施纲要》提出"坚持尊重个人合法权益与承担社会责任相统一",作为公民道德建设的主要方针原则之一,要求"引导每个公民自觉履行宪法和法律规定的各项义务,积极承担自己应尽的社会责任","要组织学生参加适当的生产劳动和社会实践活动,帮助他们认识社会,了解国情、增强社会责任感"。[①]

培养大学生的公民意识主要包括以下三个方面。首先,正确认识个人与社会的关系。个人与社会之间是一种共生共存、矛盾统一的关系。一方面个人离不开社会,人的本质在其现实性上是一切社会关系的总和;另一方面,社

---

① 《公民道德建设实施纲要》学习读本,人民出版社,2002年版。

会又离不开个人。没有个人,也就无所谓集体、社会了。社会本质,即处于社会关系中的人本身。如果大学生正确理解了个人与社会间的矛盾统一关系,就有利于其社会责任意识的形成。其次,树立社会责任意识。社会责任意识就是要求大学生对社会要有一种强烈的感情,有一种勇于担当的思想。只有强烈社会责任意识的人才会将个人与社会有机的协调起来,在为社会服务、为祖国和人民做贡献的过程中,实现个人的价值和抱负,找到自己人生的真谛。最后,要注重实践对大学生公民意识的培养。行动是最好的记忆。只有让大学生在实践中接触到社会的需要,让大学生对他人和集体有更多的负责任的机会,他们才能在真正承担社会责任中感受到责任所带来的自豪感和充实感,也才能真正将公民道德意识内化于心。

第六节 生涯规划教育

党的十八大报告指出:"教育是民族振兴和社会进步的基石。要坚持教育优先发展,全面贯彻党的教育方针,坚持教育为社会主义现代化建设服务、为人民服务,把立德树人作为教育的根本任务,培养德智体美全面发展的社会主义建设者和接班人。"[①]高等学校作为人才培养摇篮,如何保证能为社会不断地输送高质量的人才,需要对大学生的教育和培养做出全方位的努力。

古语云"凡事预则立,不预则废",也就是说,不论做什么事,事先有准备,就能得到成功,不然就会失败。大学生处在人生成长的重要时期,作为高校就要对大学生进行生涯规划教育,帮助大学生提前对自己的学习、生活和事业进行科学合理的规划,为大学生的日后发展和成长打下良好的基础。

一、大学生生涯规划的现状与存在的问题

2013年6月份,我国高校毕业生总人数达到699万人,被称为"史上最难

---

① 十八大报告文件起草组:《十八大报告辅导读本》,人民出版社,2012年版。

就业年"。2014年6月份,这一数字又达到了历史最高的727万人,成为新中国成立以来大学毕业生最多的一年。在如此严峻的就业形势下,大学生就业问题已经成为了全社会关注的焦点和难题。那么,面对如此严峻的就业形势,高校现阶段的生涯规划教育的状况如何?又会存在哪些问题呢?

（一）大学生生涯规划的现状

西方发达国家早在1894年,就由美国就业指导创始人帕森斯教授提出了"人职匹配"的理论,从而开始了对学生的职业生涯规划教育。而我国的职业规划教育历史最早可以追溯到1916年,清华大学校长周诒春在对学生进行职业指导时第一次使用了心理测试,这也成为我国职业指导教育启蒙的标志之一。新中国成立后我国一直实行统一分配制度,直到1988年高考制度改革,这种用人单位与毕业生的"供需见面,双向选择"的就业格局才真正形成。为应对新的就业格局,高校开始对毕业生进行一系列简单的职业指导教育,但是这些肤浅的理论指导和生硬的技能培训,根本无法满足毕业生在实际求职中的需要。

1. 从生涯规划教育的管理者来看,主要有政府、企业和高校。政府中主管大学生就业和大学生职业教育的部门如人事局、就业局、人才中心等,主要负责政策制定、就业招聘和社会培训等,并不直接介入大学生职业生涯规划教育的过程之中,主要起宏观指导的作用。而具体的执行部门和大学生职业生涯规划教育的主力军则是高校。高校大学生职业生涯规划教育的组织者和教育者,大多是就业指导中心的教师和学院的辅导员等人员。他们长期从事大学生就业指导工作,对大学生的就业观念及择业过程、就业形势等都比较的熟悉。他们的工作重点一般都放在大学生求职服务和就业指导上。目前来看,我国大学生的职业生涯规划教育也大部分落在了这些人的身上。但是,只有高校少部分老师的教育和指导,对于每年七百多万大学毕业生来说是远远不够的。所以,一些专门针对大学生职业规划指导教育方面的企业就应运而生了,如人力资源公司、猎头公司、招聘网站和专业培训机构等。但是,一来他们主要面向企业和公司提供人力资源管理咨询和员工培训,不直接面对个人,二来他们的服务价格都是比较高的,往往超出普通大学生的承受范围。所以,依靠社会上的企业来做大学生职业规划指导教育,目前来看还是不现实的。

2. 从生涯规划教育的需求来看,企业、家长和大学生都对高校职业规划指导工作寄予了厚望,大学生对职业生涯规划、职业测评、求职技巧、职业咨询知识的需求正在逐步增大。企业由于培训成本、工作时间、劳动合同等因素,也不可能承担太多大学生职业生涯规划方面的工作。而大学生的父母则由于专业知识、工作时间等原因,不可能完全专业科学的承担起大学生的职业规划教育工作。然而,在中国现行的教育体制下,大学生在以往的学习中很少接触到关于生涯规划教育的相关内容。所以,目前的大学生对生涯规划教育的期望值和需求量是很大的。这种高校生涯规划教育的不足和企业、家长和大学生对生涯规划教育的需求之间的矛盾,使得现在大部分的在校大学生,对学校目前提供的职业生涯规划指导还不是很满意,认为教育程度和教育水平都不能满足他们的需要。

3. 从生涯规划教育的特点来看,存在着以下三个方面的特点。一是目前高校的生涯规划教育比较重视学生求职的最终结果,而不太关心学生生涯规划的教育过程。据了解,目前在国内的大部分高校中,都是将职业生涯规划教育安排在教学计划的最后阶段,即大四毕业时,而在前面三年的教育系统中却很少涉猎到这方面的知识,只是到了毕业前大学生需要找工作了,学校才会安排这方面的教育,其主要目的也是为了提高大学生的就业能力,让他们找到更好的工作。这是一种狭隘的、片面的的职业生涯规划教育概念,这种教育并未真正考虑对大学生就业能力培养的系统性,而只是简单的就业指导,只要学生顺利找到工作走向社会了,貌似这个教育就结束了、成功了。生涯规划教育应该是从大一开始,贯穿到学生毕业,分阶段、分目标、分形式、递进式的进行就业能力的培养和提高,使学生在不同阶段获取到不同的信息,逐渐提升自我的职业认知和就业能力,不断推进自我认识过程,不断完善专业技能。

二是目前高校的生涯规划教育比较重视理论知识的讲述,而对学生社会实践能力的培养比较淡漠。成功的职业生涯规划教育要求对学生进行以职业生涯辅导为基础的全方位指导。然而目前,国内高校的职业生涯规划教育还停留在比较低级和浅显的阶段,主要是将职业生涯规划的相关理论通过形式多样的讲座、课程、活动等教授给学生。然而,这些理论基本上都只是照搬照抄国外的,并没有与中国现在的市场经济体制和中国的现实社会进行相互印证和磨合,严重脱离了中国当前的社会现实,使得其对学生的指导作用微乎其微。而且,在教授的过程中一味地追求知识的灌输,盲目追求理论的丰富与完善,往往忽略了学生对理论知识的吸收和消化,最终使得就业能力的培养过程变成了简单的就业理论的学习过程,偏离了教育目标,使得高校的教育简单化、低级化。

三是目前高校的生涯规划教育比较重视学生求职就业技能的培养,忽视了对学生职场道德素养的教育。随着信息化技术的飞速发展和市场经济竞争的日益激烈,大学生的职业能力与市场和岗位的业务需求能力结合更加的紧密了。所以,现在高校的职业生涯规划教育的重点,都放在了职场业务能力和专业技能的培训和学习上了,很少涉及诚信、礼仪、担当、公正等职场道德素质的教育内容。而用人单位尤其是企业,它作为一个追求利益最大化的机构,虽然也看中员工的人品性格和道德品质,但是更多的还是看重员工的业务能力。这就使得现如今的大学生在求职过程和步入社会后,常有道德缺失、诚信下降等不良事件,在企业和社会上造成了一些负面影响,大大损害了大学生的社会形象。这正是高校重视专业技能学习而忽视文明行为教育而造成的结果。

(二)大学生生涯规划存在的问题

1. 大学生对生涯规划教育的认识模糊,重视度不高

由于目前高校缺乏科学系统的生涯规划教育,使得大多数学生对生涯规划的概念模糊不清,简单地将生涯规划等同于职业规划,甚至通俗地认为生涯规划就是找工作。这种对生涯规划教育肤浅、粗鄙的认识,使得大学生对生涯规划教育的意义和作用认识不到位,从而也不太重视生涯规划教育,更不愿主动去了解和规划自己的人生。

同时,目前高校的在校大学生基本上都是独生子女,这些学生很多在上大学前都受到父母的宠爱,从小到大诸多的事情都是父母帮助办,包括考什么大学、报什么专业、将来要选择什么工作等。孩子从小就很少有自己做决定的机会,缺乏相应的锻炼。此外,受传统教育思想的影响,很多家庭普遍比较关心

学生的高考分数,希望通过考试分数进入好的大学,大学中只要学习好就行了,在一些学生心目中也存在这种想法,很少系统考虑怎样去选择职业,毕业后怎么发展,造成有些学生在毕业选择职业时手足无措。

2. 我国大学生生涯规划教育的体系化建设相对滞后

大学生生涯规划教育是一项系统性的大工程,需要全社会的共同努力,尤其是需要政府主管部门的政策指导和资金支持。然而当前国内大学生生涯规划教育的现状,却是高校自己唱独角戏,并未获得过多来自政府的政策、财政资金、社会平台等方面的支持。而在高校里面,大学生生涯规划教育又基本上是就业指导部门在唱独角戏,其他部门鲜有配合,部分力量薄弱的高校甚至没有设立专门的生涯规划教学和咨询机构和平台,大学生生涯规划教育没有被纳入到学校整体的发展规划中去,在具体的实施过程中也难以得到教务、财务、人事、团委和基层学院的配合和支持。由于没有形成全社会对大学生生涯规划教育的重视和体系化建设,使得大学生往往在对规划好的计划进行实施的时候,遭遇到很多意想不到的困难,依靠自己力量又无法解决,对大学生的积极性和自信心造成打击,使得原本就薄弱的生涯规划教育雪上加霜。

3. 我国大学生生涯规划教育的专业化程度和科学化水平低下

大学生生涯规划教育是一门专业化程度很高的科学,有着自己独特的理论基础和实践条件。然而,由于我国的生涯规划教育起步比较晚、投入较少、创新性不强等因素,我国高校现有的生涯规划教育专业化程度和科学化水平普遍较低。这主要体现在以下几个方面:一是许多高校的生涯规划教育体系还不完善。不仅没有将生涯规划教育作为必修课或必选课纳入课程计划,而且缺少相应的配套措施,有的高校没有设立个体咨询辅导机构,没有建立大学生职业生涯规划档案;没有建立职业测评体系,没有给学生提供信息化的职业测评系统;缺少职业训练和实践实习体系,无法开展职业生涯的体验训练。[1]

二是当前高校生涯规划教育师资队伍的教学和科研水平较低,大大限制

---

[1] 王忠华:《大学生职业生涯规划教育:现状、问题及对策》,载《企业家天地》,2014年第5期下半月刊。

了高校生涯规划的教育水平。目前,从高校从事大学生生涯规划教育的人员看,整个教师队伍呈现出年轻化、高学历、低职称的态势,多数教师从事就业指导和职业辅导时间较短,缺乏经验,且多数由辅导员或社科类教师兼职,没有必要的心理学和教育学学习背景,实战经验匮乏,对学生的辅导停留在知识层面无法深入其中。[1]

三是由于高校生涯规划教育的师资团队人员缺少企业从业经历与人力资源管理的经验,使得高校现已开设的职业生涯规划课程偏重于理论教学和政策宣传,对学生所学专业的行业趋势、职业前景和业务能力等缺乏了解,难以激起学生学习和参与的兴趣,导致生涯规划教育的效果甚微。

四是当前高校的生涯规划教育不够细化,对学生的个体差异重视度不够。对大学生进行生涯规划教育,首先就要帮助大学生正确认识自我,了解自己的性格,明确自己的长处和短处。而每个人的性格、优缺点等都是有差异的,好的生涯规划教育就应该充分考虑到学生间的个体差异,进行一对一地有针对性地规划和教育,这样才能有的放矢。然而,现在高校的生涯规划教育都是统一的、模式化的教育,只针对同性的问题和知识进行讲述和学习,忽略了学生个体的差异,而这恰恰是生涯规划最重要也是最基础的东西。这种不尊重学生个体差异的生涯规划教育效果往往不是很理想,甚至有时误导学生的职业取向。

二、开展生涯规划教育的必要性

(一)开展生涯规划教育是大学生成长成才的内在需要

生涯规划是一个庞大的、完善的体系,是一个连续不断的变化过程,它不简单的等同于职业生涯规划,它是通过生涯的认知、生涯的安置和生涯的进步等具体措施,使一个人完成从儿童到成人,从懵懂到睿智,从幼稚到成熟的蜕变。当学生在学校接受教育的时候,生涯规划的主要内容就是学业规划。通

---

[1] 魏然:《大学生职业生涯规划现状分析与对策研究》,载《河南机电高等专科学校学报》,2013年4期。

过学业规划对个体差异的分析,使学生了解到自己的性格、脾气、秉性,知道自身的优点和缺点,并且帮助他们扬长避短,积极发挥自身的优势,克服和改正自身存在的缺点,帮助学生制定学习的阶段性目标和长期目标,增强他们学习的动力和成就感,从而促使学生更好地完成任务,实现既定目标。而当学生完成学业,踌躇满志地准备步入社会,闯出一片属于自己的天地时,生涯规划的主要内容又变成了职业规划。职业规划通过对学生的性格、兴趣、能力、意愿、家庭等各种因素的分析,帮助他们全面认识自身的实力,通过进行职业技能培训,提高大学生自身的职业竞争力,最终帮助学生对自己的职业有一个清晰的认识和规划。职业生涯规划是根据对个人特点、社会、环境进行分析,制定自己的事业奋斗目标,筹划未来,拟定出合理可行的职业生涯发展方向。由此可见,对大学生进行职业生涯规划势在必行。①

一个人的一生一般情况下都需要经历学业规划和职业规划这两个不同的阶段。而且,作为人生发展基础的学业规划,某种意义上来说是为日后职业规划学习知识、积累经验、锤炼能力和提升素质的一种前期准备。只有学业规划做好了,自身的学识、能力、素养等各个方面的综合实力提升了,职业规划才能有更大的空间和可能性。大学期间是个人生涯规划最关键的时期,也是学业规划和职业规划二者同时存在的时期,既是学业规划的末端又是职业规划的起步,在一个人的一生里可以说是最关键的时期,是一个人成长成才的决定性阶段。然而,不论是学业规划还是职业规划,它们的前提都是专业知识和技能的学习。只有对自身所学专业有一个合理的、明晰的认识和掌握,才能够把握其发展脉络、未来走向等,在此基础上建立的生涯规划才会更有实际意义。②

(二)开展生涯规划教育是大学生思想政治教育的重要内容

早在2004年中共中央、国务院下发《关于进一步加强和改进大学生思想政治教育的意见》的文件中,就已经对大学生思想政治教育工作做了明确规

---

① 刘怀:《影响大学生职业生涯规划的因素和教育探析》,载《中国成人教育》,2009年第11期。
② 孙正林等:《当代大学生主题教育研究》,人民出版社,2014年版。

定,要求高校的思想政治教育工作必须以大学生的全面发展为目标,要促进大学生思想道德素质、科学文化素质和健康素质的协调发展,引导大学生勤于学习、善于创造、甘于奉献,成为有理想、有道德、有文化、有纪律的社会主义建设者和接班人。而通过生涯规划教育,能够使大学生更加清晰地认识到自身未来的发展方向和职业前景,不仅能有效提高大学生思想政治教育工作的质量,而且对大学生未来的人生抉择和发展都有很好的规划作用,从而促使大学生能更好、更快地成长为合格的社会主义建设者和接班人。思想政治教育关系到大学生价值观形成、人格完善和综合能力培养等,这些也是生涯发展教育最为核心和根本的内容。将生涯发展教育融入思想政治教育是提高思想政治教育实效性,建立思想政治教育长效机制的内在要求。① 对大学生进行生涯规划教育,不仅需要在大学生毕业前对他们进行职业规划教育,为他们提供求职技能和知识的培训和学习,而最主要的,应该通过大学四年的日常教育,使生涯规划教育融入到大学生的日常生活中去,使他们充分认识到生涯规划的重要性,并且利用所学到的生涯规划的知识完善对自己的人生规划,从而引导大学生早日树立起正确的世界观、人生观和价值观,有效解决他们在日常学习、生活和情感中遇到的问题,进而有效推动大学生日常思想政治教育工作。

(三)生涯规划教育是实现"中国梦"的助推力

中国梦实现,离不开作为祖国未来发展和民族振兴希望的当代大学生。他们将成为社会主义现代化的合格建设者和可靠接班人,是实现中国梦的主力军。"中国梦"这一概念的提出,是对以爱国主义为核心的民族精神和以创新为核心价值观的时代精神的高度概括和融合。"中国梦"是中国经济发展、综合国力提升、民族自信心增强的具体体现。然而,要实现"中国梦"却得脚踏实地,从一点一滴做起,从高校大学生的培养工作做起。不仅要使他们具有更多的科学知识和创新的科学精神,而且最重要的是要让他们有一颗"为中华之崛起而读书"的思想,要让他们将实现个人梦想与实现中华民族伟大复兴的民

---

① 张革华、彭娟:《高校辅导员工作探索与创新——一名辅导员的职业化践行之路》,中国社会科学出版社,2009年版。

族梦想相结合,将个人梦想的实现融入和寄托在中国梦之中。这就要求大学生要将中国梦的思想入心、入脑,并适时地调整自己的生涯规划目标和进程,用自己全部的智慧和精神去推动"中国梦"的实现,真正做到为中华民族的伟大复兴而努力奋斗。

三、生涯规划教育重点宣讲的内容

(一)自我认识的能力

认识自我是生涯规划的前提条件。所以,在生涯规划中每个人首先要做的就是对自己的兴趣、能力、性格、爱好、特长等方面进行全面的分析和评估,从而对自身有一个科学、全面、公正的认识,了解到自身的优势所在,也看清楚自己的缺点和不足。只有认清了自我,才能进行下面的内容。然而,"不识庐山真面目,只缘身在此山中"。人们对自我的认识和评估往往由于具有主观倾向性或者说是自我价值保护倾向,而使得大部分人不能科学、公正、全面的认识自己,从而也无法发挥出自己全部的力量和智慧。所以,高校生涯规划教育的第一步,就是要帮助大学生提升自我认知的能力,使大学生先认清自我,明白自己的能力、价值、意志和品德,从而为接下来的具体规划打下坚实的基础。

(二)环境分析的能力

环境分析的能力是生涯规划得以顺利进行的保证。它主要是指大学生对影响其职业走向和未来发展等外部因素的认知、分析、评估和利用的能力。虽然内因是决定事物变化发展的决定性因素,但外部环境对事物的发展也会起到很大的能动作用,有时候甚至是不可低估的作用。而人作为所有社会关系的总和,在其生存和发展的过程中必然会常常受到外部因素的作用。这就要求大学生在进行生涯规划时,必须对影响自身的外部环境做认真的分析和研究,弄清楚哪些对自己的发展有促进作用,哪些则会阻碍自己的发展,从而使自己在生涯规划时做出最佳的职业生涯目标和生涯规划路线选择。

(三)目标定向的能力

目标定向的能力是实现生涯规划的关键因素。生涯规划从一定意义上讲,就是要通过大学生对自我的认知和对外部环境的把握,从而最终能科学合理地制定自己的职业发展目标并为之努力奋斗的过程。前面的一切都是铺垫,都是准备,都是为了让大学生能最大化地掌握信息最终做出正确的决策。这就要求大学生必须具备目标定向的能力,从而才能很好地结合自己的价值观、职业兴趣、专业技能,人格特质等个人因素,做到人和职业的完美组合,选择出适合其职业发展的最佳目标。

(四)策略规划的能力

策略规划的能力是生涯规划中的实施环节。大学生在确定了自己的生涯目标后,还需要具备的能力就是对自己确定的生涯目标,如何进行策略选择和规划的能力,从而使得自己的职业目标能最大程度的实现,提高职业规划的成功率。大学生在对职业目标进行定向分析的时候,应该充分结合自己的性格爱好、脾气秉性和职业意愿,对自己所锁定的职业目标选择恰当的实施策略和措施。大学生在策略规划环节千万不可人云亦云,邯郸学步,而应该完全根据自己的职业发展目标和自身的综合实力,扬长避短,选择适合自己发展的策略与方案,尽力创造出能帮助达成自己职业目标所需的条件,最后再谨慎制定出自己的行动策略和措施,从而顺利实现目标。

(五)生涯反思的能力

生涯规划是一个动态的、长期的、系统的工作,不可能一蹴而就。而且,随着外部环境的不断变化,大学生们时时刻刻都需要对自己规划好的生涯,进行不断的反思、评估和修正。改革开放三十余年后的今天,随着科学技术的发展和信息化的不断加深,中国正处在一个急剧变革的时代,一成不变的生涯规划必然无法适应社会的发展要求。因此,当代大学生就要以创新的思维和积极的心态,随时准备应对社会各方面变化给自己生涯规划带来的挑战和机遇。这就要求大学生必须具备另外一种生涯规划的能力,即生涯反思的能力。只有具备了生涯反思的能力,才能秉承自己的主体性,不在外部环境的变化中迷失自我,才能根据外部环境的变化,适时地对自己既定的生涯规划不断进行修改与优化,从而更好地实现自己的目标。

(六)适时评估反馈的能力

马克思主义告诉世人"实践是检验真理的唯一标准"。全部的生涯规划,都只是根据自身的特点和外部的环境,进行的一种设计和假设,是纯意识的东西,最后究竟适不适合,能不能实现目标,都是不确定的,都得需要在实践中一步一步地慢慢检验,及时诊断出生涯规划各个方面出现的问题,并及时进行修复和调整。所以,当代大学生还必须具备适时评估反馈的能力,以使自己的生涯规划能尽善尽美,最大限度地帮助大学生实现自己的职业理想。

第七节 励志成才教育

中华民族历来就是一个重视树立远大理想和磨砺坚忍不拔意志的民族。"古之立大事者,不惟有超世之才,亦必有坚忍不拔之志""天将降大任于斯人也,必先苦其心志,劳其筋骨,饿其体肤,空乏其身,行拂乱其所为,所以动心忍性,曾益其所不能"和"穷且益坚,不坠青云之志"等励志名言和精卫填海、夸父逐日、愚公移山等励志故事都说明了,中华民族是具有伟大的理想和勇于实现理想的民族。这些优秀的品质是文化瑰宝,也是民族精神,更是中华民族取之不尽、用之不竭的力量源泉。开展励志成才教育,对于弘扬优良传统,传承优秀文化,塑造高尚人格,促进大学生成长成才有着极为重要的意义。

一、励志成才教育的概念界定与现状

(一)励志成才教育的概念界定

"励志"一词最早见于南朝诗人谢灵运的诗句"惠物辞所赏,励志故绝人",也是磨练意志、勉励心志的意思。而"成才"一词最早见于《庄子·徐无鬼》:"天下马,有成材。"这里的"成材"通"成才",指的是自然生成的材质。而"成才"一词用于人的身上时,指的就是成为有用的人。然而,在当今社会励志慢慢演变成了一个独立的学科——励志学,也可以叫作"成功学"。它通过刺激人们的欲望和生命能量,来唤醒人们的创造热情,大大增强人们的内在创造力,从而实现一些伟大的目标,使人们获得巨大的成功和财富,得到整个社会的认可和尊重。

然而,这里要讲的励志成才教育却不简单的等同于励志学。励志学主要是通过阐释成功的奥秘,经过对成功案例的科学分析,总结出实现成功的方法和途径。在高校中广泛开展的励志成才教育,不仅仅是为大学生找到成功的奥秘,告诉他们成功的方法和途径,而是包括励志、成才两部分,励志是目标,成才是目的,通过专业化和系统的教育,唤起大学生的自我意识和成才意志,培养他们自我管理、自我教育、自我提升的能力,最终激发他们的创造活力以及追求高尚品质的精神气质。① 可见,励志成才教育是一种品质教育,是帮助和引导大学生树立科学正确的世界观、人生观和价值观的教育。它更多关注的是教育的过程,而非仅仅是教育的结果。

(二)励志成才教育的现状

我国一直以来就极其重视大学生的思想政治教育工作,广大的青年大学生经过对社会主义核心价值观等先进思想和文化的学习,大部分同学都树立了正确的世界观、人生观和价值观,充分调动起了自己的内在创造力,积极地为实现中华民族的伟大复兴而努力奋斗着。然而,受西方享乐主义和市场经济下拜金主义的影响,我国的一部分在校大学生在理想信念方面产生了一系列的问题,在个人志向方面出现了偏离。

一部分大学生过分注重追逐物质利益,把金钱等社会诱惑作为自己的奋斗目标和价值追求。伴随着中国改革开放的进程和社会主义市场经济的深入发展,中国的综合国力不断提升,人民生活显著改善,社会上享乐主义和拜金主义开始涌动,一些人开始信奉"金钱万能"的理念,甚至有一些"富二代"出来炫富、斗富。受社会上这些不良风气的影响,一部分大学生放弃了崇高理想的追求,只知道一味地追求物质利益,谋求财富,同学间彼此盲目的攀比,缺乏坚定如一、执着不变的人生目标和精神追求。

一部分大学生对人生观、价值观的认识模糊,思想政治素养不高。世界观、人生观、价值观教育是高校大学生思想政治教育的核心内容。然而,有一部分大学生却受到不良思想的影响,认为"人之初,性本恶",人生来就是自私

---

① 孙正林等:《当代大学生主题教育研究》,人民出版社,2014年版。

的,在做任何事情的时候人都会首先从自己的利益出发,以不损害自己利益为行动的前提条件,"对集体活动毫不热情,对同学漠不关心,缺乏责任感,一旦集体与个人发生矛盾,或牢骚满腹、怨天尤人或大吵大闹、不讲道理。这部分同学虽然不经常公开自己的观点,但在集体活动、集体生活中表现的消极态度、抵触情绪,往往对他人产生不良影响,甚至导致集体纪律涣散、毫无生气、整体素质下降。"①

二、开展励志成才教育的必要性

(一)励志成才教育是培养大学生健全人格、促进大学生全面发展的根本需要

市场经济不断深化的社会大环境中,一部分大学生已经被在社会发展过程中夹杂的不良思想所感染,只是一味地注重金钱等物质利益的追逐,精神空虚,缺乏远大的理想追求,没有了明确的人生目标和奋斗前进的动力,只是一种混日子的状态。大力开展励志成才教育讲座,积极引导青年大学生牢固树立正确的成功成才观念,坚定理想信念,增强道德修养,磨砺意志品格,才能使其人格得到健全,自身综合素质得到全面发展。

(二)励志成才教育是激发大学生正向能量的现实要求

目前国内有些高校的大学生思想政治教育工作,存在着主题活动模式单一,创新力度不够,主题载体不够多样,教育实效性欠缺等问题。而励志成才教育活动的开展能够向大学生传递爱国、自强、奋斗等积极向上的思想观念和正能量。同时,通过励志成才教育可以培养大学生积极的人生观,帮助他们消除信仰模糊、精神空虚等消极状态,最大限度地调动他们自身的积极因素,激发他们的创造活力,使他们能自觉地将对国家的高度责任心和历史使命感转化为自身内在的品德修养,从而大大增强思想政治教育的实效性。

---

① 况蓉:《大学生励志教育探讨》,载《现代商贸工业》,2010年第4期。

(三)励志成才教育是弘扬中国传统文化的有效途径

中华民族历来就是一个积极向上、奋勇拼搏的民族,在中华文明中既有励志成才的文章典籍留世,也有教育家、思想家的主张和观点存活。中国古代的思想家、教育家认为,励志成才教育首要的就是"立志",还要"立大志",这样才能更有力地促进一个人的成长,才有了成功的可能。《论语》就是一本充满智慧和正能量的励志成才的书。孔子就曾说:"士志于道,而耻恶衣恶食者,未足与议也。"认为要是一个人总以吃穿不好为耻,把心思都放在追求物质享受方面,那么这个人将来也就很难有什么远大的抱负了。墨子、孟子、王阳明等人也都有关于励志的言语留世。励志成才教育是中华民族思想宝库中的一块瑰宝,绝不能丢弃。

(四)励志成才教育是坚定大学生理想信念的必要方式

随着经济全球化和信息网络化的飞速发展,国家间教育的交流和合作增多了,有力地推动了高校教育事业的改革与发展。与此同时,国际上各种社会思潮,也趁机大量涌入大学校园,使得大学校园里的思想变得复杂,大学生的思想观念和行为方式也呈现出多元化的趋势。在此影响下,有的大学生就把经济全球化与经济利益一体化混同,奉行拜金主义、利己主义,只一味地追求物质享乐,而有的大学生则干脆丧失了对共产主义的远大理想,对马克思主义信仰产生怀疑,对社会主义信念开始动摇。现阶段,加强大学生励志成才教育,能有效地帮助大学生辨别是非、区分对错,免受不良思想的影响,引导其确立正确的世界观、人生观、价值观,坚定其社会主义的理想信念。

(五)励志成才教育是实现中华民族伟大复兴梦想的迫切需要

大学生作为我国社会主义现代化的合格建设者和可靠接班人,肩负着中华民族伟大复兴的历史使命。在高校针对大学生开展励志成才教育,能使大学生早立志、立大志,将个人的理想和抱负融入到伟大的"中国梦"中,增强他们开拓创新、勇于前进、探索未知世界的信念和勇气,从而更加坚定他们为中华民族伟大复兴的历史目标而奋斗的信心。

三、励志成才教育重点宣讲的内容

(一)社会主义核心价值观教育

世界观、人生观、价值观是一个人思想体系建立的开始,也是整个思想体系的起点,是全部思想赖以存在的基础,对每个人来说都至关重要。在励志成才教育的过程中,首先要关注的就是当代大学生的"三观"教育。在当前形势下,学习和掌握社会主义核心价值观,并深入挖掘和把握思想内涵,以深入浅出的道理,深入人心的具体实例来引导和教育学生,帮助青年大学生树立正确的世界观、人生观和价值观,树立远大志向,制定明确目标,勇于成功成才,促进大学生政治立场坚定、奋斗方向明确,为建设有中国特色的社会主义国家而努力奋斗。

(二)赏识教育

赏识教育是以表扬和赞美为基础,激发被教育者的主观能动性和潜在的巨大能力,通过鼓励和赞扬,肯定其优点,激励其不断追求成功,是教育者与被教育者相互激发与鼓励的过程。"赏识教育最初是由一个父亲在教育他的聋童女儿中发现和诞生的,逐渐推广到学校教育。主要是针对学习成绩差或后进的学生,尤其是针对在应试教育制度下,被压抑了学习积极性、创造性,处于极其自卑的学生们,从这点上看,赏识教育是对应试教育、抱怨教育乃至惩罚教育的挑战,有其积极的现实意义。"[1]要想学会赏识,首先需要发现受教育者的闪光点与实施教育的突破口,创造教育情景,坚持赏识教育。

(三)激励教育

有了明确的志向,更重要的就是如何激励了。"心理学研究发现,一个人如果没有受到激励仅能发挥其能力的20%~30%,如果受到正确而充分的激励,其能力将发挥80%~90%。"[2]由此可见,激励是非常重要,是必不可少的。一般传统的激励普遍属于外在激励,并不唤醒人们的内在激励,它们是通

---

[1] 王贞志、马奇柯:《如何对青年进行励志教育》,载《中国青年研究》,2006年第8期。
[2] 同上。

过控制进行激励的,而不是通过唤醒自我和激发自控意识,所以,激励应该是真诚的内在激励,通过对大学生兴趣、爱心和动机等方面的细致观察,发现他们的优点和长处,对他们进行赞美和表扬,鼓励他们发扬长处,引导他们挖掘优点、发现优点,对任何事情都要从积极的方面去思考,把解决大学生感兴趣的实际问题,作为提升学生内动力的重要途径。

(四)挫折教育

当前,大学生面临来自社会改革、就业困难、人际交往、感情纠纷等各个方面的压力,高校要注重人文关怀和心理疏导,加强挫折教育,积极引导大学生化压力为动力。第一,要积极引导大学生体验生活的意义和快乐。虽然成长过程中会遇到各种问题或难题,但要有一种迎难而上的精神,从挑战和战胜困难的过程中,去感受成长和生活的意义,历练自己,追求卓越。第二,帮助确定一个对大学生有激励性的合适目标。在遭遇挫折之后,有激励性目标的出现,会帮助大学生再次燃起奋斗的火焰。第三,引导大学生要合理安排自己的生活,做到有条不紊,充实而有成效。这样,即使一点儿挫折,良好的生活习惯也会很快帮助他调整状态,而重新开始新的一天。第四,要教会大学生适当运用良好的心理防御机制,如补偿法、精神宣泄法。在不幸遭遇挫折的时候,像鲁迅先生笔下的阿Q一样,用精神胜利的办法安慰自己,适时地进行自我调整。第五,大学生要学会让自己乐观面对生活,通过体验幸福感而驱散挫败感。

(五)自我暗示教育

如果经常用一种否定的思维模式来对待身边的事物,或者否定自己,那么就会影响甚至误导个人的判断和自信,使人对外界事物的认知形成某种心理定势的作用,容易影响行为或效果朝着消极的方面发展。有意识的经常进行肯定的练习,选择积极的心态,增强自己的自信,越容易创造一个积极的现实。这就是自我暗示的强大力量,所以,大学生们应该学会自我暗示。当遭遇到不幸或者是挫折时,就通过不断的自我暗示来为自己注入能量,帮助自己尽快恢复。

第八节 荣校兴国教育

"荣校",顾名思义就是热爱自己的学校,以学校的成绩为自己的荣耀,以为学校的发展贡献力量为自豪。而"兴国",则是指以振兴自己的祖国为己任,心系国家,并为之而奋斗,致力于祖国的繁荣昌盛。荣校兴国,就是热爱"小家"母校与振兴"大家"祖国的关系,是一个相互联系又相互统一于爱国情感的表达。"爱校"和"兴国"是可以互相促进,合二为一的。

一、开展荣校兴国教育的必要性

(一)荣校兴国教育是当前高校德育工作的首要内容

大学生是祖国的未来,民族的希望,肩负着社会主义现代化建设的历史重任。他们思想道德素质水平的高低,将直接影响到社会主义事业的成功与否。爱校荣校教育不仅可以增强大学生对所在学校的荣誉感、认同感和归属感,而且还可以增强大学生在校期间的健康生活意识,刻苦学习,积极进取,力求成才的坚强决心与坚定信念。爱校荣校教育不仅是高校开展思想政治教育的一项重要内容,而且也是开展思想政治教育的一条重要途径。爱校荣校是爱国兴国的具体表现,二者一脉相承。大学生的爱校情感、荣校情怀是培养大学生热爱祖国、振兴祖国的基础。从当前大学生的思想状况来看,大部分的大学生都热爱祖国,重视集体荣誉,有着很强的民族认同感,并且刻苦学习、努力奋斗,有着美好的梦想和积极向上的动力。通过开展荣校兴国主题教育,进一步强化大学生脚踏实地,志存高远,矢志奋斗的青春激情,使大学生成为优秀的毕业生,成为有为的爱国者。这就需要把爱校兴国教育作为大学生思想政治教育的重要抓手,这不仅对培养青年大学生具有爱国的情感和感恩意识有着重要的意义,而且更能通过荣校兴国教育,进一步提高中华民族的公民素质,尤其是能够增强全民族的集体荣誉感和民族自尊心。在校大学生的世界观、人生观和价值观尚未完全形成,具有极大的可塑性,高校应该抓住这样的有利时机,把荣校兴国作为大学生思想政治教育的重要任务来抓。大学生爱校之心、爱国之情情感表达的强弱,将直接影响到未来整个社会公民的爱国之心、立国之志和报国之举,是关系到国家和民族未来的前途和命运的大事。

(二)荣校兴国教育是实现"中国梦"的必然要求

高校承载着人才培养、科学研究、社会服务和文化传承与创新的重要职能,高校人才的培养质量就是大学生的素质体现。只有广大青年学生关心高校发展、关心祖国命运,我们的教育才有希望,我们的国家才能走向更加繁荣富强的明天。具有荣校兴国思想,是大学生弘扬爱国主义的基本前提,在此基础上再付诸实际行动,发挥当代大学生的聪明才智,促进学校的发展,促进祖国的建设。

"中国梦"关乎着中国未来的发展方向,凝聚了中国人民对中华民族伟大复兴的憧憬和期待。它是整个中华民族不断追求的梦想,是亿万人民世代相传的夙愿,每个中国人都是中国梦的参与者和创造者。而在未来真正肩负这一历史重任的,正是目前的在校大学生,他们才是实现"中国梦"的生力军。所以,在当代大学生群体中开展荣校兴国教育刻不容缓。只有通过荣校兴国教育,才能使大学生牢固树立爱国主义思想和爱校荣校意识。在当今大学生中牢固树立爱国主义思想,大力弘扬民族精神,是当代大学生能够坚定不移、百折不挠地为祖国,为人民贡献智慧和力量的重要思想基础和精神动力[①]。

(三)荣校兴国教育是应对经济全球化挑战的内在需要

随着科学技术和网络信息技术的飞速发展,人类的社会生产力水平不断提高,资金、技术、资源与市场等生产因素,在全球范围内更广更快的流通着,各国、各地区的经济相互交织、相互影响、相互融合成统一整体,经济全球化的已经成为当今时代的一个显著特点。

经济全球化,有利于资源和生产要素在全球的合理配置;有利于资本和产品在全球性的流动;有利于科技在全球性的扩张;有利于促进不发达地区经济

---

① 刘梦娟、唐智敏:《当前大学生爱国主义教育的理性思考和实践探索》,载《今日南国》,2008年12月。

的发展。它是人类社会发展进步的表现,是世界经济发展的必然结果。但它对每个国家来说,都是一柄双刃剑,既是机遇,也是挑战。特别是对经济实力薄弱和科学技术水平比较落后的发展中国家,面对全球性的激烈竞争,所遇到的风险、挑战将更加严峻。

就拿中国来说,加入 WTO 之后,更多的科学技术、信息化、产业链、外资进入了中国市场,推动了中国经济的腾飞,促成了中国世界第二大经济体的诞生。但是,随着这些"硬实力"进入中国的还有形形色色的思想、文化、价值观等"软实力"的东西,开始对当代青年学生产生冲击。在经济全球化的外衣下,隐藏的是西方国家"灭我之心不死"的阴谋诡计,企图通过多种侵略的形式,摧毁我们的文化,打击我们的信心,腐蚀我们的青年。要保持中华民族的独立,维护国家安全,就必须大力弘扬爱国主义教育和爱校荣校教育,增强青年大学生们的文化认同和集体荣誉感,抵制经济全球化给我们中华文化带来的负面影响。只有牢牢把握住我们的主动权,加强对大学生的思想教育,树立大学生荣校兴国的思想,激发大学生荣校兴国的激情,保持当代大学生的优秀本色,使荣校兴国成为广大学生的一致思想和行动,这将为我国的教育发展和祖国的日益富强创造无穷的动力,积聚无限的潜能。

二、荣校兴国教育重点宣讲的内容

(一)以爱校、爱国教育为基础,培养大学生的集体主义观念

荣校兴国,首先需要大学生发自肺腑的热爱自己的母校和祖国。只有对自己的母校和祖国,从心底产生了热爱之情,才会主动与母校和祖国融为一体,一荣俱荣、一损俱损,真正的同祖国同呼吸、共命运。要培养大学生的集体主义观念,就需要做到以下几点:首先,高校要积极营造出集体主义的校园氛围。一个良好的外部环境对大学生情感的培养,会产生意想不到的效果。高校要大力开展各种校园文化活动,通过学生喜闻乐见的形式,开展一些主题突出,针对性强的活动,通过让大学生亲身参与到集体活动中去,感受集体主义精神的重要性来培养他们的集体精神、增强他们的集体荣誉感。其次,高校应该将集体主义精神的教育和培养,主动融入到大学生思想政治教育的课程中

去。学校应该注重在教育教学的各个环节渗透集体主义精神教育,通过系统的理论学习,使大学生明确和了解到集体主义的内涵,培养学生荣校兴国的意识,让学生学会正确处理个人与集体、个人与他人之间的利益关系。最后,高校还应该利用好舆论宣传的积极作用,对集体主义精神进行广泛的报道和宣传。学校应该充分利用网络和报纸的强大舆论功能,在校园网站和校报上开展关于"以爱校、爱国教育为基础,培养大学生的集体主义观念"的系列宣传活动,增强大学生的集体主义精神、爱国主义精神和爱校荣校意识。

(二)结合荣校兴国教育主题,组织社会考察和社会实践活动

马克思主义告诉我们"实践是检验真理的唯一标准",高校进行荣校兴国教育,就不能只是一味地理论说教,而是要不失时机地让学生走出去进行亲身的体会,真正从自己的行动中去认识荣校兴国的涵义。

大学生社会实践活动是高校加强大学生思想政治教育工作的一个强有力抓手和有效途径,对于深化荣校兴国教育有着不可替代的作用。通过把荣校兴国的教育思路和理念,运用到实践教育的实施环节中。培养荣校兴国意识就要将其植根于实践教育中,做到理论与实践、课内与课外的有机结合。把实践教育与课堂教育紧密结合。把学生的荣校之心、爱国之志转化为实际的行动,以坚持抓活动、抓组织和抓典型的工作思路,开展形式多样、内容丰富的实践活动。

大学生通过在社会实践活动中,深入工厂、农村和社区,开展各种服务、调研、访问活动等,对校园和社会就会有较为全面与辨证的认识,对学校的发展历史、办学理念和学科沿袭也会更加清楚。同时,对党的基本路线也会有较为深刻的体会,对改革开放的复杂性、艰巨性和划时代性,也必会有较为实际的认识和自我的理解,从而对自身有了更为公正、客观的评价。大学生通过参加社会实践活动,亲身感受到了高等教育的发展,感受到我国改革开放取得的巨大成就,同时又深切感受到了全社会对大学生的殷切期望。这些都会一并转化成了大学生的民族责任感与使命感,和对母校、对祖国深深地眷恋之情。大学生们在社会实践活动之中,通过付诸脚踏实地地学习,坚持不懈地努力,积极向上的开拓、进取,最终将自我的爱校兴国之情转化为了切切实实的行动。

(三)通过荣校兴国教育,大力弘扬大学精神文化

每一所大学以及大学的每一个学院都有其不同的办学历程、辉煌的成绩和光荣的传统,这是高校开展荣校兴国教育的坚实基础。在毕业生离校前为毕业生重温校史,回顾学校的光辉历程,让毕业生在参观校史展后抒发激情,表达感想,激发起爱校荣校的美好情感。同时也加强学校精神的熏陶,校训、校歌、校徽是一所学校历史文化的积淀,让学生熟知校训,学唱校歌,熟识校徽,挖掘大学精神的内涵,领会大学精神的实质,对大学生的思想行为产生重要影响,对于开展爱校荣校教育具有非常重要的意义。引导广大同学认真学习校徽、校训、校歌的思想、文化和历史内涵,做到"校训、校徽、校歌"人人皆知。通过校歌的学习,通过校训、校歌的熏陶,激励大学生尽快树立目标,奋发图强,努力实现自身的最大价值。可以把优秀校友请回学校,发挥榜样的力量。校友的现身说法具有亲切而又震撼心灵的作用,通过校友讲座使一批批学子们不仅明确了人生的奋斗目标,而且为他们指明了奋斗前行的方向。校友的肺腑之言让他们感同身受,成功需要将勤奋、刻苦、努力作为基础;要注重累积,不要投机取巧,而应踏踏实实地工作。在与校友的座谈中,使他们感受到校友的爱校荣校的赤子之心和浓浓的母校情结,让他们感受到校友为祖国建设和发展的努力付出与成功收获。用身边的故事激励大学生弘扬大学精神,报效祖国、母校。通过主题教育活动,使大学生牢固树立"荣校兴国"的思想观念,完善自己,施展才华,用自己的实际行动为学校教育事业的发展、为祖国的建设做出自己应有的贡献。

第四章

主题推进式教育的教育途径

东北林业大学的主题推进式教育在实施过程中不断丰富教育途径,整合教育资源,合理运用学校各种教育平台,主要通过全员覆盖的主题讲座、丰富多彩的实践活动、精细化的分类别教育、涵盖品牌活动的素质教育基地以及思想政治教育网络平台等教育形式和渠道将主题推进式教育全面展开,收到了良好的教育效果。

第一节 主题讲座

近年来,随着经济社会的发展、高校学生教育目标的变化、教育观念的更新和教育内容的丰富,大学生们思想观念和行为方式也都发生了深刻的变化,因此,通过主题推进式教育不断改进教育方法和途径,在传统方法的基础上,坚持发展与创新,不断适应新情况,解决新问题,成为增强大学生日常思想政治教育的重要方式。

当代90后的大学生有着他们自身的新特点:一是能动性的特点,在学生的思想政治教育实施过程中,"教育者的施教与教育对象的受教是双向互动的"。学生们有思想,实践能力强,有着强烈的求知欲和学习的需要,但每个人,每一团体需求的侧重点是不一样的,这给主题推进式教育工作提出了增强针对性的要求。二是层次性的特点,高校大学生来自五湖四海,加上专业不同,家庭背景不同,爱好不同,人生观、世界观都不尽相同,从而表现出明显的层次性。特别是受到当前社会经济结构和利益关系的多元化的影响,高校大学生的思想观念和价值取向更加多样化。三是易变化的特点,大学生的生活、学习环境,接触到的校园内部关系及社会关系都将影响他们的思想变化,而这些变化在任何时间都可能发生。这些特点表明,主题推进式教育的展开要适应新的形势,根据不同的特点,不同的需求,不同的教学方法,增强针对性。只有把握学生的特点,因材施教,从不同对象的思想状态和认识水平出发,运用切实可行的教育手段,才能提高主题推进式教育的有效性和吸引力。

一、主题讲座的作用与特点

思想的传播,通常采用两种方式,或著成文章,或直接讲授。比较起来,采用讲座这种方式,更加强调对于受众的亲和力。国学大师陈寅恪先生所倡导的"独立之精神,自由之思想",常被视为大学的神韵和精髓。而各种不同观点的共存及彼此间的对话,则是此种"独立精神"与"自由思想"之形成与维系的前提。正是在大学校园里,大学生可以拥有这样一个自由空间与交流平台。讲座,是思想传递、文化传承的载体。思想上兼容并蓄,理应是一所优秀大学所必备的。在知识经济时代,社会对人才的需求正发生深刻的变化,注重培养知识、能力、素质协调发展,博采众长的人才,已是各高校在人才培养模式改革上形成的共识,也是世界各国人才培养模式改革的共同趋势[1]。

结合到主题推进式教育中来讲,学校将每一个教育主题都安排了一场或几场报告,即主题讲座,其作为整个教育中首要的、最直观的一个教育环节,它的设置也就有了更加具体的意义。

(一)主题讲座是学生了解主题推进式教育的窗口和平台

主题推进式教育作为东北林业大学大学生日常思想政治教育的主渠道,运行至今已,受教育年级从2004级至2013级,教育对象达到45000人。学生从一进入校园,就开始了接受教育的过程,学生作为主要的教育对象,如何让

---

[1] 吕品:《基于学术讲座的研究生素质教育研究》,载重庆大学硕士学位论文,2006年。

他们配合学校实现教育目标,了解主题推进式教育的内容和模式,了解不同年级他们都将接受哪个主题的教育,主题设置的意义及教育目的等等,这些问题都将由主讲教师在主题讲座中为同学们一一讲解,使学生们更加清晰地认识到学校安排这些主题的教育对他们的成长成才起到的重要作用,也能使同学们更加明确大学四年各个阶段自身的主要任务和责任,明晰目标,合理规划。

(二)主题讲座是主题推进式教育最直接的教育形式

与一般的课程不同,主题讲座对学生的影响更加清晰,目的指向性更加明确,再加上每一场讲座都有自己明确的主题和明确的领域,学生在聆听讲座的过程中也具有明确的目的指向性。在每一个主题的教育过程中,学校首先要做的就是通过举办主题报告或专题讲座,阐明该教育主题的目的意义和行为要求,从理论层面教育灌输,释疑解惑,指导同学们的行为习惯。再者,学校安排来讲各个主题报告的专家、学者都是各领域的带头人或教学能手,他们的讲座质量比较高,演讲内容有很强的逻辑性、层次性,并且演讲者会在讲座过程中使用一些方法、技巧有意识的调动学生的注意力,将教育主题潜移默化的灌输到学生思想中去,无形中对学生的逻辑思维能力、认知能力、价值观有很大的促进和塑造①。

(三)主题讲座丰富了校园文化,营造了大学人文氛围

东北林业大学是一所以林科为优势,以林业工程为特色,农、理、工、经、管、文、法相结合的多科性大学,而理工科学生占本科生总人数的70%以上,学校开展主题讲座的另外一个目的,就是通过讲座加强对大学生进行文、史、哲、艺等人文社会科学和自然科学方面的教育,以提高全体大学生的文化品位、审美情趣、人文素养和科学素养,着力探寻人才培养与校园文化相融合的人才教育和培养模式。通过对主题讲座的更新设计及创新安排,让各场讲座更有内容、有创意、有导向,形成了品牌效应,增强其吸引力和校园文化的构建力。在增强校园文化的引导力、保持校园文化旺盛生命力、提升校园文化的影响力

---

① 徐宝兴:《人文讲座对学生发展的影响研究——以华中科技大学人文讲座为例》,载华中科技大学学位论文,2009年。

方面取得明显效果。

面对有着强烈求知欲望的21世纪的大学生,如何就讲座的认识、形式、内容、方法和手段进行全面思考,构建出一个与新形势要求相衔接的,力求体现新理念、实践新方法的全新模式显得尤为重要。在新理念倡导下的主题讲座目标应是促使学生情感共鸣,激发学生强烈的求知欲、好奇心和想象力,端正学生不正确的人生观和价值观,营造浓厚的校园文化氛围;进一步加强学生的人文素质和思想底蕴,深层次地影响学生全面的素质培养和创新思维的演练①。东北林业大学主题推进式教育中的主题讲座在不断摸索,不断创新,可以总结出以下几方面的特点:

(一)讲座内容做到深度与广度的有效统一

每个主题的一场或几场报告,报告内容尤为重要,怎样在120分钟左右的有限时间内把预期的教育内容传导下去,实现好的教育效果并不是件容易的事情。首先,要顾及学生的共性和个性,调查分析听众群的特点与需求,结合学生的专业特点、心理特点、思想焦点和他们所关注的社会热点,做到内容准确,针对性强,宽窄适宜,题目用词精炼,概括性强。其次,要有高度的理论依据作为支撑,紧紧围绕主题,涉猎其他相关的学科知识,准确运用,文理渗透,打破传统的科学壁垒,力求"人文科学化,科学人文化"。强调时代感、超前性和开放性,能够反映大学生关注的前沿问题和热点问题,做到有深度,即有学术性和知识性;有广度,即联系实际,解决现实问题。东北林业大学主题讲座的主讲者会在正式上讲台之前,面对部分党政领导、教师和学生代表试讲,对于提出的修改意见认真斟酌后再次试讲,试讲后再次修改,每个主题的讲座内容都是经过了多轮的修改后才会与学生正式见面,所以每个主题的报告都是经得起推敲和考验的。如"大学生导行教育"的主题讲座《怎样度过大学生活》《知校、爱校、荣校——做无愧于时代的优秀大学生》;"感恩诚信教育"的主题讲座《弘扬感恩文化,构建和谐校园》《培育诚信学生,构建诚信校园》;"文明

---

① 郑彩莲:《校园讲座的现状及建设途径》,载《中国青年政治学院学报》,2006年第3期。

修身教育"的《高扬文明修身旗帜,铸就和谐发展英才》;"生态文明教育"的《生态文明你我同行》;"生涯规划教育"的《规划职业,打造精彩人生》;"励志成才教育"的《21世纪大学生,你准备好了吗》等讲座都陪伴了学生四年的大学生活。再次,虽然学校安排的每场讲座的主讲人都是这一领域的专家或某一方面的佼佼者,但在讲座中,他们要做到淡化专业背景,以通俗易懂的语言展开话题。主讲者在相关知识结构重新组织的过程中,掺杂着宽阔、深远、丰富的方法论作用,启发学生思维能力,达到激发学生好奇心的效果,引起学生的思想共鸣,培养学生正确的人生观、世界观、价值观以及高尚的思想道德情操①。

(二)优化创新主题讲座的宣传环境

讲座宣传的有效性是保证讲座效果的基础工作。大部分聆听讲座的学生都认为讲座的标题和海报的整体设计是提升同学们"兴趣度"的重要因素。因此,负责组织讲座的党委学工部和负责具体宣传的老师在每次宣传时尽可能地在海报、条幅、网络平台等宣传手段上力争更具创意。标题尽可能做得惹眼,内容尽可能丰富,尽量吸引大学生们的眼球。校园设有专门的宣传栏,有固定位置可以张贴海报和宣传单,宣传专栏也成了学校"留影率"最高的"景点"之一,每次有新的讲座开始之前,同学们都会拿出手机拍摄下来,以便记录时间、地点等信息,此外,主题推进式教育专题网站、人人网、新浪微博、微信等网络平台都开设了固定的讲座专栏,准确及时地传递讲座信息,使主题讲座的影响超出象牙塔范围,成为造就德、智、体、美全面发展的复合型人才的一个新的途径。

(三)强调树立主题讲座的品牌意识

学校从战略的高度出发,将主题讲座作为学校大学生思想政治教育工作中的精品工程来建设,使之成为大学生珍贵的精神食粮②。每个学期开学的第

---

① 郑彩莲:《校园讲座的现状及建设途径》,载《中国青年政治学院学报》,2006年第3期。
② 周晓霞等:《校园讲座与大学生创新思维培养的研究》,载《科技信息》,2012年第30期。

一个月都是主题教育讲座集中举行的时间,学生们可以在这个月内听到4—6场精彩的讲座,既有较高的思想内涵,又符合他们的接受心理。学校还特别重视讲座的效果反馈,每场报告结束后,都会组织部分学生召开座谈会,聆听大家对讲座的评价、意见及建议,调查问卷也会随着讲座的进行下发下去,讲座结束后对同学们的反馈进行认真整理,对有价值的意见会及时采纳,对主题讲座的内容进行及时调整,在充分尊重受教育主体的受教育感受及可行性建议的同时,也能在学生中间扩大主题讲座的影响力和渗透力。此外,学校还将所有主题讲座的内容文字资料编辑成册,用于学校内部交流学习,给学子们带来无尽益处;学校还将系列成熟的讲座主题申报各类项目立项、教学成果立项,对主题教育的教育内容进行深入挖掘和理论探究,把主题讲座当作一项品牌工作常抓不懈,通过讲座,为高校这块神圣的土地增添深厚的内涵。

(四)力争主题讲座设置规范化、制度化

学校将主题讲座的设计模仿课程建设模式,制定教学计划,规定教学时间,界定讲座内容,鼓励教学、科研领域有相当水平和影响力的青年骨干教师及政工干部队伍的老师们积极参与,提倡主题讲座的教育辐射"无孔不入";其次,由于对主题讲座的特殊要求,需要查找的资料多,备课的难度大,耗费的时间长,付出的脑力劳动多,因此,学校对于每位主讲者都制订了相应的激励政策,鼓励其将研究过程中所积累的经验和思考给学生做专题讲座;再次,学校有健全的主题讲座的审批制度、备案制度和责任制度,既保护开展讲座的积极性,活跃校园氛围,又保证讲座的正确思想及理论导向[①]。

(五)打造一支学生喜爱的主讲队伍

在日常的学习生活中,大学生把更多的目光投向社会精英,他们愿意把社会精英作为自己效仿的榜样,期待着能从他们身上汲取自己前进的动力。因此,在校内,学校将学生认同的高职称、高学历、有着深厚功底和丰富的学生教育管理经验的教师们请上讲台,同时也鼓励个人魅力强、具有演讲优势的青年

---

① 周晓霞等:《校园讲座与大学生创新思维培养的研究》,载《科技信息》,2012年第30期。

教师开讲,为他们提供更多的锻炼和展示平台;这支队伍中有学校领导、有工作在学校各主要部门的负责人、有思想政治教育课的专业教师,也有工作在学生工作一线的政工干部,他们珍惜这样的与学生面对面交流的机会,讲座,不仅能锻炼他们个人的演讲能力,也提高了自己在校园内、在学生中间的影响力和知名度。学生更喜欢,主讲者便更有热情。当然,学校的教育资源是有限的,所以相关部门会结合学校的人才培养模式和主题推进式教育的理念,邀请外来专家学者,尤其是实习基地、用人单位的代表及优秀校友来校讲座,为学生提供"面对面"的实习演练,从名家身上汲取正能量,实现了学校用最少的投入,学生用较少的时间掌握最新、最前沿的信息的目的,让学生在求实创新精神上得到培养和提高。长期以来,学校开展的各类讲座对学生走好未来的人生之路产生了重大而深远的影响。

(六)注重主题讲座的艺术技巧

讲座除了讲究渗透力之外,还要注重讲座的艺术技巧,这是非常重要的。讲座对学生有很强的指导性,既要保持观点的质朴而不庸俗,语言平易近人而不官腔说教,关注热点而不刻意猎奇,既能深入又能浅出。绝不能无原则地顺从学生的一时爱好,为了满足"上座率""虚荣心"而降低讲座品位和质量。东北林业大学的主题讲座一直秉承着这样的几个原则:一是应通过高品位的人品格调、境界胸襟、人格魅力与学问见识将学生的思维激活,向学生传播科学的、健康的思想和观点;二是讲座伊始,主讲者就会向学生传递讲座的持续时间,一般情况下,会控制在2个小时之内,因为这是教育规律中学生保证兴奋点所持续的最佳时间;三是主讲人注重把握自己的精神状态,带着"创新思维"和"了解学生想法"上讲台,主讲者还要对所讲内容、观点要"真信",用饱满的自信征服学生,这是大学生最希望从主讲者身上学到的"一大法宝";四是安排互动环节,讲座中,主讲者会充分调动听众的积极性,对等交流,共同探讨,形成师生互动和生生互动。主讲者还会在"新的、有争议的、有待深入的论题上"为互动精心设计适当的问题和情境,使大家积极地参与质疑和争论,善于思考、不懈追求和勇于探索,使大家的思维活动活跃起来,师生双方在热烈的讨论中可能碰撞出灵感的火花,也给主讲人的专题研究以启发。五是注重表现形式,每场主题讲座都会采用多媒体手段,并穿插形象的视频和图片,对听众产生视觉的冲击力和内心的感染力,这是强烈的、难以磨灭的,听众的视觉、听觉思维活动得到了充分调动,能将讲座中所蕴含的先进理念和方法内化为自身的教育智慧,还能打开学生的视野,激发学生的创造性思维,发挥学生的思维空间和自由度。

个性发展的核心是创造能力的发展,各种主题突出的讲座内在精神是培养提升大学生的综合素质,启迪思维方式,增加学生对新信息的敏感度和对主讲者不同观点的思索,舒展学生的个性,体现学生的批判意识和创新精神。

二、主题讲座的组织与安排

每一场讲座的成功举办,都必须经过精心的组织和周密的策划,这样才能充分展现组织者的思想水平和业务素质,才能保证其良好的吸引力和感召力。东北林业大学主题推进式教育的主题讲座是由党委学工部思想政治教育科负责组织、安排与协调的。在组织过程中坚持主题讲座的系统性、实用性、全员性、规模性和持久性,使之能产生广泛的教育影响,实现预期的教育目标。在组织的过程中,要在讲座的前期宣传、讲座的时间、地点、参加人员、场次、主持人、多媒体设备调试、课件准备、摄影摄像、主讲人需要用到的辅助道具、讲座的后期调研及经验总结等环节上认真协调筹划,缺一不可。下面将对其中的几个重要的讲座组织因素进行阐述。

(一)讲座时间

按照主题推进式教育的教育安排,主题讲座基本都是在每学期开学的第一个月内完成的,后三个月是专门用于理论讲授部分结束后,陆续开展的各类配套的辅助教育和实践活动。在不占用学生正常上课时间的前提下,主题讲座的时间一般都安排在晚上或周末进行,所以通常情况下,每学期的第一个月的每天晚上及周末,就是集中开展主题讲座的时间。

(二)讲座地点

东北林业大学的主题讲座通常安排在学校的科学会堂和体育馆这两个高规模的场地进行。根据讲座的实际内容和形式再决定放在哪个场地。东北林业大学的科学会堂于2005年投入使用,内设1300个软包席位,是学校规模最大、设施最全的专业会场。主要功能是用于召开各类大型会议,作各种学术报告、讲座,开展各种形式比赛等,也可以举行中小型的文艺演出活动及放映宣传教育影片。

学校的体育馆于2006年9月投入使用,是目前黑龙江省面积最大、功能最全的综合性体育场馆。该馆建筑面积37000平方米,内部设有游泳、健身、乒乓球、篮排球、轮滑等各类功能馆,其中最大的主体育场可容纳5000人就座,学校每届学生的招生人数大概在4500人左右,所以该场馆可以一次性容纳一个年级的全部学生在此聆听讲座。此外,本场地多媒体设施齐全,声音覆盖无死角,左右两侧有两块巨型LED电子屏幕,适合播放各类视频文件,对讲座的整体效果起到了非常重要的辅助作用。学校的各类大型活动,如开学典礼、毕业典礼、庆祝建校60周年大会等都在此场馆召开。其工作人员对于承办讲座有着非常丰富的经验和基础。

(三)讲座听众安排

主题讲座一般情况下主要是设在科学会堂进行的。主题教育最重要的一个核心就是要全员覆盖,进行多场主题讲座,每个主题基本都要分4场进行,这样就可以保证相应的受教育年级的所有学生都可以聆听讲座,接受教育。但是,在保证讲座质量的前提下,再保证让每一位同学都能听到讲座,而且是在有限的时间内,这对于组织者来讲,是很有难度的。主要就是要协调主讲者和学生的时间搭配问题,组织者在安排讲座过程中首先要了解各个受教育年级的课程安排,了解同学们大概的课余时间,然后再和主讲教师协调大致讲授时间,划定一个大概范围,然后把确定的四场讲座时间通过辅导员通知到学生,让学生自己根据自己的时间再次进行选择,选择其中一场参加。这样就可以保证主题推进式教育的"首轮教育"覆盖到所有学生。

(四)讲座后期成果整理

长期以来,主题讲座注重成果的整理,发挥品牌活动的最大效用。组织者将每一次的讲座都进行录音或视频整理,积累了2TG的视频和图片资料,并将主讲人的全部思路和内容进行整理记载,形成文字资料。每年进行一次讲座汇编,分纸质、音频和视频三种格式,做到主题讲座有"质量"更有"数量",有"过程"更有"结果"。通过这样的工作,将主讲人的研究思路、方法和最新成果转化为学生学习的阶梯、学校发展的动力,让智慧的成果惠及每一名学生,更要让品牌的力量发挥最大的效用。

三、主题讲座的教育程度及影响效果

不可否定的是,主题讲座对学生的成长成才有影响,但具体是怎样影响的,怎么界定,有多大的影响,学生的发展是否都是受助于主题讲座的影响,这些都是不能准确说清楚的。谈到对学生的教育程度和效果,通常情况下会想到定量研究方法中的数据分析,通过数据,从而直观地看到影响的程度和效果,但是,主题讲座对学生发展的影响是很难用指标来量化的,因此,组织者只能通过对受教育学生的后期调研,采用质的研究方法,通过研究参与者的评价、建议及意见等,来分析主题讲座对学生发展的影响程度和预期教育目标实现程度[①]。

对于大学生而言,无论是思想品质,还是道德品质,都不是一朝一夕形成的,而是一个"知、情、意、行"的发展过程。知、情、意、行作为学生思想、道德品质的基本要素,它们是互相联系、互相渗透、互相促进的。"知"是基础和前提,"行"是目的和归宿。而要完成由"知"到"行"的转化,离不开情感("情")和意志("意")的作用。因此,在对学生进行主题推进式教育的过程中,主要就是要培养他们知、情、意、行的过程,所以在主题讲座的设计上,不仅注重提高大学生们的知识面,更注重陶冶他们的情感,激发他们的意志,引导他们参加各种实践活动,做有意义的事,听其言,观其行,做到言行一致,身体力行。

(一)知,主题讲座提高学生的认知能力

知,就是对道德知识、道德观念的认知,这些知识必须通过教育者的传授,才能被学生所获得。主题讲座在提高学生的认知能力方面发挥了重大的作

---

① 郑彩莲:《校园讲座的现状及建设途径》,载《中国青年政治学院学报》,2006年第3期。

用。每一场主题讲座中所讲的知识都是讲座教授、专家、学者思想的精华,是他们一段时期的研究成果,因此,知识是十分丰富的,它可能是这一教育主题中最前沿的知识,也可能是社会上产生的最新言论,它具有新颖性,对学生来说都是他们课堂中所接触不到的知识,即新知识,这些都不同层次的开阔了学生的眼界和视野,对于学生看问题的视角和方法都有很大的提高,学生通过听讲座,可以学到从更宏观的角度和更多的层面看待问题,所以说主题讲座让学生在方法论层面上起到一个很好的锻炼作用,认知能力上产生了较大影响,对于促进学生的逻辑思维能力、批判能力和反应能力都帮助很大。

(二)情,主题讲座提高学生的社会化能力

根据学生发展理论中Astin的参与理论,学生的社会化能力,就是学生融入社会的能力,即学生的人际交往能力、语言表达能力、社会适应能力等方面的能力。主题讲座作为学校大学生日常思想政治教育工作的一道独特的风景线,对于学生社会化能力的影响是不言而喻的,讲座被学生誉为是他们认识世界、认识社会的"窗口",是学生们必不可少的精神食粮,它在促进学生社会化方面的作用更加凸显。

(三)意,主题讲座影响学生的态度、信念和价值观

根据社会心理学的界定,情、意就是指的人的情感、态度、信念、价值观等方面,东北林业大学主题讲座的主讲人大多都是"久经沙场的老将",他们对于发现学生的共性问题,鼓舞学生的士气,增强学生的自信方面可以说是轻车熟路。在调研过程中,组织者们总结出,大部分同学在听过讲座之后,感觉自己"成熟"了、"自信"了、"怀疑"了、"思考"了、"高尚"了,总之在态度、信念、价值观上发生了很大变化。有的变得疑惑,有的变得多思,最后在思维震荡后变得成熟。这就是成长,这就是主题讲座给大学生带来的成长契机,使大学生能够更快的成长、成熟、成才。

(四)行,主题讲座影响学生的职业生涯发展

可能有很多教育者会质疑,单凭8个学期的8场主题讲座就能影响到一个学生的职业选择和职业发展吗?在调研过程中,组织者发现很多学生因为听了主题讲座而明确了自己的人生方向,"职业生涯规划""责任当担""励志成

才""感恩诚信",这些主题讲座中鲜活的事例让他们更加明确自己想要的是什么,他们应该追寻什么,做一个什么样的人,选择一种怎样的生活,最后他们做出了选择,也许这些选择并不为他人理解,但是对于选择者个人来说,这是一次质变,也是人生新的起点。

根据奇克林的七向量发展理论,影响学生发展的七个向量分别是能力培养;情绪管理;从独立性的养成到与他人的相互依存;成熟人际关系的建立;自我人格的实现;生活目的性的建立;言行一致、表里如一的品格的养成。通过进一步的分析,组织者不难发现,能力培养属于知的方面;情绪管理,从独立性的养成到与他人的相互依存,成熟人际关系的建立三项属于情的方面;自我人格的实现,生活目的性的建立属于意的方面;而言行一致、表里如一的品格的养成属于行的方面。通过对比可以总结出,主题讲座对学生的影响涵盖了学生发展的方方面面[①]。

第二节 实践活动

思想指导行动。实践育人是基于马克思主义实践观、教育规律和人才培养规律形成的科学教育理念。《关于进一步加强高校实践育人工作的若干意见》强调指出,要把社会实践活动与课堂教学放在同等重要的位置,推动大学生广泛参加社会调查、生产劳动、志愿服务、公益活动、科技发明和勤工助学等活动。这就明确了高校的实践教育绝不是课堂教学的补充和延伸,而是具有与课堂教学同等重要性的独立地位。所以,在主题推进式教育中,把实践育人作为一种非常重要的途径和方式,其在人才培养中的功能与作用是其他任何教育不可替代的[②]。

---

① 徐宝兴:《人文讲座对学生发展的影响研究——以华中科技大学人文讲座为例》,载华中科技大学学位论文,2009。
② 宋珺:《论实践育人理念在高等教育中的实施》,载《思想教育研究》,2012 年第 7 期

一、实践育人形式一：" 1 + N 模式"主题实践活动

为了能够推进主题推进式教育活动的深入开展，充分发挥实践环节的育人功能，努力做到设计环节有侧重、组织实施有抓手、总结过程有亮点，不断增强主题推进式教育的实效性，从而保证主题讲座与实践活动的有效结合，强化主题讲座内容，丰富主题教育内涵。学校根据各主题教育内容，经过认真研究讨论，形成了相应的实践活动方案，学校团委根据教育内容和实践活动方案指导各学院在主题讲座之后组织学生开展各类实践活动。

实践活动采取" 1 + N "模式，其中" 1 "表示各学院要根据各主题实践活动实施方案，开展一项指定的实践活动，" N "表示除指定活动外，各学院要根据实际情况，开展相应的实践活动，活动范围可在方案内选择，也可自行安排。要求每个主题开展不少于两项自选实践活动。以下是《东北林业大学主题推进式教育实践活动指导手册》上的部分内容。

（一）"大学导行教育"实践活动实施方案

1. 指定活动：开展"新生活、新规划"活动

为使大学一年级新生明确学习目标，科学规划大学生活，理性思考发展方向并在大学学习和生活中付诸实践，各学院广泛开展"新生活、新规划"活动。在实施过程中，要求每名学生制定一份大学生活规划，要不断发现不足，努力提高完善自我，科学规划大学四年，为步入社会打下坚实基础。

活动要求"人人有目标、规划有指导、过程有监督"。各学院制定具体的实施方案，方案主要围绕学习成绩、过级考证、学术科研、思想进步、社会实践、志愿服务、为人处事、职业规划等方面分层次、分阶段进行目标设计。要求每名学生都能结合自身特点，给自己的大学生涯进行切实可行的规划，做到全员覆盖、目标明确。可通过大学生涯规划讲座、职业生涯规划大赛等方式加强对学生规划的指导。在实施过程中，要帮助有困惑或者未完成目标的学生进行原因分析，帮助学生走出误区，寻找改进方法，促进学生全面成才。

2. 自选参考活动

(1) 举办"让梦想起航"主题海报设计大赛

入学伊始,梦想在心底悄无声息的萌发,通过"让梦想起航"主题海报设计大赛,进一步激发大学生的成才意识,鼓励大学生在成长过程中坚持梦想并付诸实际行动。作品要求采用 Photoshop、Corel、ProPoster 等海报制作或图片制作软件进行设计,要求构思新颖,立意明确,内容积极向上。各学院团委做好活动的宣传和评比工作,并将优秀作品陈列展出。

(2) 开展"与兄弟院校同学交流彼此"网络留言活动

为开拓学生视野,丰富学生校园生活,鼓励他们与兄弟院校学生交流大学生活经验,相互学习,从而更快融入大学生活,避免走弯路。各学院团委利用假期,鼓励学生与其他高校的同学进行深入对话交流,探讨"如何适应大学生活"和"大学四年如何度过"等话题,交流结束后在学院团委负责的网站主页留言板上留言,由学院团委负责总结优秀留言内容,且行且思且悟,制作留言板供在校师生观摩欣赏。

(3) 开展"朋辈辅导员在辅导"活动训练

朋辈辅导员要充分关心班级同学们的思想变化,为同学们讲授心理健康知识、帮助同学们排解压力,有针对性地开展心理辅导,并适时地在班级内开展心理团体辅导训练。通过适当的团体训练,使同学在轻松愉悦的氛围中感受集体的关爱,增强人际交往能力,进而帮助学生树立心理健康意识,优化心理品质,增强心理调适能力和社会适应能力,预防和缓解心理问题。辅导帮助学生解决环境适应、自我管理、学习成才、人际交往、交友恋爱、求职择业、人格发展和情绪调节等方面的困惑,提高身心健康水平,促进大学生德、智、体、美等方面全面发展。

(二)"感恩教育"实践活动实施方案

1. 指定活动:开展"心怀感恩,回报社会"主题志愿服务活动

为培养青年学子的感恩意识,时刻铭记回报党、回报祖国、关怀同胞、服务社会的责任与使命,各学院团委开展"心怀感恩,回报社会"主题志愿服务活动。学院团委以专业或班级团支部为单位组织志愿服务小分队,走出校园,走

进社会,为需要帮助的同胞和社会弱势群体提供力所能及的志愿服务,如在教学资源相对匮乏的孤儿院、小学、中学义务支教,向社区居民宣传文教卫生知识,提供法律咨询,照顾孤寡老人等。要求学院团委在活动结束后收集活动心得等相关材料。

2. 自选参考活动

(1) 开展"关爱、互助、感恩"主题摄影展

各学院团委组织开展以"关爱、互助、感恩"为主题的摄影展。用镜头记录下身边的爱与感恩,引导学生们用眼睛去看、用心灵去感受人间真情。拍摄题材、角度不限,要求作品原创,彰显主题,可进行一定后期处理,需要附带简短文字说明。活动结束后,各院评团委评选出10张优秀作品,将活动的电子版照片等材料上报校团委。各学院也可自行举办摄影展。

(2) 开展"感恩你我他"主题原创诗歌朗诵评比活动

为培养青年学生的感恩意识,不忘国家之恩、社会之恩、教育之恩、抚养之恩、知遇之恩、帮扶之恩,让"滴水之恩当以泉涌相报"之情生根、开花、结果,各学院团委可举办以"感恩你我他"为主题的原创诗歌朗诵评比活动。要求诗歌作品切合主题,匹配相关音乐与PPT,学院团委可将朗诵大赛录制成视频,制作视频集。

(3) 开展"感恩的心"主题微博评比活动

为培养青年学生的感恩意识,牢记父母的抚养之情,在母亲节、父亲节来临之际,各学院团委可以开展以"感恩的心"为主题的微博评比活动,号召学生们用文字大声说出自己对父母的爱与关心、敬意与感恩。发表微博时,要求关注并@东北林业大学团委腾讯微博,写明自己的学院班级和姓名。校团委的官方微博将会择优选出具有代表性的微博及时发布。

(4) 开展"与父母角色转换"活动

为了使"感恩教育"主题深入人心,使学生切身体会父母的辛苦,同学们可利用假期开展"与父母角色转换"活动,角色转换期间,做父母每天做的工作,感受父母的心境,学生还可以与父母进行深入交流,从而达到角色互换的目的。要求在角色互换过程中记录生活中的精彩瞬间,各学院以图片和"互换心

得"的方式把相关材料报送校团委。

(三)"诚信教育"实践活动实施方案

1. 指定活动:开展"诚信诚意"主题团日活动

为创造"人人讲诚信,处处讲诚信"的良好校园氛围,提高当代大学生的诚信与感恩意识,并能在生活学习中付诸实际行动,各学院团委开展"诚信诚意"主题团日活动。活动以班级为单位开展,具体形式自定,可包括观看影视展播、小品话剧表演、小组讨论、辩论赛、诗文朗诵等,也可走出教室,走出校园,开展丰富多彩的主题活动。要求主题鲜明,内容充实,形式多样,能彰显青年学生诚信教育这一精神。

2. 自选参考活动

(1)开展"签写诚信考试保证书"活动

为使广大学生树立诚信考试意识,提升自身道德修养,争做诚实守信的高素质大学生,各学院团委可以组织学生开展签署"诚信考试保证书"的活动。各学院团委以专业为单位,对学生进行诚信教育,要求学生认真阅读学校关于考风考纪的规定,本着自觉自愿的原则签署"诚信考试保证书",彰显"诚信教育"的主题。学院采取抽样调查的方式,抽取几个专业作为诚信考试的试点,并将活动开展情况和最终的考察情况整理之后报送校团委。

(2)开展"诚信格言"设计大赛

以学院为单位,进行诚信格言设计大赛,旨在增强当代大学生的诚信意识,提升道德修养,促进大学生的全面发展。诚信格言设计大赛要求学生自己设计格言字体样式,切合主题,语言简洁流畅,发人深思,富于启迪性和感染力,能够引起共鸣。学院要做好大赛的组织工作、内部动员工作和外部宣传工作,营造积极和谐的参与氛围,共同倡导"真诚待人,信达天下"这一主题精神。

(3)开展"树诚信之风,建和谐校园"手抄报设计大赛

为提高大学生诚信意识,树立良好的学风考风,各学院团委要组织开展"树诚信之风,建和谐校园"手抄报设计大赛。参赛时以团支部为单位,要求手抄报作品紧贴主题,设计新颖,版面整洁,图文并茂,字体美观。各学院要高度重视,筛选出优秀作品陈列展出,从而帮助大学生形成正确的人生观、世界观、

价值观,为诚信、和谐校园的建立做贡献。

(四)"文明修身教育"实践活动实施方案

1、指定活动:开展"文明之星"评选活动

为加强校园文化建设,进一步增强广大团员青年的文明修身意识,各单位要积极组织开展"文明之星"评选活动。此活动可分三个阶段进行:第一阶段由各班级经广泛征求意见推荐2名"文明之星"候选人,要求候选人具备以下基本条件:一是自觉遵守学校规章制度,无违纪行为;二是诚实守信,道德品质优良;三是乐于助人,甘于奉献,具体选拔方式各学院自主安排。第二阶段通过网络投票和设立投票箱的方式,由全院同学对各候选人进行评选,投票结束后,根据候选人的得票数并结合各学院对候选人的综合评定意见,评选出15名院级"文明之星"候选人进入下一阶段。第三阶段由评选出的15名候选人进行风采展示,由学生评委现场投票,最终评选出5~10名学院"文明之星",带动全院同学,规范自身行为,共建和谐校园。

2. 自选参考活动

(1)开展"创绿色校园,做文明学生"主题活动

环保教育既是绿色校园建设的一项重要内容,又是推进学生素质教育的一个重要途径。各班要结合实际积极向学生传授环保知识,宣传环保理念,并通过开展校园废旧物品回收与利用行动、校园节约行动、校园护绿行动、校园净化行动等活动,增强学生的环保意识,努力把学生培养成环境保护的"践行者"和"播绿人",美化校园的绿色自然环境。具体开展方式如下:一是以规范课堂教学秩序和美化课堂教学环境为重点,开展"绿色课堂"的创建活动;二是扎实推进"阳光体育"和全民健身行动,开展"绿色健康"的创建活动;三是以规范班级秩序、杜绝使用违规用电器为重点,随手关掉教室里的用电器,开展"绿色安全"的创建活动。

(2)开展"讲文明,知荣辱"公益广告设计大赛

开展"讲文明,知荣辱"公益广告设计大赛,可以以微电影、小标语、条幅、海报等形式展出,参赛要求以班级为单位,围绕主题,内容积极向上。通过这一大学生喜闻乐见的活动形式,丰富学生们的课余文化生活,营造富有特色的

校园文化氛围,促进学生们之间的团结与互助,让"讲文明,知荣辱"深入人心,使校园生活丰富多彩。活动结束后学院可以挑选优秀作品同活动总结一同报送校团委,从多角度宣传,扩大影响面,从而让荣辱观深入人心,同时对学校大学生的文明行为也能起到一定的提示和监督作用。

(3) 开展"文明理性上网,珍惜关爱自我"活动

在大学生中间倡导并建设网络文明,培养健康的网络生活方式,关键在于要在学生群体中"抓住制高点、找准立足点、探究切入点",帮助大学生树立正确的网络观。为此,各学院及学生组织要积极开展各项网络活动,例如:举办计算机网络知识竞赛、举办网络话题辩论赛、普及网络安全常识等。通过这些途径把大学生的兴趣吸引到繁荣校园文化上来,为我校学生提供一个积极向上的网络环境,以提高他们明辨是非的能力。

(4) 开展"中西方公关礼仪"培训活动

随着社会的不断发展,公关礼仪逐渐成了大学生求职和发展的先决条件,拥有良好的修养和礼仪更是一个人品质和能力的外在表现。各学院可充分利用网络、人脉资源,对学生进行公关礼仪培训,培养学生的外在素养和内在修养,引领学生拥有良好的公关能力,从而提升整体形象,展现独特的气质和魅力,在求职和今后的生活中胜人一筹。

(五) "生态文明教育"实践活动实施方案

1. 指定活动:开展"碧水蓝天"环保知识竞赛

为普及环保知识,提高现代大学生科学环保意识,打好环保行动的理论基础,调动学生的环保学习积极性。各院团委可以班级为单位开展"碧水蓝天"环保知识竞赛。知识竞赛由各院团委准备试题,报名参赛班级派出学生代表以笔试、现场抢答等形式进行竞赛。竞赛全程本着公平、公开、公正的原则进行,并在竞赛后由各参赛班级学生代表进行讨论并对本次竞赛的收获给予总结。

2. 自选参考活动

(1) 开展"我有我手帕"主题手帕设计比赛

为增强学生保护生态环境的意识,全面提高学生的创新动手能力,宣传

"手帕代替纸巾"的环保理念,减少餐巾纸的使用量,各学院团委开展"我有我手帕"主题设计比赛。由各学院团委组织本院学生参赛,比赛内容主要是针对手帕图案、形状的设计。图案内容要求健康向上,符合"绿色低碳"理念。各学院团委要对学生作品进行认真筛选,并对优秀作品进行陈列展览,将手帕推向广大同学。

(2) 开展"光盘 style"主题实践活动

为增强大学生"勤俭节约"意识,戒除"铺张浪费""好面子"等不良习惯。各班级可以开展"光盘 style"微博线上讨论活动,鼓励大学生发现身边的浪费现象和厉行节约的好创意、好做法;学生将自己与自己的"光盘成果"拍成图片上传到班级微博上,全班同学共同分享与讨论,评选出"光盘小达人",关注并@东北林业大学团委官方腾讯微博,宣传"勤俭节约"的思想,倡导"光盘"行动,节约粮食。

(3) 开展"保护环境,刻不容缓"主题碳汇计算活动

为加强同学们对建设绿色家园的认知度和责任感,提高同学们保护环境的危机意识,各班团委可开展"保护环境,刻不容缓"主题碳汇计算活动。邀请林学专业老师开设"碳汇"主题课堂,课下自行选择课题,收集资料并计算相关数据,培养专业的团队,增加环保宣传的数据说服力。要求各班同学积极参加,各班团支部做好指导工作,以达到培养同学环保危机意识的目的,做好科学发展观的贯彻与落实工作。

(4) 开展"绿色寝室"绿植领养活动

为鼓励学生关注校园环境,提升学生以校为家的校园主人翁意识,各班级可开展"绿色寝室"主题实践活动。由学院免费发放绿植种子、花盆、土壤等给各班级寝室,寝室同学负责日常维护,打造低碳寝室。定期上传植物生长情况照片到班级微博上,提高同学们的关注度,也便于各寝室之间进行交流互动,共同关注绿色寝室的打造。

(5) 开展"我为我家弯弯腰"主题活动

为引导学生爱护环境,从身边的点滴小事做起,维护校园良好环境,各学院团委要向学生推广"我为我家弯弯腰"活动。行走在校园里随手捡起路边的

垃圾,让弯腰成为一种最美的姿态,让主动维护学校这个大家庭成为一种习惯。此活动实行一段时间后,各团支部要针对"我为我家弯弯腰"这一主题开展班会,交流看法,分享心得体会。

(6)开展"绿色先锋"寻访活动

我校作为以林科为优势,以林业工程为特色的高校,在广大的校友群中必然不乏为环保事业做出贡献的人。用老校友的亲身事迹鼓励当代大学生投身环保事业,更加贴近学生现实生活。各学院团委要组织学生广泛探寻老校友在环保事业上的突出贡献,将此归纳为文字、图片、视频等资料,向学生宣传。有条件的可以邀请老校友参加主题讲座,与同学们分享他们的感悟、阅历,讲座后各学院组织学生交流心得体会。

(六)"责任担当"实践活动实施方案

1. 指定活动:开展"中国梦,学子梦"主题征文活动

十八大以来,习近平总书记对"中国梦"的阐述,引发了全社会的广泛共鸣。"中国梦"深刻道出了中国近代以来历史发展的主题主线,深情描绘了中华民族生生不息、不断求索、不懈奋斗的历史。有梦想才会有希望,有希望才会有激情,有激情才会有事业,有事业才会有未来。"中国梦"里,有"强国"也有"富民",有期盼也有实干。"中国梦"有大有小,每个人都有理想和追求,都有属于自己的责任与义务,梦想是激励人们发奋前行的精神动力,当一种梦想能够将整个民族的期盼与追求都凝聚起来的时候,这种梦想就有了共同愿景的深刻内涵,就有了动员全民族为之坚毅持守、慷慨趋赴的强大感召力。作品要围绕"中国梦"这一主题,就自己的学业梦想、工作梦想、未来梦想等内容,也可结合"中国梦"的世界影响力发表自己的看法,内容积极向上。每班根据实际情况选送优秀作品进行宣传交流。

2. 自选参考活动

(1)开展"责任担当"主题微电影制作大赛

以校园生活为背景,先进人物事迹为素材,深入发掘我校文明和谐发展过程中涌现的典型人物和事迹,紧紧围绕"责任担当"这一主题开展微电影制作大赛,从不同的角度教会学生勇于承担社会责任,做一个知进取、懂担当的时

代青年,积极倡导营造健康文明和谐的校园新风,各单位需上交微电影以用来汇总主题实践活动材料。

(2)开展"我是班级负责人"一日体验活动

为强化学生责任担当意识,加入到班级建设行列中来,有所思有所行,提升学生以班级为家的主人翁意识,各学院可开展"我是班级负责人"主题实践活动。各学院以班级为单位,每天由一个同学担任班级负责人,管理当日班级全部事务,解决同学们的问题,每天记好班级日志和工作心得。学会换位思考和体谅互助,以此让同学们学会正确处理个人利益和集体利益的关系,明确责任,学会处理责任范围内的工作。

(3)开展"一屋不扫,何以扫天下"系列活动

各学院自行开展"一屋不扫,何以扫天下"责任教育讲座,让学生明确良好的卫生环境对人身心健康的重要性,从改变身边环境开始,从身边的小事做起,清醒地认识到责任担当对大学生成长的重要意义。讲座过后,各学院要负责督促并定期检查学生寝室、专教卫生情况,在改善环境卫生的同时,潜移默化地提高学生的综合素质。

(七)"生涯规划教育"实践活动实施方案

1. 指定活动:"规划精彩人生,打造锦绣前程"主题职业生涯规划大赛

通过职业规划设计大赛的活动形式,传播和普及职业规划理念,帮助大学生学习与掌握职业规划的基本方法,提高学生的规划认知与设计能力,培养优秀的职业生涯规划选手,树立正确的成才观和就业观,科学规划自己的职业生涯,从根本上唤醒大学生的就业自主意识,提高大学生的就业竞争能力,深入开展我校毕业生就业相关工作。比赛结束后,展示职业生涯规划大赛的优秀作品,并予以表彰鼓励,发挥典型示范的重要作用,吸引更多的学生从根本上认识职业生涯规划对自身未来发展的重要作用,从而自觉的积极参与到此项活动中来。

2. 自选参考活动

(1)我的未来我规划——大学生职业生涯规划调查问卷

面向学生普遍进行一次"大学生职业生涯规划"问卷调查,一方面调查分

析学生对职业生涯规划的认知程度,另一方面引起学生对职业生涯规划的兴趣,增强主题报告的吸引力,还能让学生在答卷过程中发现一些自身存在的问题,带着问题、有针对性地去聆听主报告,强化主报告的引导效果。

(2)我的青春我奋进——"跨专业交流"活动

针对部分同学就业需要,邀请外专业老师、同学们进行"跨专业交流"活动,旨在帮助大学生认清不同领域专业发展的现实情况以及未来就业趋势,从而也为自己未来工作提早规划。这项活动不仅加强了专业之间的互动交流,同时也有利于促进不同学院不同专业的共同发展,让同学们拓展知识视野,并在今后学习中相互借鉴、相互学习。

(3)我的榜样我追逐——生涯人物访谈

根据学生所学专业,有针对性的邀请业内成功人士开展"生涯人物访谈",充分发挥典型示范的育人作用,结合实际,强化引导。活动中,各学院可以分专业邀请从职业生涯规划中受益的成功人士给学生作报告,使学生明确职业生涯规划的意义,探寻成长、成功的经验或失败的教训。邀请职业成功人士与大学生面对面的交流,传授经验,答疑解惑,在职业生涯规划与择业选择方面为同学们提供有益的建议参考,帮助大家制定一个科学合理的职业规划目标。

(4)我的成功我的路——创业、科技创新大赛

各学院要调动学生的积极性,以"挑战杯"竞赛、"三创大赛"为龙头,不断丰富活动内容,拓展工作载体,把创业创新教育纳入教育规划。要鼓励学生自主构建团队,充分发挥集体合作精神,各取所长,开展适合自身条件的创业、科技创新模拟,并将优秀代表选拔出来参加学校组织的创业创新大赛活动。帮助同学积累创业创新经验,避免毕业以后盲目就业。引导和激励学生实事求是、刻苦钻研、勇于挑战、提高素质,并在此基础上促进学生创业和课外学术科技活动的蓬勃开展,发展和培养一批有所为、在学术科技上有潜力的优秀人才。

(八)"励志成才教育"实践活动实施方案

1. 指定活动:开展专业知识技能大赛

各学院要充分调动学生的积极性,以"掌握技能,励志成才"为主要内容,以专业为单位,积极开展专业知识技能大赛活动。各学院可根据专业特点,自

行设计比赛内容及形式,目的是为了引导广大青年学生加深对所学专业的认识与理解,增强对专业学习的兴趣,加强学风建设,使主题教育产生深入影响,切实提高我校学生的学习意识与成才意识。

2. 自选参考活动

(1)开展"胸怀鸿鹄之志常怀赤诚之心"主题政治观摩活动

"志不立,天下无可成之事"。立志是人生的起跑点,反映着一个人的理想、胸怀、情趣和价值观,影响着一个人的奋斗目标及成就。为更好地帮助我校青年学子树立奋斗目标和远大理想、立志成长成才,各学院积极组织,开展"胸怀鸿鹄之志,常怀赤诚之心"主题政治观摩会,要求围绕主题,形式多样化、成效显著化。过程中采取切实有效措施,帮助青年学子合理规划,有效利用大学时光,圆满地度过大学四年的学习生活,为未来成才奠定坚实的基础。

(2)开展 DIY 主题 T 恤设计大赛

开展以"立志成才"为主题的 DIY 主题 T 恤设计大赛活动,旨在进一步激发我校大学生的责任与成才意识,活跃我校学生文化生活,不断增强艺术创作对大学生的吸引力、感染力。作品要求紧紧围绕主题,强调艺术与主题的有机融合,突出素材再造,体现原创风格,作品形式不限,可采用水粉、水彩、毛笔、铅笔、钢笔等手绘形式或电脑绘图方式创作平面 T 恤作品,各学院团委做好活动的宣传和作品征集及最终评选工作,并将优秀作品进行展出。

(3)开展励志成才主题电影周活动

各单位组织学生观看"立志成才"主题电影,如《当幸福来敲门》《荒岛余生》《肖申克的救赎》等影片,旨在通过观看相关影片,引导学校广大青年学生加深对"立志成才"主题的理解,向前人学习,树立当代大学生的责任感与使命感,让广大青年学子从思想上树立起"天下兴亡,匹夫有责"的意识。要求各单位观看主题电影结束后以专业会或班会形式进行思想分享和热点讨论,也可开展主题征文大赛,各学院团委可征集评选出优秀原创征文作品或观影心得,并形成活动总结材料。

(九)"荣校兴国教育"实践活动实施方案

1. 指定活动:举办主题毕业典礼

要求各学院组织举办主题毕业典礼,通过典礼让即将离开母校的学子加深师生之间的友情,重温大学四年的美好时光。典礼可分为"追忆我的大学""我们一起走过""师恩难忘""走出校园,荣耀东林"等多个板块,通过穿插文艺汇演等节目来增强毕业典礼的教育性,鼓励在校大学生在未来的工作中奋勇拼搏,自强不息,为学校争光、为母校添彩。胸怀大志,脚踏实地,致力于为实现中华民族伟大复兴的中国梦而矢志奋斗。

2. 自选参考活动

(1)举办"我的中国梦"主题征文大赛

动员毕业生们积极参与活动,围绕近代以来中国人民坎坷追梦历程的深刻启示,围绕新中国成立以来特别是改革开放30年以来的辉煌成就和宝贵经验,记录和讲述亲历亲见的"中国梦",体现广大毕业学子在即将走向工作岗位上的爱国之心、强国之愿、报国之志。强化同学们对自身责任和使命的认识,树立实干兴邦精神,激励青年学生努力实现中华民族伟大复兴的光荣梦想。

(2)举办"我的中国梦,我的青春梦"摄影大赛

为帮助学生回忆四年的校园生活,表达自己对母校的深厚感情,抒发学生的"爱国爱校"情怀。各学院团委可参选开展"我的中国梦,我的青春梦"主题摄影比赛,从校园记忆、自然人文、创意天地、志愿奉献等方面征集摄影作品,表达当代大学生建设中国特色社会主义的共同愿望,展示大学生的艺术创作水平和青春风采。各学院要对参赛作品进行评选,展示出毕业生的优秀摄影作品并制作成电子相册,同时也可在学院的毕业典礼上、学生工作网站上予以展示。

(3)开展"东林学子梦"留言板活动

由学院团委负责在学院网站主页内开设毕业生留言版,要求毕业生在留言板上贴出自己离校前的最后心愿,把那些在大学四年留下的遗憾和对未来的美好憧憬通过文字记录下来。这些心愿不仅是毕业生的人生宝藏,也是在校生和未来入学新生的前车之鉴。各学院通过留言板,让同学们能像接力一

样把自己的感悟传承到下一届学生,让毕业生大学成长感悟和心愿对在校生和未来入学新生产生影响和正能量,让在校生和未来入学新生及早体验学长的成功经验或大学遗憾,自立自强,砥砺成长,少走弯路,早日成才。

(4)举办"曾经的人,曾经的事儿"主题毕业生访谈活动

各学院可举办"曾经的人,曾经的事儿"主题毕业生访谈活动。各学院通过组织在校年级学生对应届毕业生,尤其是本专业的毕业生进行采访,以求达到正确指导在校生生活学习、规划未来的目的,并通过回忆加深毕业生对母校及校友的留恋之情、感恩之意。在采访活动中,参与采访学生预先安排采访对象,准备采访内容,并在采访结束后总结形成采访稿,作为大学生成长路途中的深刻感悟和精神食粮,在学生交流、体验、激励成长。

(5)开展"悄悄地,我关上了寝室的门"寝室清扫活动

各学院可举办"悄悄地,我关上了寝室的门"寝室清扫整理活动。各学院向应届毕业生发出"清扫寝室、文明离校"的倡议,让即将离校的毕业生用最简单的行为、行动表达自己对母校的热爱,并通过清扫活动让即将离校的东北林业大学学子塑造文明离校楷模形象,为在校大学生树立良好的榜样。学院团委可为优秀文明寝室拍照留念,并收集相关寝室照片作为在校大学生有力的教育素材。

二、实践育人形式二:"3+X模式"寒暑假社会实践活动

近几年来,学校的学生社会实践工作蒸蒸日上,在学校全面开展主题推进式教育新模式的大背景下,越来越多的大学生参加社会调查、生产劳动、志愿服务、公益活动、科技发明和勤工助学等社会实践活动。在社会实践形式上,为扩大参与学生的覆盖面,学校采取"3+X"的活动模式。其中"3"指每个单位至少申报3个团队参加集中实践活动;"X"指除参加团队实践队员外,要求其他同学必须参加分散实践活动。以近三年为例,学校共开展6次寒暑期社会实践,共组建了146支集中实践小分队和30000余名大学生个体分散实践,举办义务宣讲报告会、文艺演出等活动千余场,发放各类问卷、宣传资料几万余份,呈现出集散结合、主题突出、色彩纷呈的学校大学实践特色。

(一)精心部署,周密筹划,筹备工作井然有序

实践育人是进一步加强和改进大学生思想政治教育工作的重要途径。在学校全面开展主题推进式大学生思想政治教育新模式的大背景下,在2011年至2013年暑期,将"永远跟党走青春献祖国""青春九十年,报国勇争先"及"实践激扬青春志,奋斗成就中国梦"社会实践活动与学校主题推进式教育相结合,将其纳入学校主题教育的大格局,实现了二者的有机统一。校团委充分利用校内宣传媒介和媒体,号召大学生投身社会实践活动,在全校共青团干部的共同努力下,每年大约有10000余名学生参加社会实践活动。在实践组织上,根据积累的成功经验,按照项目化的运行机制,分校院两级对所有申报的项目进行评估答辩。在社会实践形式上,采取小分队集中实践与学生个体分散实践相结合的方式,扩大了参加社会实践学生的覆盖面。

(二)围绕主题,集散结合,实践内容丰富多彩

暑期社会实践作为学校社会实践活动的主要组成部分,从学校正式文件的下发、申请材料的收集和筛选、专家组的建立与答辩、团队的确定以及最后的出征仪式各方面都紧跟进度、重视落实。同时,学校优化社会实践形式,以集中和分散的实践形式为主,扩大参与范围,使同学们自行组建社会实践小分队进行实践。

例如:2011年在集中实践活动中,按照主题推进式教育的整体部署,组建了45支社会实践团队、3支大学生"追寻红色足迹"实践服务团、4支大学生"十二五"规划宣讲服务团、12支大学生教育帮扶服务团、1支大学生文化宣传服务团、8支大学生科技支农服务团、1支大学生法律援助服务团、6支生态文化低碳环保宣讲团、2支大学生就业实践调查团、4支青年志愿者社会实践服务团、2支诚信教育社会实践服务团、2支追寻优秀校友足迹社会实践服务团。在分散实践中,要求学生自行安排不少于一周的社会实践,参加一次"七个一"的活动,即结合"感恩"教育,做一件感恩回报父母的事;结合"文明修身"教育,读一本好书;结合建党九十周年,看一部有关党的建设和发展的影片;结合"责任担当"教育,做一件好人好事;结合"励志成才"教育,追寻撰写一位优秀校友事迹;结合"十二五规划"撰写一篇回乡调研报告;利用暑假进行一项大学生就

业见习活动并以论文或调查报告的形式总结归纳。

在2012年的集中实践活动中,按照主题推进式教育的整体部署,组建了48支社会实践团队,其中,4支大学生"追寻红色足迹"实践服务团、2支大学生"十二五"规划宣讲服务团、8支大学生教育帮扶服务团、7支大学生科技支农服务团、1支大学生法律援助服务团、7支生态文化低碳环保宣讲团、1支大学生就业实践调查团、2支大学生感恩教育社会实践服务团、7支关爱弱势群体实践服务团、9支社会调研实践服务团。在分散实践活动中,要求学生自行安排不少于一周的社会实践,参加一次"八个一"的活动,即结合"感恩""文明修身""生命智慧""责任担当""励志成才""十二五规划""万名大学生进万村""就业见习"开展社会实践服务活动,并以论文或调查报告的形式进行总结归纳。参加社会实践的团队和个人紧密围绕实践主题,结合自身实际,不断丰富实践内容、活跃实践形式、强化实践效果,允分展示了学校大学生优秀的实践能力和当代大学生的时代风采。

2013年,集中实践活动围绕"我的中国梦"这一主题组建了43支社会实践团队,其中基层宣讲实践服务团2支、彩虹人生实践服务团7支、科技支农实践服务团4支、教育帮扶实践服务团9支、文化宣传实践服务团4支、生态环保实践服务团12支、就业调研实践服务团4支、绿色先锋寻访实践服务团1支。分散实践活动要求学生自行安排不少于一周的社会实践,主题围绕"七个一"开展,即结合"感恩"教育,做一件感恩回报父母的事;结合"生态文明"教育,开展"低碳在身边"实践活动;结合"文明修身"主题教育,读一本好书;结合"生命智慧"主题教育,看一部有关"生命智慧"教育意义的影片;结合"责任担当"教育,做一件好人好事;以"青春视角,美丽中国"为主题,记录生活的美好瞬间;进行一次大学生就业见习活动。

(三)科学统筹,紧抓实效,实践成果丰厚显著

由于组织到位、指导到位,学校近三年暑期社会实践圆满实现了预期的目标。前后共有30000余人参加实践活动,举办义务宣讲报告会、文艺演出等活动多场,发放各类问卷、宣传资料几万余份。

其中,2011年共收到团队调研报告45篇,收集照片3000余张。分散社会

实践活动中,广大同学走进农村、社区、林区、矿区,丰富阅历,参与建设,共收到个人总结 3500 多篇,论文 2800 余份。2012 年,共有 11000 余人参加实践活动,进行文化图片展览十余场,举办义务宣讲报告会、文艺演出等活动 17 多场,走访群众 2200 余人次,发放各类问卷、宣传资料一万余份。2013 年共收到团队调研报告 43 篇,分散实践报告 2202 份,举办义务宣讲报告会、文艺演出等活动 16 多场,发放各类问卷、宣传资料 1 万余份。集中实践中实践团队分别奔赴内蒙古、湖南、云南、辽宁、黑龙江、新疆等 6 个省区近 30 个市县区集中开展多姿多彩的实践服务活动;分散实践中广大同学走进农村、社区、林区、矿区,丰富阅历,参与建设。活动期间,集体和个人受到当地相关单位的书面表彰 20 余份。《黑龙江日报》《哈尔滨日报》《新晚报》《生活报》《伊春日报》《鸡西日报》、东北网、黑龙江高校广播网和黑龙江高校信息网等媒体常年关注学校的社会实践活动,跟踪报道,引发了较大的社会反响,受到一致好评。学生们也从中收获了成功的喜悦,提高了综合能力。

(四)注重总结,积极表彰,加大成果宣传力度

为表彰先进,树立典型,在社会实践结束后,学校团委都会认真收集及整理各团队的社会实践相关材料,从实践主题的新颖度、实践内容的深度、实践过程充实性以及实践取得的成果与意义等方面来进行评比。2011 年的暑期社会实践中,共评出 6 个优秀社会实践先进组织单位、19 个优秀社会实践小分队、19 名社会实践优秀指导教师、299 名社会实践积极分子和 31 篇优秀社会实践报告。2012 年的暑期社会实践中,共评出了 6 个优秀社会实践先进组织单位、18 个优秀社会实践小分队、19 名社会实践优秀指导教师、293 名社会实践积极分子和 21 篇优秀社会实践报告。2013 年的暑期社会实践中,共评出了 6 个优秀社会实践先进组织单位、21 个优秀社会实践小分队、15 名社会实践优秀指导教师、283 名社会实践积极分子和 25 篇优秀社会实践报告。

第三节 分类教育

要取得好的教育效果,因材施教是根本。东北林业大学是林业行业特色鲜明的理工科高校,学校根据大学生思想政治教育的重点和难点,通过全面了解学生的家庭、思想状况,系统考察学生的学习认知水平,综合衡量学生干部的组织领导能力,从不同学生群体的实际出发制定适合不同群体的教育方法和教育内容,确定了重点对八类学生群体进行分类主题教育,为他们量身定做了八个主题:一是针对家庭经济困难学生群体,重点开展"励志成才教育"。二是针对心理障碍学生群体,重点开展"生命智慧教育"。三是针对学习困难学生群体,重点开展"学习能力教育"。四是针对就业困难学生群体,重点开展"就业技能教育"。五是针对少数民族学生群体,重点开展"民族团结教育"。六是针对西藏定向生学生群体,重点开展"爱藏兴藏教育"。七是针对有艺术专长和艺术爱好的学生群体,重点开展"艺术鉴赏教育"。八是针对学生干部群体,重点开展"廉政文化教育"和"精英意识教育"。上述八个类别的学生群体是学校思想政治教育工作的重点和难点,做好这八类学生群体的思想工作,大学生思想政治教育工作的主要矛盾就迎刃而解了。

一、针对家庭经济困难学生群体,重点开展"励志成才教育"

我国高校家庭经济困难学生数量占有相当的比例,经济困难学生教育和发展问题日益突出,高校普遍采取了以经济资助和心理辅导为核心的帮扶措施,但不能解决他们教育和发展的根本问题,如何加强家庭经济困难学生励志教育,激发他们自我教育和发展的内动力,值得教育工作者们深入思考和探究。高校家庭经济困难学生励志教育目前主要存在重经济资助轻励志教育、教育内容与学生实际脱节、教育方法单一等问题。究其原因,主要是受教育机制不健全、教育者认识不到位和励志教育效果显现滞后性等因素影响,励志教育的缺失,使高校家庭经济困难学生的思想引领、精神培育还有欠缺,一些家庭经济困难学生出现理想信念模糊、自立自强精神不足、心理健康水平偏低、综合素质欠佳等问题，严重影响了家庭经济困难学生的健康成长。因此，必须加强高校家庭经济困难学生励志教育工作，使之在家庭经济困难学生教育和发展中发挥突出作用。高校家庭经济困难学生励志教育是一项系统工作，首先要明确主要任务，把坚定理想信念、培育自立自强精神、提升思想道德修养、提高综合素质作为励志教育工作的核心任务；其次要理清实施主体，发挥教师、学生工作干部、心理咨询师等高校教育工作者的积极作用；最后要探索有效途径，发挥课堂教学主渠道作用，把经济资助与思想教育紧密结合，加强心理健康教育，充分占领网络教育新阵地，营造积极向上的校园文化，促进高校家庭经济困难学生快速成长和全面发展。

东北林业大学依托主题推进式教育，对全校的经济困难学生重点开展"励志成才教育"。免费开办了多期书法培训班和计算机技能培训班，培养提升经济困难学生的文化素质和综合能力素养。大力宣传国家学生资助政策，举办"树诚信新风尚，做文明大学生"诚信教育大讲堂，以提高学生感恩诚信、励志成才的意识，展现新一代大学生的青春奋斗风采。面向全校学生开展"助学、筑梦、铸人"主题征文活动和优秀学子事迹报告会。为勉励学校家庭经济困难学生展示缤纷青春，树立崇高理想，成就美好希望，连续举办七届"青春、理想、希望"之"齐奏诚信曲，共筑中国梦"为主题的诚信教育宣传月活动。依托评选"东林励志之星"、国家奖学金评审答辩会、国家奖学金获得者风采展示以及中国青年志愿者研究生支教团东北林业大学服务队招募等多项实践活动，挖掘全校的优秀学生典型，激发学生自立自强、诚实守信、知恩回报、笃学进取的精神，为学生全面发展、尽快适应社会提供支撑。对贷款学生，学校紧紧把握新生入学阶段、在校生学习阶段以及毕业生离校阶段等三个特殊阶段对他们开展"三阶段式"诚信教育活动，以每年近40场的诚信教育为支撑，采取多种措施，加强助学贷款政策引导。加大诚信知识宣传力度，开展了"中国银行个人征信进校园"、着力还款征信常识普及，积极协助经办银行清收贷款。

此外，学校注重育人模式的载体创新。国家奖学金、励学奖学金颁奖典礼，是东北林业大学对经济困难学生开展励志教育的一项重要内容，也是学校一年一度的重要活动之一。自2011年创新颁奖典礼模式以来,学校通过盛大的、感人的典礼和仪式,将现场颁奖与短片展示、文艺演出以及采访互动结合起来,将学生家长请进会场、请上舞台,充分运用声、光、电以及多角度镜头现场切换等高科技手段,集观赏性与教育性为一体,进一步发挥了校园典礼文化的育人作用,充分激发了学校经济困难学子成长、成才的热情,是学校文化育人的生动体现。

二、针对心理障碍学生群体,重点开展"生命智慧教育"

生命智慧是接受与认识生命的意义,尊重与珍惜生命的价值,适应社会生活,学会如何生存,获得身心的全面发展,实现自我的最大潜能和价值的智慧。生命智慧是开发生命潜能、优化身心素质、达到自我实现的智慧。它是一个人最重要的智慧,是生存、发展的根本。在影响大学生心理健康的诸多因素中,生命智慧应该是非常重要的因素。"生命智慧"教育就是教育者要帮助受教育学生群体发掘、培养、提升生命智慧,进而获得实现最大生命价值的方法的教育实践活动。因此,在消除大学生心理障碍的措施中,加强对其生命智慧的教育,是非常重要的①。由于心理障碍学生是个极特殊的群体,对他们进行教育的前提是要保护好他们个人的隐私,要在潜移默化的过程中,选择适当的方式方法引导他们正确认识价值和生命,理解生活的真正意义,培养他们的人文精神和对终极信仰的追求,使他们学会建立向上、健康、文明的生活方式。

(一)开设课程,提高心理素质。"大学生心理成长"是心理健康教育中心面向学校全体本科生开设的心理健康教育选修课,共16学时,本课程致力于介绍心理健康知识,使大学生能够正确认识自我和环境,树立心理健康意识和心理保健意识;传授心理调适的方法,增强大学生的自我心理调节能力,有效消除心理困惑,提高受挫能力和适应能力;解析心理异常现象,使大学生了解常见心理问题产生的原因及主要表现,以科学的态度对待各种心理问题。开

---

① 傅安国:《大学生生命智慧现状的调查》,载《海南大学学报(人文社会科学版)》,2010年第3期。

设心理健康教育选修课的最终目标是提高大学生的心理素质,促进他们的心理健康发展与人格健全。

（二）危机预防,心理干预及时。心理健康教育中心为更及时、准确地了解大学生的心理状况,每学期都会定期走访问题集中的学院,各学院的辅导员老师会对出现心理问题的学生情况进行汇报,心理健康教育中心对此进行汇总之后,会与相关同学逐个面谈。在重要的时间节点上,例如学生毕业之际,为有效应对大学生心理危机突发事件,提前做好毕业生的心理疏导,排查心理危机隐患,心理健康教育中心针对部分毕业生存在学习困难、就业困难、心理困扰等情况,对基层学院逐一进行走访调查,对于发现问题的学生,心理健康教育中心集中力量组织专家与他们逐个交谈,引导学生释放消极情绪和心理压力,教授学生面对困难积极的应对方式和正确的做法,提高了大学生的心理调节能力。在每一年的新生入校期间,心理健康教育中心都会通过 SCL-90 和 UPI 联合筛查,筛查出一类学生,随后对一类学生进行逐个面谈筛选,确定这一年级中心理危机干预的重点人群。在将学生的情况通报给所在学院辅导员老师的同时,一并指导他们继续观察和开展辅导工作。在开展心理健康普查的基础上,心理中心还会对每个新生都进行人格和气质的测试,测试结果直接反馈给学生和辅导员,增强学生的自我认识,为学生的职业生涯规划等一系列发展提供了重要准确依据,为辅导员、班主任开展有效的思想政治教育工作奠定坚实基础。

（三）朋辈辅导,贴近学生生活。心理健康教育中心在各个年级中选拔认真负责、热心于学生心理工作的同学担任本班级的朋辈辅导员,并定期对这1400余名朋辈辅导员进行心理咨询的原则、常用理论、倾听、沟通、积极关注和放松的基本技巧、心理危机的主要表现形式、朋辈辅导员的责任和工作流程等内容的专业训练和培训。团体辅导活动也是培训的重要内容,一方面让朋辈辅导员学会根据所处的环境和场合,学会沟通技巧和应变能力,获得心理成长;另一方面,学会一般团体辅导的基本原理和方法,让每一位朋辈辅导员尝试面对不同情境、不同来访者、不同问题,学会采取不同咨询方案。经过培训后朋辈辅导员就可以上岗工作,他们从自己的班级做起,每学期开展"学生心理访谈"活动,充分发挥他们作为"心理危机基层防线"的重要监管作用。每年年底,心理中心还会依照东北林业大学优秀朋辈辅导员评选方案,评选出优秀朋辈辅导员并举行颁奖仪式暨经验交流会。

(四)因材施教,关注特殊群体。汶川地震发生后,学校有42名学生家庭地处重灾区,房屋、财产、家庭成员受损及受伤,受突如其来的灾害影响,这些学生出现了紧张、焦虑、抑郁等负面情绪,人际交往方面变得闭塞、不愿与人讲话、沟通,严重影响到了正常的学习和生活,为帮助其尽快克服心理障碍,心理中心组织专家为其开展了以"众志成城,抗震救灾"为主题的团体心理辅导。在心理辅导的过程中,专家通过"滚雪球""大家都来说""未来展望"等环节使学生敞开了心扉,不仅负面情绪得到缓解,也拉近了灾区学生之间的距离,明确了现在及未来的努力方向。对于车祸等意外伤亡等突发事件发生后,心理中心对周边波及的学生开展团体辅导、个体咨询、后期追踪等工作,使因受强烈刺激影响的学生认识到生命的可贵,并知晓保护自身及他人生命的方式方法。

(五)精心策划,打造品牌活动。心理健康教育中心每年都会以"5·25"心理健康教育节为平台,通过心理讲座、电影展播、心理情景剧等形式活泼、内涵丰富的活动,为大学生烹制丰富多彩的心理健康文化大餐,吸引了众多大学生的广泛关注和积极参与,至今为止已经开办十届心理健康教育节,通过知名心理专家以其博学的功底和丰富的临床经验带来的"寻找身边的微幸福""心灵成长一小时""家庭与我""亚健康状态的表现与调理""如何促进大学生积极发展"等讲座;通过《荒岛余生》《听见天堂》《追梦女孩》《跳出我天地》《辛德勒的名单》《风语者》《楚门的世界》等优秀电影的展播;通过话剧的形式向观众诠释当代大学生丰富内心世界的心理情景剧;通过以"人际关系"和"情绪管理"为主题制作的心理知识展板。每一种活动形式都凝结了学校对大学生心理健康教育这项工作的关注,体现了对心理障碍学生群体的关心和期望。

三、针对学习困难学生群体,重点开展"学习能力教育"

高等教育的宗旨是培养全面发展的高素质人才,但大学生学习困难群体的存在,无疑成为影响高校教育、教学质量提高的重要因素,探索行之有效的教育教学策略以帮助学习困难学生群体,培养他们的学习能力,已是高校在思想政治教育工作上接受的又一新的要求。培养这部分学生的学习能力,需要学校的高度重视与指导,需要教务处、学工部、团委、学院等各个相关部门和单位的通力合作与配合,更需要教师在教学活动中对学生本人有意识地进行学习训练,学生工作者对学生进行有效的指导和帮扶。东北林业大学在开展主题推进式教育过程中,重点围绕学习困难学生群体,做了很多具体工作,帮助他们端正学习态度,提高学习成绩,从而正常完成学业。

(一)考试方法,改革创新。考试是实现教育目标的重要手段,是教学的重要环节,也是检验教师教学效果、学生学习效果的重要标准。学校在2012年开始实施考试方法的改革,共对301门课程的考试方法进行了调整。增加了"分阶段测试"的考核环节,着力发展学生自主获取知识的能力、质疑能力、实践与创新能力、表达交流与组织协调能力,从而提高教学效果。对于学习有倦怠情绪,应付考试靠突击的学习困难学生群体,这一改革更有利于调动其学习的积极性、主动性,端正诚信的学习态度,养成良好的学习习惯,培养学生综合能力和创新能力。

(二)学业预警,分级关注。学生学习自主性减弱问题已经日益被社会所关注。为了应对这一问题,学校实行学业预警机制,其具体做法就是通过学校—学生—家长三方之间的沟通与协作,及时发现学生潜在或已存在的问题,并及时向学生本人及其家长告知,警示由此可能产生的不良后果,同时多方采取相应措施,共同促使学生回归正常的学业轨道。到目前为止,这一机制的运行取得了较为明显的效果。学业预警按照学生学业中存在问题的程度分为黄色预警、橙色预警、红色预警三个等级,根据每个预警等级采取不同的预警措施,这样不仅有利于学生及时了解自己在群体中所处的位置,尽快搞好学习,调整心态,克服不足,提高成绩,也更能凸显对家长教育知情权的尊重。

(三)创先争优,奖惩并重。学校支持学生根据自己的爱好及特长,择优批准学生进行转专业,帮助那些因兴趣不足而导致学业倦怠的学生更好地发挥自己的学习潜能。学校根据新的形势,鼓励学生明确学习目标,更加着重突出对推免生的创新精神、科研潜质和专业能力倾向的考核,制定了《东北林业大学关于本科生创新学分管理办法》,同时设置了免试攻读硕士学位研究生的单列计划,在竞赛获奖、发表论文、实践创新、道德品质、学术领域、科技创新、文艺、体育等方面具有非凡才能或做出突出贡献,并对学校、省乃至全国产生广泛、积极影响的学生,都可以申请免试攻读硕士学位。学校每年进行"三好学生""三好学生标兵""优秀学生干部""先进班集体""优良学风班""优良学风标兵班"的评选活动。同时,学校积极开展国家奖学金、国家励志奖学金、南航"十分"关爱励学金、"红枫"励学金、"希望工程鑫达奖(助)学金"等各类奖(助)学金的评选和发放工作。此外,机电工程学院的"雷伊达"助学(奖)金、材料科学与工程学院的"大艺树"地板奖学金和"大自然家居"奖学金、林学院"盛世绿源"企业奖学金、工程技术学院的"斯道拉恩索"奖学金、经济管理学院的"东经96度"励志奖学金、野生动物资源学院的"大新奖学金"等也都大大提高了学生的学习积极性,在学生中间营造了良的学习风气和良性的竞争氛围。

（四）丰富活动,营造氛围。学校积极搭建各类平台,开展丰富多彩的学术文化活动。通过"东林文化大讲堂""东林论坛""701院长论坛""成功在路上""东林艺术长廊""东林文化映苑""研之有理"考研保研交流会和"求职那些事儿"就业交流会等活动,引导大学生树立正确学习观念,激励大学生奋发有为,成长成才;通过邀请学校领导、专家教授做客"与东林学人对话"以及邀请知名校友做客"东林校友讲坛"等形式与大学生面对面,有效开展学风宣讲活动;组织优秀学生代表与在校生交流学习心得与体会;通过评选"我最喜爱的十佳教师""东林励志之星"等活动,在学生中树立先进典型;通过微信公众平台、人人网、微博等官方网络平台,积极推送"正能量",带动和促进全校学生学风意识的提升。

四、针对就业困难学生群体,重点开展"就业技能教育"

大学生就业困难既有我国经济形势和发展方面的原因,也有大学生本身就业观念不理性、无良好职业规划以及知识能力不足等原因。困难毕业生的就业帮扶工作是毕业生就业工作中的重点,做好帮扶工作是贯彻构建和谐社会在毕业生就业工作中的具体表现之一,学校长期以来一直在思想认识、责任明确、周密部署等方面,按照"重点关注、重点推荐、重点服务"的原则,采取积极有效措施对就业困难的大学生开展"就业技能教育"。

(一)建立规范化的就业辅导课程。学校在就业课程教育上,从大二开始对学生进行职业生涯规划教育,强调学生应该有较为明确的就业理想和观念,并为这种理想不断提升自己的学习能力、拓宽知识面、提高交际能力,避免毕业时临时抱佛脚的现象发生;同时教会学生设置正确的合理的就业目标,纠正他们对就业观念的认识误区,如认为公务员强过国企职员,国企职员强过私企,大企业强过小企业等。教学课程呈现出体系化、科学化、专业化、层次化。到了大四,针对就业困难学生,学校还会派专业就业指导教师对他们进行职业与专业、就业制度与就业管理体制、招聘单位的用人特点及就业途径、择业准备与应聘实践、职业适应与发展等方面的指导。

(二)进行专业学习阶段的就业指导。学生的就业能力本质上还是依赖学生自身素质和能力,因此,一旦学生建立起良好的就业观之后,学校便围绕"就业"来全方位提升学生本身的就业能力。学校引导学生强化专业技能培训,提高就业竞争的核心能力,将求职需要的各种能力如自荐、面试以及相关专业资格证书的准备等知识传授给学生。很多学生在入学时可能奉"父母之命"或对所报专业有认识上的偏差,学校和教师针对这一现象对专业课程的认识加强教育,让学生明白应该从哪些方面进行能力塑造。在专业资格证书的准备上,如系统工程师、计算机等级考试、英语等级考试,甚至包括驾照等都鼓励学生积极准备、按时参加。专业技术资格的考试不仅要求学生学习好专业知识,更重要的是为其未来的就业奠定知识基础,提供他们的就业自信心,同时也践行了他们的就业理念和方向。在交际能力的培养上,教会学生要学会推销自己,实践证明内向的学生往往不容易成功,这些困难学生群体可能因为爱玩游戏、家庭环境较差或不愿意思考问题,导致交流能力较弱,降低了他们的就业竞争能力并影响他们未来的职业发展,学校对于这部分学生创设各种环境,让学生通过各种平台,如学生会、校团委及各种协会、勤工俭学、实训等机会让学生锻炼自我、展示自我。对于毕业后继续深造的学生,学校指导老师则结合学生家庭实际情况、专业发展情况和市场经济的需求,帮助他们制定切实可行的人生规划,协助他们进行积极的准备工作,如选择学校、如何办理签证和护照、如何进行奖学金的申请等。

(三)加强学生思想教育和心理辅导。学校要求各学院通过"开展一次全面摸底排查、进行一次深入指导谈话、提供一次有效就业信息、实施一次学院重点推荐、报销一次求职补贴费用"等活动,细化未就业困难毕业生的帮扶档案,实行"一对一"的重点帮扶和重点推荐,促进有就业意愿的弱势毕业生群体充分就业。学校还通过开展讲座教育、团体辅导、素质培训等形式对这部分毕业生进行系统的心理调适教育和辅导,让他们发现自己的长处和优势,培养他们的自信心,正确对待自己,实现充分就业。要求各学院党委副书记、毕业班辅导员、班主任,深入班级和寝室及时了解困难毕业生的思想和心理动态,通过细致的思想工作和心理辅导,及早化解各种不利因素,确保困难毕业生顺利就业。

五、针对少数民族学生群体,重点开展"民族团结教育"

少数民族高等教育是我国高等教育发展战略的重要组成部分,党和政府对少数民族高等教育一直给予极大的关怀和支持。东北林业大学以《关于严格执行党和国家民族政策问题的通知》(国办发[2008]33号)、《普通高等学校少数民族预科班、民族班管理办法(试行)的通知》(教民[2005]5号)等文件为指导方针,时刻把握国家的民族政策,不断总结以往在少数民族学生教育方面所取得的经验,关注少数民族学生由于学习基础、风俗习惯、经济状况、语言文化、居住环境等方面原因遇到的困难和挑战,在开展主题推进式教育的过程中,重点对少数民族学生开展"民族团结教育"。

(一)组织保障,科学教育。学校2009年在党委学生工作部专门成立了民族学生科。对少数民族学生进行有针对性地培养教育,坚持民族团结的教育理念,坚持民族学生在遵守国家法律和学校规定情况下的自律,坚持传承和弘扬少数民族地域文化,坚持重点培养少数民族学生党员、学生干部,鼓励使用少数民族语言文字,尊重少数民族风俗习惯,尊重和保护少数民族宗教信仰自由。以科学的管理方法,了解和把握少数民族学生的生活状况、学习情况以及思想动态,关注少数民族学生就业情况。及时发现问题并做出有效调整,提高民族学生的培养质量,保证少数民族学生思想稳定、立场稳定、是非明辨。

(二)民族协会,精彩纷呈。少数民族学生大多能歌善舞,多才多艺,为了充分发挥少数民族学生的才艺优势,弘扬少数民族优秀文化传统,丰富少数民族学生的校园生活,学校批准成立了"岗拉美朵西藏艺术协会"和"新疆艺术协会"。这两个协会依托于党委学工部,在党委学工部指导下健康发展,特色鲜明。不定期地开展颇具民族风情的联谊活动,增进本民族学生之间的交流,协会中的成员也经常能够登上学校的各类舞台,展现少数民族学生的风采,增强少数民族学生的自信。

(三)个体定制,专人辅导。为保证西藏、新疆这两个地区的少数民族学生的生活和学习能够得到及时保障和情况反馈,党委学生工作部特指派专门的同志分别作为其班主任,以负责藏族、维吾尔族、哈萨克族学生的思想教育的疏导、校园生活的援助和学习情况的监督。这一举措取得了良好的效果,通过班主任老师单独的指导和帮助,使得这两个地区的少数民族学生体会到了学校无微不至的关怀,加强了少数民族学生包括适应能力和学习能力在内的整体素质全面提高。

(四)重要节日,重点庆祝。民族宗教节日是少数民族文化的重要组成,尊重少数民族学生的节日,满足他们对节日的要求,可以加强同少数民族学生的联系,也是进一步加强对少数民族学生开展思想政治教育的最佳时机。如伊斯兰的开斋节、古尔邦节等,适当对维吾尔、哈萨克族等穆斯林学生发放餐费补助,安排餐厅供伊斯兰学生品尝节日食品;在中秋节等传统节日还特别购买清真食品;西藏的藏历新年、萨嘎达瓦节等,组织在校藏族学生与部分定向西藏学生、志愿者和其他兄弟民族学生举办西藏民主改革周年茶话会暨西藏传统节日联欢会。在庆祝节日的喜悦中回顾民族改革历史和重大成就,收到了良好的思想政治教育的效果。

(五)语言培训,学习辅导。针对新疆、西藏学生普通话基础薄弱这一问题,组织材料学院"清风志愿者协会"的同学,开办少数民族学生的语言培训班,授课内容涉及:普通话培训、英语四级培训和公务员考试视频教程,进一步加强了少数民族学生的语言表达能力,使得他们能够更好地适应校园、融入校园。对于部分学习吃力的民族学生给予了特殊教育,建立了辅导员与少数民族学生的谈话制度,鼓励汉族学生与少数民族学生成立一帮一学习小组,联系专业教师对民族学生进行特别辅导等。帮助少数民族学生能够顺利完成学业,成为祖国有用之才。

（六）树立典型,挖掘优秀。少数民族学生中有着众多优秀的学生,无论在学习、活动等各个领域,我校历来重视对少数民族学生的培养,在2012年,共产生校级少数民族学生干部38人,院级学生干部121人,尤其突出的代表是我校自建校以来产生的第一位少数民族校学生总会主席,来自野生动物资源学院2009级的哈萨克族学生——那尔虎兰;携笔从戎,志愿加入部队的,来自林学院2012级学生——肉斯坦别克·吐尔干巴依。

（七）帮扶就业,关注成长。我校民族教育在为各民族地区培养优秀人才的同时,也向社会的各个层面、各个地区输送了一大批优秀的人才。他们在关心本民族发展的同时,结合自身的专业特点,从事着不同的岗位。受市场和社会环境的影响,大学生的择业取向发生转变,面对就业的选择和压力,不少学生转变原有择业取向,从理想化转为现实化。少数民族学生由于自己特殊的民族生活习惯,再加上生源地有一些针对少数民族学生的帮扶政策等,因此少数民族学生期望回原籍的比例相对较高,其中以藏族、维吾尔族为例,百分之九十的同学选择回生源地就业。通过学校就业部门后期回访了解到,学校毕业生在当地经济发展以及社会建设中发挥了巨大的作用。

总体来讲,在少数民族学生当中开展"民族团结教育",工作中能够开拓思路、坚持特色,为少数民族学生的健康成长成才铺平了道路,使他们能够充分享受到国家的民族政策,努力培养他们形成正确的世界观、人生观、价值观,无论在任何地域、任何行业,只要努力为社会主义建设做贡献,最终对国家、对民族的整体发展都是有利的。学生们在表现出良好的个人精神风貌的同时,也为构建和谐校园做出了努力和贡献。

六、针对西藏定向生学生群体,重点开展"爱藏兴藏教育"

东北林业大学是全国定向为西藏培养人才的13所高校之一,来自全国8个省市和自治区的西藏定向生已经毕业180余人。学校十分重视西藏定向生这个特殊群体的培养,从维护国家稳定、加强民族团结、促进科学发展的战略高度出发,遵照教育规律,针对西藏定向生这一特殊类型学生,量体裁衣、多管齐下,突出重点、培育特色,重点对他们开展"爱藏兴藏教育",为广大西藏定向生发展西藏、建设西藏、服务西藏人民奠定了坚实的思想基础和行动动力。学校统筹协调,成立了"东北林业大学西藏定向生培养工作领导小组",制定了《东北林业大学西藏定向生培养计划》,明确专门机构,抽调专门人员,负责西藏定向生的日常思想政治教育工作,由党委学生工作部思想政治教育科全面负责指导全校西藏定向生日常培养工作,由思想政治教育科科长担任西藏定向生班主任,为西藏定向生的培养教育工作提供了组织和人员保障。同时与西藏定向生所在学院形成分工协作、齐抓共管的工作格局。西藏定向生在党委学工部的指导下成立了自治型组织——"缘藏之家"。缘藏之家作为西藏定向生自己的组织,在学生自我服务、自我管理的宗旨下开展了一系列丰富多彩的活动,不但加强了定向生之间的了解和交流,而且有力地提高了他们的语言表达能力和组织协调能力,为他们更好地服务西藏、建设西藏打下了坚实的基础。此外,为了使学校的主题教育工作能真正符合和满足西藏定向生的日常需求,学校通过发放调查问卷、不定期召开座谈会、辅导员和班主任老师一对一谈话和丰富多彩的素质拓展活动等形式,全面掌握西藏定向生的基本情况,细致了解西藏定向生的思想动态和忧虑困惑,帮助他们规划未来发展。在学校的"爱藏兴藏教育"大背景下,广大西藏定向生思想积极,情绪稳定,主动自觉地学习知识成了主流,早日成为对社会有用的栋梁之材成了广大西藏定向生的共识。

(一)普及知识,授业解惑。为大力宣传党和政府对西藏的一系列方针政策,用西藏和平解放以来的巨大变化和西藏人民安居乐业的现实,教育和引导西藏定向生牢固树立正确的理想信念,学校定期邀请有过西藏工作经历的教师为西藏定向生举办西藏区情报告,详尽介绍西藏的区情、发展历史、经济状况、交通建设以及西藏的人文风情,并向广大西藏定向生展示西藏的自然风光、城市风貌、交通、校园文明、宗教信仰等内容,尽显西藏之魅力;同时针对多数西藏定向生毕业将分配到机关工作的现状,采取多种方式为西藏定向生举办行政知识讲座,组织学生观看《政务礼仪》,增强同学们的行政管理能力。

(二)藏语培训,夯实基础。对于即将赴藏工作的西藏定向生来讲,藏语的熟练掌握对今后工作顺利开展具有重要意义。根据学校西藏定向生没有任何藏语基础的实际情况,学校定期为西藏定向生开办藏语培训班,挑选校内责任心强、藏语水平高、藏语教学能力强的藏族学生担任藏语任课教师,采用小班授课的方式,每周培训2小时,内容以日常生活用语和工作用语为主,辅以藏文化的学习。通过藏语培训班的学习,每位西藏定向生都可以用藏语进行日常的交流和沟通,大大提高了他们入藏后的工作能力。

(三)心理讲座,洗涤心灵。由于西藏定向生大多来自经济欠发达、交通不便的偏远山区,多为经济困难学生,同时受经济负担能力、生活环境变迁、文化与教育背景以及个人认知能力等因素的影响,他们一般性格比较内向,心理压力较大,更容易出现各种心理问题。为了提高西藏定向生的心理适应能力,减轻他们的心理压力,改变他们内向、自卑的性格,学校定期邀请校内专业心理教师,针对西藏定向生的实际情况开展形式多样的心理辅导和心理健康知识讲座,并组建西藏定向生团体心理训练小组,帮助他们学会调适心理平衡,提高心理素质,解决心理问题,促进身心健康发展。

(四)搭建平台,交流学习。由于西藏定向生大多来自内陆西部省份,一些定向学生获取信息的传播媒介少、渠道不通畅,致使在实际中缺乏对西藏的深入了解。为了让西藏定向生更及时、迅速的了解西藏各项事业的发展情况和传达学校关于定向生的各项政策等信息,搭建学校和西藏定向生之间、西藏定向生和西藏定向生之间沟通的桥梁,在学校的大力支持和帮助下,西藏定向生有了自己的简报——《援藏之家》,后改为内部交流刊物《缘知》,已出版三十余期。由于学校的精心培养和指导,西藏定向生在校期间就有一个良好的学习环境和工作锻炼机会。学校西藏定向生的知识能力和道德品格较好,所以入藏后他们大部分被分配到了地市级的单位,甚至有的同学还分到了拉萨的行政管理单位或教学部门,从事行政管理工作或教师工作。由于他们的努力付出和踏实肯干,目前已经有一定数量的西藏定向生成了单位或部门的业务骨干,甚至是中层领导,为西藏定向生赢得了较好的声誉,也为在校的西藏定向生树立了榜样。因学校西藏定向生工作成绩突出,教育部加强和改进大学生思想政治教育工作简报曾刊登了《突出重点、分类指导——我校西藏定向生思想政治教育工作成效显著》的文章,并得到了有关中央领导的亲笔批示。同时《中国教育报》也发表了以《东北林业大学:量体裁衣开展西藏定向生思想教育》为题的大篇幅报道,产生了良好的、广泛的社会反响。

七、针对有艺术专长和艺术爱好的学生群体,重点开展"艺术鉴赏教育"

多年来,为贯彻党的十七大关于"推动社会主义文化大发展大繁荣"的战略部署,落实《中共中央国务院关于进一步加强和改进大学生思想政治教育的意见》提出的"进一步推进高雅文化进校园活动,丰富校园文化生活,提高学生艺术修养"的要求,深入落实党的十八大"推动社会主义文化大发展大繁荣,兴起社会主义文化建设新高潮,提高国家文化软实力"的总要求,从而引领高校学生弘扬优秀民族文化,吸纳人类先进文化成果,提高艺术修养和文化素质,促进学生全面发展。几年来,学校大学生艺术教育中心以"巡礼艺术殿堂,领受文化盛宴,构建高雅校园,塑造健全人格"为目标,充分利用社会有效资源,发挥学校课堂教学,大学生艺术团和学生艺术社团的功效,结合学生和专业特点,大力普及高雅艺术,在学校领导的高度重视及相关部门的大力支持下,已取得初步成效。许多艺术实践活动已经成为校园文化活动中的精品和亮点,在大学生的成长成才中发挥着不可替代的作用。

自2007年开展主题推进式教育以来,学校因地制宜以"走近大师,感受经典"等多种形式开展了丰富多彩的高雅艺术进校园活动。曾邀请黑龙江省歌剧舞剧院交响乐团(民族管弦乐团)、哈尔滨歌剧院交响乐团(民族管弦乐团)、哈尔滨师范大学及齐齐哈尔大学交响乐团,哈尔滨市京剧院和哈尔滨市话剧院等专业艺术团体多次走进东北林业大学,奉献高雅艺术。特别是从2009年起,连续四年的"东北林业大学新年音乐会"得到了全校师生的热烈欢迎和极大认可。为了使高雅艺术更具有普遍性和教育性,让更多的学生感受它的魅力,学校还举办了"走近交响音乐""走近歌剧,聆听经典""我与戏剧零距离""中国民族音乐的魅力"等系列讲座,曾邀请了声乐教育家金铁霖教授、我国著名声乐表演艺术家李双江教授、我国著名山东快书表演艺术家黄峰先生、我国著名月琴表演艺术家冯少先生、中央歌剧院著名男中音歌唱家王立民教授、国家一级指挥贾宝林教授、国家一级编导李长荣教授、黑龙江省歌舞剧院一级指挥程欣民教授和黑龙江省杂技团国家一级指挥陈信昌教授来学校讲学,他们精湛的演技和深厚的学识,深深地感染了广大在校学生。

在国家教育部,文化部和财政部的认真组织和大力支持下,2007年10月、2009年6月、2010年6月、2011年10月、2012年5月和2013年5月,中国歌剧舞剧院、中央歌剧院、中国爱乐乐团、辽宁芭蕾舞团、中国交响乐团、中央芭蕾舞团走进东北林业大学,亲情奉献了《原野》(全剧)、《经典交响音乐会》、《歌剧经典选曲》、《芭蕾精品荟萃》、《燃烧的岁月》、《天鹅湖》等经典艺术作品,演出场场爆满,让广大师生开阔了眼界,陶冶了情操,震撼了心灵。更值得一提的是,2011年5月,学校还邀请到加拿大著名钢琴大师戴维·布雷德来校举办爵士钢琴独奏音乐会,由他改编的爵士风格的中国古曲《春江花月夜》赢得了在场师生的惊叹,真正体现了艺术无国界的深刻含义。"高雅艺术进校园活动"已经成为校园文化的主流,它提高了校园文化的品质,促进了学生的健康成长和全面发展,同时也推进了东北林业大学艺术素质教育工作的进程。

大学生艺术团是学校开展艺术素质教育的实践基地,经过十四年的发展,大学生艺术团已有10个文艺团队,共有学生演职人员324人,组织参与校内外大型文艺活动百余场,其中《绿满天涯》50周年校庆文艺晚会;《春华秋实》本科教学工作水平评估文艺晚会;全国大学生社会实践理论研讨会文艺晚会;第十一次教育部直属高校暨全国高校组织工作研讨会文艺晚会;第八届中国林业青年学术年会文艺晚会;全国农林学科工作委员会2009年学术年会文艺晚会等等均取得圆满成功,这些大型晚会充分展现学校广大师生的精神风采,彰显学校特色,受到了参会领导和兄弟院校的好评。此外,配合"主题推进式教育",大学生艺术团每年均举办特定的主题晚会,例如:以《超越梦想》《我的大学》《与未来同行》等为主题的欢送毕业生晚会;以《飞得更高》《青春·梦想·启航》《青春·力量》等为主题的迎新生晚会;《青春万岁》纪念"五四"运动90周年文艺晚会;《青春的誓言》纪念"一二·九"运动文艺晚会、"老师,您好!"纪念第二十五个教师节文艺晚会及每年一次的新生军营及爱国主义歌曲比赛等等,都在学生中产生极大影响,由于不断的实践创新和常年的坚持,这其中的许多文艺活动已经成为校园文化中的精品和亮点,除了大学生艺术团,学生还自发的形成了十几家学生艺术团,例如:修文举老师指导的书画协会、奚祥华老师指导的手工艺品协会、贾军老师指导花艺协会、王秀杰老师指导的新疆艺术协会以及于王立老师指导的24帧电影协会等等,他们每年举办的丰富多彩的艺术活动,为高雅艺术在学校的传播和普及进行了有益补充。

课堂教学是普及高雅艺术的重要途径,结合农林院校学生自身特点,学校开设了《音乐欣赏》、《美术鉴赏》、《诗歌欣赏》、《摄影技术与艺术》、《插话艺术与设计》、《艺术导论》等11门艺术类公共选修课。由于老师们认真组织教学,大胆创新,将知识性与趣味性融为一体,因此这些课程深受同学们的喜爱。仅《音乐欣赏》一门课程每学期选课人数均在500人次以上,很多同学通过这些选修课的学习,希望自己也能学习一门艺术特长,为今后的学习生活增添更多的色彩!高雅艺术的普及任重而道远,在学校的教育上,只有做到常抓不懈,积极发挥课堂教学、艺术教育中心、大学生艺术团和学生艺术社团的合力作用,才能把此项工作做得更实际而有成效。

八、针对学生干部群体,重点开展"廉政文化、精英意识教育"

高校学生干部,是学校改革的参与者,发展的推动者,稳定的维护者,创新的实践者,文明的倡导者。是高校学生工作中一支不可或缺的力量和群体,他们是学生中的优秀分子,是老师的左膀右臂,是连接学校、老师和广大学生的桥梁。在校内,各级学生干部是广大同学的代表,所以加强学生干部的培养是高校大学生思想政治教育的重要内容。学生干部应该发挥模范带头作用和榜样标杆作用,所以学校更加注重把学生干部培养为"精英部队",这也是做好高校大学生思想政治教育工作的重要切入点。

东北林业大学从2011年开始,在每年的12月份对党委学工部、校团委所属的学生组织机构中的学生干部以及学院各班级的班长、团支书进行为期一周的集中系统培训。目的就是要加强学生干部的教育与管理,提高学生干部的政治素养、理论水平和业务能力,切实培养一批综合素质强的优秀学生干部。培训围绕"廉政文明""精英教育"为主题展开,内容全面、形式多样,打破传统培训模式,切合学校发展的实际和学员自身的工作需求。培训中邀请到学校相关校领导为学生干部做题为《如何做一名师生都认可的优秀学生干部》的讲座,讲座从当前学生干部中存在的问题入手,为大家认真查摆现象,深刻分析原因,也为所有的学生干部敲响警钟,并提出明确要求。邀请学校大学生心理健康教育中心主任,为同学们讲解《Leader心理长短经》,讲座从亲历与不为、自恋与自卑、投射与共情、禁言与惩戒、包容与偏执和完美与示弱等六个方面,寓教于乐,用一个个发生在同学们身边的真实案例,教育同学们应如何正确认识自我、认识社会,处理好与同学、家长和老师的关系。邀请党委学生工作部部长、学生处处长为同学们做题为《以本色做人,以角色做事,做一名优秀的学生干部》的讲座。讲座从做一名合格的大学生、做一名称职的毕业生和做一名合格的学生干部等三方面,通过大量的图片和事例,以幽默的语言,生动的讲述,逐级递进,不断深入,科学艺术地提出了对全体学生干部的具体要求和殷切期望。邀请黑龙江大学国际礼仪与跨文化沟通研究所所长,著名礼仪专家为同学们剖析礼仪的多层次含义,带给同学们对于礼仪的全新认识,为大家讲解沟通谈判的技巧,从语言、语气以及肢体语言等多方面交流在沟通谈判中提升个人语言震慑力、说服力的方式方法,让同学们在实践中对社交及工作礼仪有所体悟。邀请部分曾担任过校学生总会主席的校友回到学校,与在校学生干部分享他们在校期间担任学生干部时的所感、所悟,激励学生干部塑造好自己,做到思想品德上、学习技能上、工作能力上和创新实践上的多重优秀。

除了多层次、多角度的讲座与报告可以让广大学员享受到高质量的"理论盛宴"和"思想风暴"外,培训中还会为同学们安排丰富多彩的素质拓展活动,通过破冰、信任背摔、育人方阵、解手链、共同进退等项目,充分调动学生干部的积极性和团结意识,深入挖掘学生的自身潜力,提高同学们的综合能力。分组交流座谈、校外社会实践、志愿服务等培训内容更是对学生干部在品德、知识、能力、心理、个人魅力等多方面进行综合塑造,使学生们养成吃苦耐劳、勇于奉献、积极乐观的良好习惯。作为教育工作者,学校有力抓住主题推进式教育这个契机,从实际出发,做好每一个学生干部的教育和引导工作,使学生干部可以真正起到良好的枢纽和桥梁的作用,成为学生的典范。学生干部具备了良好素质和较强的能力,更有利于促进学生工作再上一个新的台阶。

第四节 文化基地

大学不仅是培养专业人才的摇篮,而且还承载着传播先进文化的特殊使命。如何使高校培养的人才有思想、有文化、有品位?如何使学生在走向社会时不被人们评价为"有知识没文化"?那么,开展文化素质教育是十分必要且非常重要的。

东北林业大学自2007年开展主题推进式教育以来,一直坚持立德树人,促内涵发展的育人目标,既重视大学生的知识能力塑造,更加注重为大学生搭建多元的文化载体和平台。学校按照"整合资源、提高品位、注重特色、发挥实效"的工作思路,统筹规划,协调配合,在2009年成立了东北林业大学大学生文化素质教育基地(以下简称"教育基地")。五年来,建立了扎实有效、灵活机动的运行机制,开放协作,资源共享,优势互补,将其作为主题推进式教育的一大重要阵地,全面提升教育基地的育人功能,努力打造文化育人品牌。

一、强化环境熏陶,突出文化教育,基地建设有思想

丰富多彩的校园文化活动凭借其独特的优势已经成为高校德育教育的有效手段和重要环节。学校在文化素质教育基地的建设上下功夫,坚持"常态化开展、高品位运行,全方位渗透,整体性提升"的原则,紧紧围绕培养社会主义合格建设者和可靠接班人的根本目标,以帮助大学生树立正确的世界观、人生观、价值观为导向,以满足学生的精神文化需求为目的,以营造积极向上的校园文化氛围为重点,以建设良好的校风、学风为核心,以开展多层次、系列化、品牌性活动为手段,弘扬主旋律,突出高品位,把主题推进式教育中各个主题的教育内容以德育、智育和美育的形式渗透到基地的各项活动之中,使大学生潜移默化受到影响,思想感情得到熏陶,道德境界得以升华,综合素质得到提高,充分体现校园文化的特殊育人功能。

二、讲究层次品位,坚持常态运行,基地活动有内容

教育基地搭建了学生文化的大舞台,传承着大学精神,倡导高尚的行为方式,引导正确的价值取向,同时也不断注入新的时代精神与力量。通过加强大学生文、史、哲、艺术、科技等人文、自然、社会科学方面的教育,提高大学生的审美情趣、文化品位、人文修养和科学精神,促进青年学生成长成才。

(一)"东林文化大讲堂",打造知识经典的宝库

"东林文化大讲堂"每年举办12期,邀请知名人士,面向全体师生,立足于传播具有社会价值、引导时代前沿的先进文化,选择青年学生最感兴趣、最受吸引、最喜爱的文化内容,涉及人文科学、自然科学、社会科学的经典知识。几年来,已经邀请了茅于轼、夏中义、陈怡、六小龄童、赵林、康尔、王志东、袁岳、叶莺、叶永烈、韩乔生等各个领域的数十位名家、专家作客讲堂,深受学生的欢迎,受教育学生累积达六万余人次。"东林文化大讲堂"促进了校园文化的繁荣,培育了校园文明新风尚,增强了校园文化的活力,已经成为校园文化生活中不可或缺的一部分,到"东林文化大讲堂"听讲座已经成为校园一道亮丽的风景线。

(二)"东林艺术长廊",领略文化艺术的真谛

"东林艺术长廊"通过展示艺术名家的绘画、书法、摄影、雕塑等艺术作品,营造校园艺术氛围,丰富校园文化生活,提升同学们对于艺术作品的鉴赏能力。艺术长廊中,体现中华传统书画艺术内涵与水准的书画展,"纪念辛亥革命100周年"篆刻及书法美术展,"抒写时代旋律,传承爱国精神"哈尔滨市高校学生艺术作品展,剪纸书画展,"保护长城,爱我中华"为主题的图片展等,吸

引着成千上万的师生驻足观看,品味鉴赏。

(三)"东林校友讲坛",感受学子奋发的足迹

"东林校友讲坛",邀请校友重返母校,讲述他们的成长故事,与全校师生共享他们的奋斗历程,让师生从校友们的讲授中得到感悟与激励,加倍努力,为学校和社会做出更大的贡献。几年来,我校优秀校友、原全国工商联副主席王治国,沈阳市政府副秘书长董峰,雅安天全县委书记李维余,哈尔滨建工集团党委书记、董事长张利宁,哈尔滨金世纪皮草有限责任公司总经理孙广才等都曾走进校园,表达母校情怀,交流成长感悟,表达良好祝愿,激励师生员工传承大学精神,共促学校发展。

(四)"东林文化映苑",共享名人名家的经典

"东林文化映苑"采用多媒体播放著名专家学者、知名人士讲座视频,与大家共享经典,分享智慧。涉及人生感悟、传统文化、中国国情、外国文化、科技教育、养生保健六大板块,内容涵盖历史、政治、经济、军事、文化、生活等多个领域。钱文忠解读《弟子规》,李开复谈成长中的十个启发,俞敏洪谈人生感悟,易中天品三国等一系列经典视频,同时还推出了于丹的《古诗词鉴赏》、樊富珉的《大学生心理健康》、袁涤非的《现代礼仪》、姚小玲的《演讲与口才》等"中国大学视频公开课",让更多的学子走进"第二课堂",领略名师风采。

(五)"与东林学人对话",传递校园榜样的力量

"与东林学人对话",邀请学校校长、院士、长江学者、教学名师、百篇优秀博士论文获得者等来到现场,面对面与学生交流,向同学们传授知识,讲述亲身经历,使同学们感受东林学者的风范,以此提升人文素质,培育科学精神,陶冶艺术情操,弘扬先进文化。"与东林学人对话"形式灵活、内容丰富、气氛热烈,深深吸引着广大学生。为了吸引广大同学参与,学校还依托校园网、人人网、官方微博等网络平台,发挥网络优势,将活动以文字和视频的形式呈现,使广大的大学生从中受益。

(六)"东林学子讲坛",搭建学生展示的舞台

"东林学子讲坛",以服务学生为宗旨,立足于学生本身,努力创造一个学子交流、探索、讨论、学习的平台。鼓励学生走上讲坛、锻炼自我,旨在提高东

林学子的自我表现力,为大家提供一个思想碰撞的舞台,从而达到共同提高、共促发展的目的。几年来,学校涌现出的一批中国大学生年度人物、中国大学生自强之星、全国林科十佳毕业生、梁希学子奖获得者、黑龙江省"三好学生"、黑龙江省道德模范等优秀学子,分别走上讲坛,交流成长感悟,展现当代大学生的优秀品质与良好风貌,鼓励大学生奋发图强,敢于担当。

（七）"百家对话",拓宽博采众长的视野

"百家对话",邀请社会名流,采取开放式、互动式、争鸣式等形式,为读者营造零距离交流氛围,使嘉宾与广大学子真情互动,陶冶读者情操,提高文化层次,充分发挥高校全员教育功能,彰显文化公益性。台中市原天文学会理事长杨昌炽"品味天文之美,感悟追梦人生"的科普讲座,金色海洋管理咨询公司培训师赵桐"有礼走遍天下",美国拉特格斯大学经济学博士阳和平的"幸福何在——与青年人谈心",北京唐人易和义化传播有限公司副总经理、职业规划策划师林少波的"拼不了爹,拼什么——七步规划你的人生",声乐艺术访谈会"乘着歌声的翅膀","我与知名主播有个约会"等对话知识、艺术与人生,带给人知识、思考和启迪。

（八）"国学精粹",汲取传统文化的精华

"国学精粹"以弘扬传统文化、启迪人生智慧为宗旨,在浩如烟海的国学经典中萃取精华,为莘莘学子提供一枚知晓、品读、理解、汲取传统文化的金钥匙,使学子的面前开启一扇通向高尚与美德的大门。细品影响深远的国学典籍,倾听名师名家的国学讲座,鉴赏具有中国传统特色的艺术作品,举办不拘一格的国学知识大赛,使学生获得更为广泛的文化传承与滋养。

（九）"709院长论坛",聆听学院院长的见地

"709院长论坛"创办于在2006年3月15日,如今已成功地举办了63期,被《黑龙江晨报》、《新晚报》、《东北林业大学报》、学校《研究生工作简报》、《东林研报》、东北林业大学经济管理学院网站、东北林业大学党委宣传部网站及东北网搜狐网等报刊、网络大力报道和广泛宣传,并且在全国各大高校间都具有一定的知名度。"709院长论坛",邀请各学院院长、副院长等教授亲临现场,与学生面对面交流,本着为大学生提供一个求知创新、交流互补的平台的宗

旨,让大学生更深刻地了解本学院及相关学院、学科的研究内容和发展方向,使不同领域的知识交叉融合,启发出新的学术思想。几年来,先后邀请了众多优秀教授作客论坛,给大学生带来新鲜、生动、深刻的讲座,传道授业解惑,为广大学子答疑解难,得到了学生的广泛好评。每一期的"709院长论坛"都座无虚席,每一次的讲座都深入人心,从严谨治学到潜心科研,从天文地理到人生感悟,博古通今,受益匪浅。每一次聆听都是一次洗礼和感悟,深深地扎根心底,铭记心底,指引人生。

(十)"Journal Club",带来现实问题的思考

"Journal Club",邀请社会名流,与广大学子真情互动,讲述亲身经历以及背后鲜为人知的传奇故事。"Journal Club"自举办以来,以开阔学生视野为出发点,立足于学生自身,力求为大学生打造一个了解校园外知识,包括时事政治、创业历程、人生思考等方面的平台。先后邀请了杜昶旭先生对学习、情感、生活、批判性思维等问题进行了详尽的介绍和讲解;岳钢先生就如何理性应对"南海困局"和同学们进行了交流;胡志国从"大学生修脚工"到"亚洲华人精英"的励志经历,给同学们带来了满满的正力量;江森海先生就创业成就梦想,创意无处不在的话题,给同学们带来了创业的新方向;于洪泽从幸福在拐角和同学们一起探讨人生。"Journal Club"形式灵活、气氛热烈,丰富了同学们的学习生活,给同学们带来了充盈的社会和人生经历,促进了学生的成长,营造了浓厚的校园文化氛围,对学生的思维和人生都产生了积极作用。

(十一)"成功在路上",坚定走向成功的信心

"成功在路上"是由东北林业大学研究生院组织策划的校园励志系列访谈栏目。它以访谈的方式,邀请在研究领域有所建树,取得成功的人士来栏目作客,与同学们共同分享他们的成功之路,品读成功者的真实故事,分享成功者的精彩人生。以提升大学生的文化素养,培育大学生的成功品质,促进大学生的和谐发展为宗旨,以"播种一份希望成就一份梦想——解读成功者背后的故事"为主题,以坚持公益性、体现针对性、把握时代性、突出故事性、富于思想性、重在激励性为理念,旨在丰富同学的课余文化生活,配合学校的主题教育实践活动。几年来,先后邀请了世界卫生组织前外交官、卫生部原外事司长宋

允浮先生,我国著名野生动物学专家、中国工程院院士马建章教授,美国龙族集团董事长荣海兰女士等知名人士作客栏目,深受学生的欢迎。"成功在路上"促进了校园文化的繁荣,丰富了同学们的校园生活,感染、激励和鞭策着一批批渴望成功的大学生,给同学们留下了难忘而深刻的印象。

三、品牌制度管理,项目体系运作,基地发展有规律

大学生文化素质教育是一项以人为本,集广泛性、实践性于一体的综合育人工程。经过几年的探索与努力,学校形成了一套适合自身特点的各部门多方联动,注意整合社会资源、品牌化管理、项目化运作的有效的基地建设模式。

(一)强化品牌意识,吸引同学参与

学校认为,素质教育工程是一个完整的体系,只有打造出同学们喜闻乐见的活动并形成品牌效应才是各项教育工作得以深化的基础,而活动在同学中的吸引力和感召力则是检验工作成果的重要标志。所以,学校在组织活动的过程中着重把活动打造为品牌化,着力扩大这些活动在大学生心目中的地位和影响。目前,教育基地中的11项活动都能做到深入人心,成为大学生重要精神食粮的供给地。通过精心的设计和形式的多样化,提升学生的参与热情,根据学生的意向和需求,提升活动质量和品位,扩大同学参与面,以此形成良性循环。例如,《与东林学人对话》以其形式的灵活、内容的丰富、气氛的热烈等优势深深吸引着广大学生的目光,同学们时刻关注着作客嘉宾,参与热情越来越高。同时,为了吸引广大同学参与,进一步扩大活动的参与面,学校还依托校园网、人人网、官方微博、微信等网络平台,发挥网络优势,将活动以文字直播的形式呈现在网络上,或者把录像以网络视频的形式方便学生点击观看,让更多的大学生从中受益。

(二)着眼学生需求,整合社会资源

在各项活动的组织设计方面,学校坚持从学生的实际需求出发,注意广泛利用社会资源,满足学生不同层次的需要。例如,针对大学生对社会各类热点、时事问题的了解需求,定期邀请校内外专家通过《百家对话》与学生进行面对面讲析;针对学生对择业创业经验的需求,定期邀请成功校友通过《东林校友讲坛》与同学们交流何为成功,如何成功等话题。

(三)围绕培养目标,提高教育效果

东北林业大学是一所以林科为优势的林业院校,开展文化素质教育,丰富学生的人文知识,增强学生的实践动手能力,提高学生的人文素养,将有力地配合学校的主题推进式教育活动,有利于学生形成正确的人生观、世界观和价值观,有利于学生树立积极进取、勇于创新、刻苦钻研、乐于奉献的精神,带动校风、学风的好转,营造出育人的优良环境,促进学生全面素质的提高,为国家发展培养输送更多优秀的林业人才。所以,学校认为,要通过文化素质教育,激励学生汲取中华民族优秀文化与世界先进文化,树立热爱祖国、献身社会主义事业的信念,培养优良的职业道德、高尚的人格、健康的审美情趣,努力实现求知、做事和做人的有机统一。学校采用富有人文意蕴的教育形式,为学生构筑起既有思想性、又有学术性、还能够体现自主参与的思想交流平台。例如《东林艺术长廊》中展出的各位文化巨匠的经典作品、《国学精粹》中为大学生传导的科学精神、人文素养,《与东林学人对话》中师与生之间在思想与心灵上的碰撞和交流,对于帮助广大学生树立高远的理想信念、培养爱国主义情怀和集体主义精神、提升个人的综合素质都具有潜移默化的作用,切实增强了教育的效果。

通过多年的探索和运行,东北林业大学文化素质教育基地的建设不仅受到广大青年学生的高度认同和倾情参与,而且也受到了社会各界的广泛关注和一致好评。更重要的是,开展高品位校园文化活动,促进青年学生成长成才已经成为学校人才培养和大学生思想政治教育的重要内容。校园文化活动所营造的承载思想底蕴、蕴涵人文关怀、崇尚科学精神、体现时代特色的校园文化氛围,正在逐步融汇成为大学的校园精神,为促进实现学校的人才培养目标,全面提高学生培养质量起到了独特的作用。

四、文化素养增强,综合素质提升,基地育人有效果

学校对大学生的文化素质教育不仅增强了他们对中国优秀传统文化和世界优秀文化的认同感,而且还增强了为中华民族的伟大复兴而学习的责任感,使学生们的思想和行为都发生了显著的变化,形成了积极进取、开拓创新、刻苦钻研、爱护环境的优良风气。早晨的校园,学生晨读蔚然成风;晚上的教室、图书馆座无虚席;学生自觉遵守日常行为规范,举止文明,确保了校园环境优美、秩序井然。文化素质教育是一个长期无止境的系统育人工程,经过长期的实践,文化素质教育已经在学校深入人心并不断得到继承和发扬,从课上到课下,从本科生到研究生,从学生到老师,每个人都向着高素质的目标努力提升自己。今天的东北林业大学,校园文化精彩纷呈,学术科技硕果累累,学生社团蓬勃发展,志愿服务深入持久,勤工助学成效显著,就业创业捷报频传。行走在清新整洁、绿树成荫、青草碧波、鸟语花香的校园,同学们都说:"生活在这样的校园环境里,就有一种家的感觉!"

第五章

主题推进式教育的实施效果

主题推进式教育实施以来,学校的大学生日常思想政治教育方面取得了很多显著的成效,提升了大学生的综合素质,促进了辅导员队伍建设,产生了一批优秀学生和辅导员典型,打造了一批优秀的实践团队,取得了良好的社会效果,赢得了社会的赞誉。主题推进式教育的实践经验多次在全国学生工作会议或专题会议上交流,得到了主流媒体的广泛宣传,发挥了很好的辐射作用。

第一节 提升大学生综合素质

通过主题推进式教育的探索与实践,使大学生既得到了理论提升,也强化了实践锻炼,大学生的综合素质不断得到增强,学生的理想信念、精神面貌、文化素养、学识水平得到显著改观,培养出许多奋发有为、刻苦学习、敢于担当、乐于奉献、品学兼优的大学生,涌现出许多践行主题教育理念的先进学生典型,主题推进式教育的实际效果不断得到体现和检验。

一、感恩诚信意识增强

主题推进式教育进行感恩诚信的专题教育,学生在听完主报告后,在辅导员老师的指导下,围绕"感恩"开展班级的主题班会。很多学生感觉到这么多年父母为自己辛辛苦苦付出的太多太多,真是没有认认真真地表达自己的感恩之情,况且自己有时不但不理解父母的良苦用心,做的一些事情还显得很不懂事,令父母生气,"可敬天下父母心"的感觉油然而生,为此很多同学在班会上声泪俱下,并纷纷表示要以一种感恩的心态,对待父母、老师、亲人与朋友,要以感恩的心情回馈父母,回馈社会,回馈祖国。此后,更多的同学利用假期为父母做一些力所能及的劳动,逢年过节为父母送上一份真诚的问候,平时经常给父母打个电话,关心一下父母的生活和工作。在学校也力争自立自强,让父母少操心。很多学生父母也来信或打电话反馈信息,感谢学校对学生的培养,说学生到东林上大学之后感觉更加懂事了。

学生们以实际行动感恩父母、感恩学校、感恩社会,做出了很多善举。经过四年的教育和培养,尤其在大四毕业的时候,学生的这种感恩意识和行为表现得更为突出。很多毕业生在离校之前,都彻底地再清扫一遍寝室。学生们不仅把寝室清扫干净,对于校园更是爱护有加。"大四街"跳蚤市场是为毕业生毕业期间处理旧物专设的,学生在收摊的时候,现场没有了以往的一地狼藉,而是把垃圾清理干净才离开现场。都说滴水之恩当涌泉相报,交通学院毕业生在离开母校的时候,特意集资为学院教师在办公楼的走廊上安装可以净水、饮水的饮水机,表达多年来老师的培育之恩,给学院教师的日常工作和学习提供方便。虽然从采购到安装,占据了毕业生们很多时间,但他们说:"能够让老师们在辛苦之余,饮一杯热茶,让学弟学妹们饮水思源、永怀感恩之心,我们的辛苦就是值得的。"理学院的走廊里、电梯门旁边、老师办公室门口都插上了漂亮的鲜花,鲜花下还压着一张张心形的贺卡。"一支粉笔,两袖清风,三尺讲台,四季晴雨。滴滴汗水滋润桃李满天下,所有感恩化成一句话:老师,我们爱您!""老师,祝您在工作中一帆风顺,在生活中幸福美满"……一句句暖心的话语,正是大四毕业生送给老师的祝福。

每年很多大四学生还把自己的书籍都留给了在校的贫困学生,仅"阳光书屋"就收到近千本各类书籍。这些书籍都将在开学初捐赠给需要的同学。还有很多毕业生还把自己的无形财富,无私地奉献给在校生。每年,各学院都组织召开了数十场考研经验交流会,优秀考研毕业生们无私地向他们传授着考研复习方法、学习攻略等。

东北林业大学是专业特色鲜明的林业院校,家庭经济困难学生占全校学生的35%以上,远远高于全国高校的平均水平。由于近些年主题教育的深入开展,学生的诚信意识明显增强,近几年毕业生贷款按期还款率稳定在95%以上,学校连续5年实现了毕业生零欠费,无恶意拖欠学费现象。100余名学生主动把国家、社会、学校给予的资助机会让给更困难的同学,学校被评为全国学生资助工作先进单位。学校在校园的教学楼内设置多台无人售水冰柜,里面放满了各种饮料,冰柜的玻璃门上贴上了不同饮料的售价。在冰柜的旁边,放着一个投币箱,学生自取饮料和饮水,付款全靠学生自觉。虽然这里没有售货员,甚至连监控都没有,但是学生们从冰柜里拿出饮料,都自觉地按照价格把钱投到了投币箱里。自运行以来,冰柜的回款率达到了100%。媒体报道称"东北林业大学学子诚信考得高分,无人售水冰柜回款率近100%"

二、学风建设成效显著

学风建设是高校加强内涵建设,提高教育教学水平和人才培养质量的关键所在。学校在开展主题推进式教育的过程中,将学风教育与大学生思想政治教育紧密结合起来。同时还利用"东林论坛""701院长论坛""东林文化大讲堂""东林艺术长廊""东林文化映苑"等活动,引导大学生树立正确学习观念,激励大学生奋发有为,成长成才。邀请学校领导、专家教授做客"与东林学人对话"栏目,邀请学生最喜爱的"十佳教师"与大学生面对面,有效开展学风宣讲活动。组织优秀毕业生代表与在校生交流学习心得与体会等。大学生通过系列主题教育,认识到学习是作为大学生首要应该完成的任务,也是一名大学生应尽的义务。

一批优秀学子在全国各类大赛中崭露头角。理学院2007级数学与应用数学专业二班学生叶楠,在2009年代表东北林业大学参加了"东北三省数学建模联赛",获得了联赛二等奖的好成绩。同年9月,他报名参加了首届全国大学生数学竞赛,在黑龙江赛区的比赛中获得了黑龙江省第一名的好成绩。2010年5月15日在湖南省长沙市国防科学技术大学举办的首届全国大学生数学竞赛的决赛中,他沉着应对,稳定发挥,最终获得了第一届全国大学生数学竞赛决赛数学类一等奖,全国第二名的优异成绩。2010年9月,他被北京大学免试直接录取为博士研究生,继续他最钟爱的数学专业的深造。学校园林学院2006级园林四班的学生李晓丹,从全国大学生英语竞赛特等奖到第二届全国大学生英语风采大赛的优秀主持人,从"CCTV杯"全国英语演讲大赛二等奖到第九届全国大学生英语辩论赛和演讲赛的铜牌,从雅思的7.5分到《英语辅导报》头版上多次发表的省级论文,从全国大学生英语四、六级的高分到新东方美文大赛的水晶奖杯,从外籍专家的赞扬到接受北京新东方总部的诚挚邀请……在英语学习的路上,她一路拼搏,一路收获,一路成长。学校2010级英语语言文学专业语用学方向研究生李春晖,以专业组全国第一名的成绩喜获"ACTS全国校园素质教育英语口语素质能力大赛"全国总决赛特别金奖。2014年,由中国公路学会主办的第三届中国公路公益广告大赛中,学生的平面作品《吃货眼中的高速》在大赛中摘得一等奖,这也是黑龙江省唯一一部获奖作品。

  一批继续在学术方面深造的大学生不断向更高层次迈进。近年来,学校推免或考取研究生的毕业生中,进入北京大学、清华大学、中国人民大学、北京师范大学、中国科技大学、南京大学、复旦大学、上海交通大学等著名学府深造的学生共有近300名。一些学生主动放弃保送本校研究生的资格,直接参加全国研究生考试,成功考取自己心目中理想的学校。在校的大学生和研究生也非常重视学术发展,近几年,学校本科生中有的寝室的全部成员都保送和考取了研究生,以"最牛学霸寝室"被媒体报道,这种良好的现象在学校的不同学院都有不同程度地存在,尤其在最近两年这种现象更为明显,浓厚的学习氛围正在形成。在学校的研究生中,有一个寝室有4名研究生,两年来以第一作者发表SCI论文11篇,申请发明专利1项,获国家级奖2项,成为同学当中的佼佼者;还有的寝室同学是国际核心期刊的常客,多年获国家级奖学金,琴棋书画、诗词歌赋样样通晓。有些学生在生物学领域造诣颇深,发表SCI论文十余篇,被学校的师生们传为佳话。今年,由中国青少年科技创新奖励基金支持的全国首批大学生"小平科技创新团队"评选结果揭晓,在此次评选活动中,学校推荐的"丁香花"学生创新实验团队成功入选,体现了大学生学术研究能力和科技创新能力的不断增强,展现了学校大学生科技潜力的有效发挥。

一批自强之星为当代大学生树立了学习榜样。园林学院2012级学生韩晴,双耳先天神经性耳聋,听力损失程度高达110分贝且无法治愈,但她始终坚信无声的世界也可以创造精彩的人生。她理想坚定、追求卓越、刻苦学习、励志成才,坚毅执着、顽强拼搏,用坚强的毅力和扎实的行动追寻自己的梦想,用乐观自信践行着永不言弃的精神。大一就顺利通过四六级考试,专业课程均在九十分以上,校级奖学金、国家助学金、各类励学金等也收入囊中。2013年度韩晴被评为"中国大学生自强之星标兵"称号。理学院数学与应用数学专业2011级2班学生谷一宁,不断追求新高度,超越自我。三年的加权平均成绩92.05分,连续两年获国家奖学金,四次一等奖学金,获"优秀团员""三好学生""三好学生标兵"称号,获东三省数学建模二等奖,全国数学建模比赛省二等奖,全国大学生英语竞赛预赛三等奖。同时生活中,乐于助人,主动帮助身边同学提高成绩,品学兼优。人文社会科学学院学生席健获了2008年度"中国大学生自强之星"荣誉称号,并获由新东方教育科技集团提供的"中国大学生新东方自强奖学金"。

三、责任担当典型辈出

许多学生以高度的社会责任感充分展现了当代大学生的风采和时代青年的良好风貌。刘家霖同学在危急时刻,为了挽救素不相识的游客,置生死于度外,勇救女大学生身负重伤,腹腔出血、脾被膜破裂、肺挫伤、右侧髋臼骨折、左侧坐骨节骨折……在危难时刻,他挺身而出,把生的希望留给别人,他用自己的勇敢诠释了对于善良和责任的深刻理解,让大家看到了临危不惧、敢于牺牲的当代大学生的英雄气概,被评为"2009感动龙江人物"和"2009中国大学生十大年度人物",成为当代大学生和龙江学子的骄傲。当前,由于有过扶跌倒老人被讹诈的案例,一段时间社会曾经对"路上跌倒的老人该不该扶"进行过专门的讨论。2011年我校大四学生冯春菲、田文成和李全亮在路上发现了一个老人跟跄了几步,脸朝地面趴了下去,这几名大学生二话没说,赶紧走上前去,扶起了因脑梗塞复发而跌倒的七旬老人,费尽周折联系家人并把老人送到了医院,不留姓名、助人为乐令人赞佩。后来记者采访这几名学生,他们说,第一反应就是救人,根本不怕被讹上;如果不救,万一老人出现意外,他们会后悔一辈子。材料科学与工程学院2008级学生王超投笔从戎,在两年的军旅生活中,凭借着他超人的毅力和刻苦的努力,先后取得了部队"十佳成长新星"感动劲旅"十佳感恩人物",由于练就过硬的军事技能,并被授予二等军功章,2011年他还获得了中国大学生年度人物入围奖、黑龙江省大学生年度人物。作为当代大学生军人,在他的身上体现了当代青年人可贵的担当精神。宋莹琪、杨家宁、张宇佳是东北林业大学土木工程学院2012级工程管理一班的学生,在2012年冬天,这三名女同学因手机被偷与窃贼斗智斗勇,最后成功将窃贼捕获,并找到其他两部被偷手机的失主,彰显了当代大学生用于担当、见义勇为的良好风尚。

几年中,学校接续出现了造血干细胞捐献者。黄志礼、翟明鲁、梁涛三名同学先后成为黑龙江省第25、第39、第55例无关血缘造血干细胞无偿捐献者,奉献了拳拳爱心。环境资源保护法学专业学生翟明鲁用自己的一腔热血,使一个个苍白的生命变得鲜活。出身寒门,靠助学贷款完成学业的他,一直想回报祖国、回报社会。2010年5月,他不顾家人的反对,不顾自己本身并不强健的身体,毫不犹豫地用自己的造血干细胞,成为哈尔滨第39例造血干细胞捐献者,挽救了一个与他素不相识的白血病患者的生命。林产化学加工工程专业梁涛,曾多次无偿献血,并加入中华骨髓库,也成为一名光荣的造血干细胞捐献志愿者。2012年初,他为一名身患白血病年仅6岁的小女孩,奉献自己宝贵的造血干细胞,使得她生命的得以延续。中国教育频道及黑龙江省电视台"新闻夜航"栏目组均进行了跟踪采访,他说这件事不光挽救了一个年轻的生命,也是对他人生的一个洗礼,让他知道了在面对选择时什么才是最重要的,假如自己的一点牺牲能换来别人生命的延续,所有的付出都是值得的。理学院信息与计算科学专业黄志礼,在得知自己与一位武汉白血病患者配型相同后,毅然决定捐献造血干细胞。从黄志礼体内采集出的100毫升干细胞混悬液将被空运到武汉,救助一名年仅21岁的女白血病患者。在学校,自愿加入中华骨髓库的志愿者还有很多,配型成功的3名同学在责任面前都没有退缩。

四、志愿服务蓬勃发展

随着学校主题推进式教育不断深入,结合学校社会实践全员覆盖的特点,学校将主题教育充分纳入到社会实践中来,使得学生在深入实践中受教育、长才干、做贡献。学校依托奥运会、残奥会、大冬会、志愿西部等方面大力开展了志愿服务工作,充分发挥了青年志愿者在青年学生道德素质教育中的积极作用。第二十四届世界大学生冬季运动会期间,东北林业大学有197名赛会志愿者和532名城市志愿者,承担着比赛场馆、随员翻译、交通引导、礼仪、礼宾等志愿服务工作,志愿服务工作分布在20多个服务场所。由于参与志愿服务的人数多、服务水平高,"大冬会"组委会向学校发来了第一份奖励喜报,大大激发了大学生从事志愿服务工作的热情和激情。志愿服务工作让学生们体会到了奉献的真谛、参与的快乐、互助的幸福、友爱的可贵和学习的重要。他们自觉担当、奋勇向前,表现出强烈的爱国热情、高度的社会责任感、崇高的奉献精神,向祖国和人民、向全世界展示了当代中国青年崭新的精神风貌和优秀的整体形象。在每年一度的哈尔滨国际汽车博览会、哈尔滨国际经贸洽谈会和2008年世界女子冰球锦标赛,学校都要选派一批志愿者参与到会场的各项服务工作中去,使他们在服务中体现自己的人生价值,在服务中奉献自己的爱心,在服务中展示当代大学生积极向上的精神风貌。2014年首届中俄博览会,东北林业大学共有95名志愿者出色完成了大会各项志愿服务工作,志愿者们克服天气持续高温、工作强度大、工作任务紧等困难,以饱满昂扬的精神面貌、细致入微的专业服务、友好和蔼的工作态度,为参会人员提供了最优质的服务,保证了大会顺利进行,受到了中外来宾的广泛好评。万超群等12名志愿者荣获首届中俄博览会志愿者服务工作"优秀志愿者"荣誉称号,学校被授予首届中俄博览会志愿者服务工作"优秀组织奖"。近年来,学校志愿服务西部计划工作不断增强,各服务单位对我校近年来奔赴西藏、青海、汶川等地区的百余名志愿者给予了高度评价。

更多的大学生加入到志愿奉献的队伍中,机电工程学院学生杨宏亮,积极参与敬老爱老,关爱弱势群体的各项志愿服务100余次,累计服务时间300小时,先后服务80位老人。风雨无阻,坚持每周组织志愿者走进养老院,先后获得两次省级优秀志愿者荣誉称号。他用实际行动诠释了志愿者精神。热心于志愿者活动,努力学习,提高自身,是他对自己的要求。始终坚信"赠人玫瑰,手有余香"。机电工程学院学生孙伟晶志愿服务时间达500小时。该同学利用周末及寒暑假时间进行义务支教并参与多种志愿活动如:"善行一百,爱心包裹"活动,黑龙江省"十万高校志愿者进社区活动";黑龙江省希望工程鑫达星光行动"班助一"活动等。在她的带领下,80余名志愿者参与其中,共计80余名孩子得到了爱心帮扶帮助。理学院2009级化工1班学生常文博常年照顾孤寡老人,不论刮风下雨,每周都陪老人聊天,帮老人打扫室内卫生,给老人打水、买药、取工资,购买生活用品,被评为"黑龙江省道德模范"。园林学院2010级风景园林专业学生贺宏宝,一直在学校家属区帮助90岁高龄退休老师程云飞种植花卉,被师生所熟知,都亲切地称呼他"阿宝"。2013年4月程老师不幸因病去世,"阿宝"与校内外退休老人继续承担这些花卉种植养护工作。"阿宝"一直坚持担当志愿者,他的行为感动了师生和学校种植花卉的老人。经济管理学院周功武,坚持为农民工子女和贫困家庭孩子义务辅导,每年100天左右的义工时间,累计3000余小时的爱心奉献,让他坚定执着地走上了志愿服务、投身公益的道路。中央电视台、新华社、《黑龙江日报》《黑龙江晨报》、哈尔滨电视台等多家媒体相继对他的事迹进行报道。2013年他先后获得中国大学生自强之星提名奖、黑龙江省十大杰出公益人物、黑龙江省优秀共青团员、黑龙江省优秀志愿者等多项荣誉称号。更多的大学生加入到志愿服务中,发挥了非同寻常的作用。

志愿服务团体蓬勃发展,志愿服务精神得到大力弘扬。虹翼志愿者协会自2008年成立以来,大力弘扬"奉献、友爱、关怀、进步"的志愿精神,积极开展服务社区、关爱帮扶残疾人和失独老人活动等活动,在进行志愿服务活动的过程中,不断完善志愿服务办法,提高志愿服务水平,得到社会的一致好评。关爱自闭症儿童志愿小组从2011年12月起,志愿者小组前往360自闭症儿童康复中心开始关爱自闭症儿童的活动。志愿者们长期以爱心小组的方式帮助自闭症儿童,在康复中心协助辅导老师,帮助孩子们进行感觉统合;在训练之余,引导孩子们背简单的古诗,唱儿歌,锻炼孩子的语言流畅性和思维连贯性。阳光青年志愿者协会2004年11月正式成立。协会坚持开展助老助残、义务社区清雪、自助还书、宣传践行公益环保等活动,曾经受到中国青年报,CCTV网站的关注,多次被电视台、广播、报纸等媒体报道,获得哈尔滨市"助残先进集体""优秀青年志愿服务集体""扶残助残先进集体""社区服务优秀集体"等称号。"绿冀"青年志愿者协会拥有"阳光行动""燎原行动""曙光行动"等六大品牌活动,致力于特殊教育领域、老龄事业领域、城市弱势群体教育领域和红色教育领域等进行青年志愿者活动。协会获得全国大学生优秀社会实践团队优秀奖等13项校级以上荣誉,并被《辽沈晚报》、哈尔滨市电视台等多家省市级媒体报道。

五、艺术教育成果丰硕

经过长期不懈的教育,学校艺术素质教育实践工作取得丰硕成果。2006年大学生艺术团的李天居和陈美彤两位同学代表黑龙江省参加了在重庆西南大学举办的"第四届全国校园歌手大赛"分获"银奖"和"铜奖";2007年学校师生共同编创的歌舞短剧《情系农家》入选由中国戏剧家协会和教育部共同举办的"首届中国校园戏剧节",并于2008年10月代表黑龙江省赴上海戏剧学院参加了比赛,取得了短剧组"第二名"和"优秀组织奖"。2008年大学生艺术团参加的由教育部举办的"第二届全国大学生艺术展演",合唱《南屏晚钟》、器乐合奏《二泉映月》、歌舞短剧《情系农家》,分获黑龙江省艺术表演类"一等奖",并代表黑龙江省参加全国比赛,并分获教育部颁发的全国大学生艺术展演艺术表演类甲组"三等奖";2011年,在中国共产党建党90周年,全省高校大合唱比赛中,学校大学生合唱团荣获"一等奖";2011年第三届全国大学生艺术展演,在黑龙江省高校比赛中,学校共参加了艺术表演类五个类别的全部项目的比赛,其中大合唱《在灿烂阳光下》和《雕花的马鞍》、小合唱《狮子王》、短剧《天路》、器乐合奏《瑶族舞曲》,分获四个"一等奖";舞蹈《教室圆舞曲》获"三等奖"。其中合唱、短剧、小合唱代表黑龙江省参加全国比赛,分别荣获了教育部颁发的第三届全国大学生艺术展艺术表演类甲组两个"二等奖"和一个"三等奖"及"优秀组织奖"。其中,《狮子王》还获得了全国大学生艺术展演"青春大舞台"优秀节目奖,创下了历届艺术展演的最好成绩。

短短几年时间,东北林业大学涌现出一个又一个懂得感恩、践行诚信、勤勉学习、乐于奉献、敢于承担、追求高尚的80后、90后大学生优秀典型。文明离校、和谐离校已成为我校毕业生的自觉行动,良好的大学校园风气盛行。这些看似个别的现象绝对不是偶然,是学校重视学生思想政治教育工作的结果,是学校在主题推进式教育中,重点对学生进行了重学习、懂感恩、讲诚信、担责任等一系列关系学生个人成长和祖国需要的主题教育的结果。相信随着主题教育的不断深入和推进,会有更多的优秀学生典型涌现出来,发挥着重要的引领作用,以点带面,以个体带群体;会有更多的学生在社会需要他们的时候挺身而出,堪当大任,真正成长为祖国和时代需要的先进青年。

第二节 促进辅导员队伍建设

主题推进式教育的组织者和推动者主要是一线的辅导员,他们在教育实践中得到了更多的锻炼。无论是辅导员个人的科学研究、教育教学等方面的素质提升,还是辅导员队伍工作热情和精神风貌等整体建设,都得到了极大的提升和加强。立德树人、创先争优,在东北林业大学这块沃土上不断涌现出先进典型,使育人成为辅导员的文化自觉,大大提升了辅导员的职业自豪感和荣誉感。

一、促进了辅导员队伍的科学研究

东北林业大学在探索、实施主题推进式教育的过程中,同时也注重加强对大学生日常思想政治教育的理论研究。辅导员队伍作为大学生日常思想政治教育的骨干力量,自然而然地成为理论研究的一支重要力量。我校现有学生政工干部110余名,其中40周岁以下的青年辅导员占有较大比例,他们校内外结合,多学科交叉,既具有林业专业学习背景,也有很多文史哲专业毕业背景,并且基本都是博士或硕士毕业,毕业于"211工程"或"985工程"院校,有的辅导员还具有多年一线的工作经历。为了充分发挥他们理论基础扎实,直接在一线从事学生工作,直接参与和组织主题推进式教育的优势,提高"主题推进式教育"的针对性、实效性,探索新时期大学生思想政治教育的创新路径,学校发挥科研项目的研究和实施对全校学生政工干部的示范、带动、统筹、规划作用,引导他们围绕"主题推进式教育"的具体工作展开深入研究。从而形成了覆盖全体学生政工干部的多支相对稳定、优势互补的研究团队。

主题推进式教育实施以来,加强了学校自身科学研究项目的申报和立项。东北林业大学专门设立了"东北林业大学大学生思想政治教育理论与实践研究课题专项资金",并单独组织项目申报工作。思想政治教育理论与实践研究课题研究范围包括大学生日常思想政治教育、主题推进式教育、辅导员队伍工作、大学生心理健康教育工作等,合计设立项目30余项。辅导员队伍有更多的机会参与到科研当中,把主题推进式教育的宣讲、实践与研究有机结合起来,把大学生日常的教育、管理工作与科研工作有机结合起来。加强对主题推进式教育的研究工作,使主题教育从最初的零散到有序,从被动到主动,从起步到日益系统和完善,培育了理论研究队伍,尤其是辅导员的理论研究工作。与此同时,切实起到了锻炼辅导员队伍综合能力、提高辅导员队伍综合素质的作用。

通过校级课题立项的精心培育,辅导员队伍承担和参与省部级以上项目的数量逐年递增,优秀科研成果层出不穷。现在,主讲教师和许多一线辅导员承担了学校或省部设立的科研课题,包括教育部人文社会科学辅导员骨干支持课题、中央高校基本科研业务专项、教育部人文社会科学规划基金项目等多项课题等。每年都有一些辅导员结合自己的理论研究和工作实际撰写一批高质量的学术论文,一批优秀辅导员还被评为教授、副教授等高级专业技术职务。通过加强对工作的研究,积极探索学生思想政治教育的内在规律和青年学生成长成才的发展规律,思想政治教育的研究水平和能力有了较大的提高,一批优秀成果逐渐凸显。在"主题推进式教育"研究和实践相互促进的过程中,辅导员们从事日常思想政治工作的素质、能力和水平得到整体提升。

二、推动了辅导员队伍的教育教学

主题推进式教育的组织者和推动者主要是一线辅导员。辅导员直接参与组织主题推进式教育,他们在教育实践中得到了全面锻炼,大大促进了辅导员队伍的教育教学,增强了辅导员从事日常思想政治教育工作的素质与能力,提升了他们的专业化、职业化水平。辅导员能够自觉地按照职业化、专业化的要求设计自己的职业生涯,把工作重点放到对学生的教育上,辅导员的教育教学水平明显提高。辅导员既能对主题教育的内容进行综合的把握,又要发挥自己的专业和职业特长,从而形成以"职业生涯规划""心理健康""突发事件应对""生态文明"等不同内容为教育教学优势的个性化教学。目前一线辅导员有近一半的人已经能从容走上讲台,娴熟运用现代教学手段,深入浅出地为学生做主题报告。主题教育的各项内容也被辅导员有机地结合到学生的主题班会和年级大会当中,深化了主题推进式教育的内容和效果。辅导员已经成为学校"大学生职业生涯规划"公共选修课程教学的主体,一些辅导员直接参与思想政治理论课的教学活动,开展"形势与政策"课程教学,辅导员还开展大学生的安全教育课、大学生心理成长课等,很多辅导员都承担了学校、学院团课、党课等教育教学任务。在教育教学过程中,辅导员的教师身份真正得到了体现。

三、培育了辅导员队伍的优秀典型

主题推进式教育开展以来,在学校辅导员中涌现出了一批荣获"全国高校辅导员年度人物""全国优秀教师""全国优秀辅导员""全国高校辅导员职业能力大赛二等奖""全国优秀辅导员十佳博客""全国辅导员优秀博文""黑龙江省高校辅导员年度人物"等荣誉的优秀辅导员典型,在省内外产生积极影响。

学校辅导员宋妍,2002年留校任辅导员工作,直接参与了主题推进式教育的组织、实施和科研工作,多年来取得了突出的业绩。她是一位工作认真,敢于担当,关爱学生,默默无闻、兢兢业业工作在学生教育管理一线的优秀辅导员代表。2009年获得了全国优秀教师和全国高校优秀辅导员荣誉称号,现在正就读东北师范大学思想政治教育专业的博士,并承担了教育部人文社会科学辅导员骨干支持课题、中央高校基本科研业务专项、教育部人文社会科学规划基金项目等多项课题,被评为学校思想政治教育学科的副教授。

学校辅导员郭婷婷,2007年7月留校工作,2013年被评选为全国辅导员年度人物,并受到了习近平总书记的亲切接见。她没有硬性的说教、空洞的灌输,而是结合学校的主题教育,用心探索思想政治教育的有效方式,用爱助力学生健康成长,赢得了学生的尊敬与爱戴。她就是一个把平凡的小事做得很不平凡的优秀辅导员代表。在七年的时间里,她踏踏实实、勤勤恳恳地从事着辅导员工作,尤其在学生的日常思想政治教育工作中,做很多扎实、细致、有效的工作:感化了一名"法轮功"习练者,挽救了一名网络通缉犯,唤回了一名轻生者。在学生的成长过程中发挥着人生导师与知心朋友的重要作用。

学校辅导员庄雯培,在主题推进式教育中重点对学生实施职业生涯规划教育,并结合教育主题对学生进行团体辅导,取得了良好的成效。她在2013年获得了全国辅导员职业能力大赛二等奖,曾获得黑龙江省辅导员年度人物、黑龙江省学生工作先进个人、黑龙江省优秀共产党员等多项荣誉称号。现已经成为GCDF全球职业生涯规划师、国家二级心理咨询师、BCC全球生涯教练。庄雯培注重发挥自身优势,经常为学生进行职业生涯辅导,让学生学有所用。她所在信息学院毕业生连续多年保持着90%以上的就业率,年薪十万以上的本科生日益增多,很多媒体对此进行专门报道。

辅导员刘甜甜,2006年从事辅导员工作,她重点参与学校主题教育中的职业生涯规划教育和生态文明教育。从2009年开始从事职业生涯规划教育,并担任该门课程主讲教师。刘甜甜个人也获得了2013年全国辅导员年度人物提名奖、黑龙江省辅导员职业技能大赛一等奖、黑龙江省辅导员年度人物等多项荣誉称号,她还获得了全国辅导员博客大赛"十佳博客"和优秀博文奖。她的学生工作也是卓有成效的,既有"黑龙江省学生工作先进集体""省优秀志愿服务集体",也有"全国先进班集体"。作为团委书记,学院团委连续十年被学校评为"五四红旗团委"。

这样的优秀典型还很多,包括吴晓红、张艳波等一批黑龙江省辅导员年度人物和其他方面的先进典型不断涌现,见贤思齐蔚然成风。一批满怀热情、倾心育人的辅导员已经成为全国或全省有一定影响先进典型,对辅导员队伍的建设与发展起到了很好的引领和带动作用。

四、增强了辅导员的职业自豪感

在主题推进式教育的组织实施过程中,对大学生进行日常思想政治教育的同时,对辅导员自身的能力和素质也是一个极大的提高。主题推进式教育促进了辅导员充实理论知识,增强实践本领,提升工作能力,提高综合素质。辅导员能够在教育、教学、科研和实践过程中努力探索和掌握学生教育管理的基本规律、大学生成长成才的基本规律,从而实现了工作由被动应付到主动应对的转变,工作更有规律、更有章法,工作的压力和负担也明显减轻,体验到了工作成就感。工作热情也被充分激发出来,使辅导员能用真心求索思想政治教育新方法,用真爱助力学生健康成长,用真情赢得学生的尊敬与爱戴。

近年来,在东北林业大学的辅导员群体中,涌现出了一批全国和全省的优秀代表,他们是辅导员队伍的光荣,更是东北林业大学辅导员的骄傲,为学校的辅导员队伍建设和学生工作的开展增强了动力和信心。在学校,很多辅导员获得学校"模范党务工作者""优秀党员""三育人先进个人""毕业生就业工作先进工作者""社会实践优秀指导教师""优秀工会积极分子""优秀信息员"等荣誉称号,并受到学校的表彰。辅导员与学生共成长,一大批学生成为"全国大学生年度人物""全国自强之星标兵""黑龙江省大学生年度人物""黑龙江省道德模范"以及全国、全省各类大赛的获奖者。一些学生集体获得了"全国先进班集体""黑龙江省五四红旗团委""黑龙江省学生工作先进集体"等称号,使辅导员感受到了自己所从事职业的成就与光荣。在多年的主题教育和实践中,辅导员更深刻地体会到了工作不仅仅的是日常的事务性工作,重点应该在学生的思想政治教育上。落实立德树人根本任务,辅导员已经成为重要的骨干力量,任务艰巨,使命光荣。

第三节　培育典型文化成果

在多年主题推进式教育的实施过程中,学校在注重实践探索的同时,也加强了对主题推进式教育的总结、思考和研究,承担相关教育改革课题,出版了一系列专题著作,发表了大量的相关论文,获得了多项文化成果,在思想文化育人及其成果推广应用方面取得了显著的效果。

一、出版多部主题教育相关著作

随着主题推进式教育的不断探索与实践,结合主题教育的探索、实践和研究,从不同维度陆续总结和形成了阶段性成果,相继出版了一系列主题教育系列相关著作,主要包括《当代大学生主题教育研究》《高校德育创新与发展成果选编——东北林业大学卷》《大学生思想政治教育心结》《逆境中奋发》《感恩中成长》《走进高雅艺术》《大学生生态文明社会实践纪实》等。《当代大学生主题教育研究》从理论层面上对主题推进式教育进行了系统阐述,深化和拓展当前学界关于当代大学生主题教育的相关理论内容,探索当代大学生主题教育的基本规律和创新路径,从而为主题教育的深入广泛开展和构建主题教育的长效机制提供更富前瞻性、更具科学性的有益的理论参考。《高校德育创新与发展成果选编——东北林业大学卷》主要从学校德育理论研究、德育特色经验介绍、德育创新案例分析、德育调查报告汇总、德育人物风采展示等部分,重点对学校主题推进式教育的理念、内容和实践等进行阐述,对大学生英才教育、生态文明教育、感恩教育和团体辅导的实践经验进行介绍,列举了少数民族教育、责任教育、智慧教育、赏识教育等方面的创新案例,形成了大学生社团、学生消费、职业生涯规划、社会实践、辅导员队伍建设和西藏定向生教育等方面的报告,对优秀德育工作者的先进事迹进行了展示。《大学生思想政治教育心结》重点从心理学角度进行阐释,对大学生的为人、处事、为学、交际等进行引导,理性认识和对待学习、生活和工作中遇到的实际问题,倡导学生保持良好的心态。《逆境中奋发》从"逆境中奋发""磨砺中成长""耕耘中收获"三个部分对当代大学生坚定信念、自强不息、奋发有为、追逐理想的先进事迹进行展示,发挥典型引领,激励当代大学生把握今天、勇往直前的信念和意志。《感恩中成长》通过"感悟成长""那些人那些事""心灵物语"上中下三篇介绍了大学生成长中的感悟,对父母、对老师、对同学真挚的感恩情怀。通过身边的人和事,加深了人们对"感恩"的思索和启迪。《走进高雅艺术》,也是主题推进式教育中分类教育的重要内容之一,为大学生了解高雅艺术、走进高雅艺术、鉴赏高雅艺术开辟了一片崭新的天地。《大学生生态文明社会实践纪实》紧密结合主题推进式教育中的生态文明教育主题,对学校、学院多年来进行的生态文明社会实践活动进行了和回顾和总结,为学校主题推进式教育的实践环节提供了支撑。随着主题推进式教育的不断深入和完善,一批新的成果也将含苞待放,开花结实。

二、获得多种成果奖励

主题推进式教育在学校多年的探索与实践中,取得了很多阶段性成果,获得了黑龙江省教育教学成果一等奖,教育部高校校园文化建设优秀成果一等奖、二等奖,全国高校文化传承创新优秀成果一等奖,黑龙江省高校校园文化建设优秀成果一等奖等多项教育部和黑龙江省的奖项。

2013年《主题推进式大学生日常思想政治教育的研究与实践》获得黑龙江省教育教学成果一等奖。从2007年东北林业大学组织实施了"主题推进式大学生日常思想政治教育"工程。在教育部人文社会科学研究专项任务项目《大学生普适性日常思想政治教育研究》和黑龙江省教学改革项目《"分阶段、分层次、分类型导师制"创新教育体系的构建研究》的支持下,以社会主义核心价值观为导向,采取八个主题依次推进的方式,开展"第二课堂"的大学生日常思想政治教育探索。为全面推进素质教育,促进学生德智体美的全面发展,建构了"理念人本化、内容主题化、环节科学化、活动品牌化、语言大众化、对象分类化、途径多样化"的日常思想政治教育创新模式。初步解决了以下困扰当前大学生思想政治教育工作的主要难题:(1)以社会主义核心价值观引领校园文化建设全过程,强化第二课堂日常教育对第一课堂理论教学的全方位衔接、扩充、深化和提升。(2)切实贯彻"育人为本"的思想政治教育原则,教育教学要素的系统设计更具贴近学生的针对性,满足学生成长成才、全面发展的迫切需求。(3)思想政治教育与文化素质教育相辅相成,充分发挥中国优秀传统文化思想精华的育人功能。(4)教育教学研究及时跟进指导教育教学实践,形成清晰、稳定、专业的日常教育思路。

2011年《用青春谱写绿色和谐,用大爱诠释东林精神——东北林业大学构建高校生态文明教育体系的实践探索》获得教育部高校校园文化建设优秀成果一等奖。东北林业大学校训为"学参天地,德合自然",体现了对自然、生态的尊重和珍爱。作为以"林科"为优势,以"林业工程"为特色的院校,东北林业大学充分认识到林业教育在林业建设、生态文明建设中的重要作用,加强生态文明校园建设,紧随林业发展势头,以打造生态文明校园为契机,全面贯彻党和国家的教育方针,遵循高等教育的内在规律和特点,以服务为宗旨,秉承校训中所倡导的热爱自然、亲近自然、保护自然的生态文明传统,以普及生态知识、传播生态文化、弘扬生态文明为己任,发挥专业优势,营造积极、健康、文明、向上、和谐的校园环境,有力地推动了大学生思想政治教育工作。学校利用有利条件,开展丰富多彩的宣传教育及主题实践活动,培养学生热爱自然的情趣和改善环境的责任意识,构建了一套相对完善的绿色校园文化体系。2010年学校还被国家林业局、教育部、共青团中央授予"国家生态文明教育基地"称号,这不仅有利于学生自身素质的全面提升,也影响和带动了整个社会生态文明意识的提高。

2012年5月,《"主题推进式"思想教育的文化传承导向》获得教育部社科中心颁发的全国高校文化传承创新优秀成果一等奖。从2007年10月开始,东北林业大学以马克思主义为指导思想、以中国传统文化为理论资源,采取八个主题依次推进的方式,开展大学生社会主义核心价值观教育,形成了全方位、立体化的育人格局,打造了"主题推进式"思想教育校园文化品牌。主题推进式教育基于核心价值视角,探寻传统文化渊源,使学生在传统文化的亲熟感中,深刻领会并衷心认同社会主义核心价值观的精神实质。主题教育的价值导向作用,体现为培养学生对民族文化的理性辨识能力,并且通过梳理和阐发传统文化同马克思主义在世界观、方法论、价值观上的相互贯通之处,赋予传统思想精粹以当代意义,使其成为大学生核心价值教育工程"活的灵魂"。主题推进式教育围绕核心价值内涵,着力传统文化育人。贴近学生心灵的教育主题,使相关传统精神资源,焕发出深具时代感和实践性的育人功能。主题教育的实践探索,取得了引领校园多元文化潮流的初步成效,对于大学生守护民族精神家园,抵御文化殖民威胁;提升校园文化品位,克服大众文化流弊;加强人文关怀素养,规范科技文化方向起到了极为重要的作用。实践证明,主题推进的思想文化育人形式,有助于不断激发青年学生对中国传统文化的自觉传承意识,彰显校园文化建设的核心价值导向,促进了学校文化软实力的提升。

2013年,《量体裁衣、多管齐下,突出重点、培育特色——东北林业大学采取多种措施做好西藏定向生培养工作》获得黑龙江省高校校园文化建设优秀成果一等奖。成果的获得,既体现了学校特殊群体分类教育的特色,也体现了学校学生培养扎实工作的实际成效。东北林业大学作为全国定向为西藏培养人才的13所高校之一,已毕业西藏定向生200余人。学校十分重视西藏定向生这个特殊群体的培养,从维护国家稳定、加强民族团结、促进科学发展的战略高度出发,遵照教育规律,针对西藏定向生这一特殊类型学生,坚持以学生为本的教育理念,实行"教育、管理、服务"并重,开展了多项培养教育工作,全力提高育人质量,为广大西藏定向生发展西藏、建设西藏、服务西藏奠定了很好的基础。由于学校的精心培养和指导,西藏定向生在校期间就有一个良好的学习环境和工作锻炼机会。学校西藏定向生的知识能力和道德品格较好,所以入藏后他们大部分被分配到了地市级的单位,甚至有的同学还分到了拉萨的行政管理单位或教学部门,从事行政管理工作或教师工作。由于他们的努力付出和踏实肯干,目前已经有一定数量的西藏定向生成了单位或部门的业务骨干,甚至是中层领导,为西藏定向生赢得了较好的声誉,也为在校的西藏定向生树立了榜样。

三、发表多篇相关论文

围绕主题推进式教育,学校主管学生工作的党委副书记、副校长孙正林在《教育研究》《中国高等教育》《高校理论战线》《国家教育行政学院学报》《中国教育报》等报刊杂志发表了《主题推进式思想教育模式的探索与实践》《大学在生态文化建设中的责任和使命》《江泽民人才思想对我国高等教育发展的现实影响》《完善中华优秀传统文化教育的几个关键环节》《"主题推进式"思想教育的文化传承导向——以东北林业大学为例》《构建传统文化教育长效机制的探索与思考》等多篇论文,阐明主题推进式教育的总体思路和模式,论述中华优秀传统文化的构建机制和关键环节,提出大学在建设生态文明建设中的重要责任与使命,深化了对主题推进式教育的思考与研究。

学生政工干部也发表了多篇主题推进式教育论文,反映主题推进式教育整体设计与架构的思考与探析,如:《试析顶层设计理念的大学生主题推进式教育活动模式》《试论高校主题推进式教育活动长效机制的建立》《试论科学发展观指导下的"主题推进式"大学生思想政治教育》《高校主题教育活动探讨》等。也有的反映主题教育内容的理论探索与深入,如:《在大学开展导行教育的探索——以东北林业大学为例》《大学导行教育实践前后学生适应能力对比研究》《对提高大学生心理健康教育时效性的几点思考》《大学生就业能力分析及培养对策》《以社会实践为载体推进高校思想政治教育工作——以东北林业大学为例》《生态美学角度的高校生态文明教育》等。也有的反映主题推进式教育过程中分类教育的途径、活动或实践,如:《加强西藏定向生思想政治教育工作新探索——东北林业大学的教育实践》《实现大学文化传承与创新职能的有效途径——主题推进式教育》《大学生职业生涯规划主题教育的探索与实践》《以班级文化建设为依托深入开展主题教育活动》《从中国传统文化谈大学生主题教育》等。

第四节　打造优秀实践团队

主题推进式教育注重理论宣讲与实践锻炼的结合,多年来,学校把大学生社会实践活动作为实践育人的有形载体和全面提高大学生综合素质的有力举措,注重把大学生社会实践活动与专业知识拓展、大学生的品格磨砺、校园文化建设相结合,努力增强大学生思想政治教育的成效,最大限度地实现实践育人的功能,打造了一大批优秀的实践团队,这里只选取三个团队作简要介绍。

一、启明星志愿者协会

启明星志愿者协会从2007年正式成立,成立伊始就秉承"关爱城市流动儿童,开启城市明日之星"理念,以哈尔滨外来务工人员随迁子女和哈尔滨市贫困家庭子女为志愿服务对象。从成立至今每个节假日、寒暑假都组织辅导班,陪伴了近百个外来务工人员和贫困家庭子女,带着他们快乐的学习与成长。志愿者坚持对走进孩子身边,教育引导孩子从热爱祖国、孝敬父母开始,学会尊重、感恩、乐于助人,做到诚实善良、品行端正,努力成为一个乐观进取,积极向上的优秀孩子。在志愿者的长期引导下,改变了孩子的一些不良习惯,孩子变得开朗,穿戴干净、不随地扔垃圾、不乱踩草坪,乐于帮助他人,主动和他人交流。

一些具有特长的志愿者为孩子进行艺术教育,开设摄影、美术、手工、舞蹈、话剧、武术、合唱等艺术特长课程。让孩子通过学习掌握一技之长,拥有一颗追求高雅、美丽的心灵,为孩子搭建展示特长的舞台,提升自信,保持一个乐观开朗的心态和生活。丰富孩子的阅历,让孩子拥有多彩的童年。启明星志愿者定期和孩子一起参观、游玩,让孩子参观哈尔滨的各类教育基地、游览哈尔滨美丽的景点,让孩子们拥有一个多姿多彩的童年。通过增加孩子的阅历,丰富孩子的见识,让孩子成为身心健康的优秀少年。义务为孩子进行学习辅导,将生活中包含语文、数学、英语等知识的例子引入教学,让孩子通过身边的例子学习知识。同时通过快乐的互动体验式教学,激发孩子对语、数、英、科学等课程的学习兴趣,让孩子简单、快乐的学习,提高孩子学习的积极性和主动性。

启明星志愿者欣喜的见证了一些孩子在品行、性格、心态等方面的良好变化。让志愿者们感到通过一些努力能够改变孩子们的未来,是一项非常幸福、充满成就感的事业。凭借在这些志愿服务工作中的杰出表现,启明星志愿者协会先后获得了2012年省获得黑龙江省"优秀学生社团"称号、东北林业大学"示范性学生社团"称号;2013年香坊区"十佳志愿者协会"称号、2013年东北林业大学"示范性学生社团"荣誉、抚顺社区感动抚顺百颗星"十佳志愿者团队"荣誉、2013年黑龙江省"十大杰出青年志愿服务集体";还相继在"省十万高校志愿者进社区"活动和"希望工程星光班助一"项目中获得先进集体和优秀志愿团队荣誉。2012年2月,中央电视台"共同关注"栏目对启明星志愿者协会进行了报道。时至今日,在发达的城市中,仍然有许许多多无法充分利用这座城市资源的孩子们,他们仍然无法和许多城市的孩子们一样快乐地学习与生活。启明星志愿者协会正以自身的行动感染身边的人,借助社会的力量将这份爱心不停传递下去。

二、绿色使者志愿者协会

绿色使者协会以"保护环境,创造绿色,拯救地球,造福人类"为宗旨,以"爱在随手间,举手做环保,明天会更好"为口号,以"提高全民的环保意识"为目的,以"创造全国一流志愿服务集体"为目标,坚持长期开展生态环保活动。

协会从清除白色垃圾、义务植树、保护动物、呼吁减少一次性木制品和纸制品的使用、倡导垃圾的分类回收、广泛开展废旧电池的回收,到深入哈尔滨市各小学校宣传环保知识、定期组织志愿者开展环保宣传活动、利用暑期进行生态考察等等。广泛传播绿色文化,进行环保实践,宣传环保理念。在校园、社区、广场、公园等地,开展"永远的东北虎"图片展、爱鸟周宣传、文明减塑宣传、可可西里大型室外图片展、4.20世界水日宣传,4.22世界地球日宣传、6.5世界环境日主题展、湿地保护等专题宣传。由共青团中央及国家林业局共同发起的绿色长征之东北林海大型环保及奥运主题式宣传,在哈尔滨市植物园、儿童公园、北方剧场、太阳岛公园、兆麟公园等公众场所先后进行,取得了较好的宣传效果。在做好基础性工作和开展日常活动的同时,协会也注重品牌建设,努力打造品牌性活动。东北林业大学绿色营是在全国大学生绿色营影响下,由绿色使者协会主办的暑期社会实践活动,现已成功举办九届。绿色营活动坚持以绿色环保为主旨,得到了学校和社会各界的大力支持,活动不仅邀请了著名环保活动家、作家、大学生绿色营创始人唐锡阳先生参加,同时参加活动的还有来自同济大学、兰州大学、北京化工大学、湖南大学、哈尔滨工业大学、东北师范大学、云南大学等高校的大学生。

协会先后获得"全国十佳环保社团"、"全国社会实践先进集体"、"黑龙江省社会实践先进集体"、"黑龙江省十大杰出志愿服务集体"、"黑龙江省优秀志愿服务队"、东北林业大学志愿服务先进集体等荣誉称号。连续十七年获得学校"优秀社团"荣誉称号,连续九年荣获学校暑期社会实践优秀小分队称号,此外还获得了王老吉爱心助学奖、西安世园会优秀组织奖等多项荣誉称号。

三、晨曦志愿者协会

晨曦志愿者协会秉承"真诚、热情、执着、奉献"的宗旨,弘扬中华民族"尊老、敬老、爱老、助老"的优秀传统文化,以学生为主导力量的青年志愿者团体。自 2010 年 12 月成立以来,协会一直坚持开展"敬老、助老"志愿服务活动。协会在长期的志愿服务中,正不断走向发展与成熟,协会先后发展了 300 多名志愿者,同时还拥有部分流动型的志愿者,为服务老人、奉献社会做着坚持不懈的努力。

从协会成立到现在,协会先后联系了哈尔滨道外区红旗老区的阳光养老院、哈尔滨道外区康乐老年公寓和香坊区电机头道街福寿居老年公寓等作为志愿服务基地。志愿者坚持每周走进老年公寓,开展慰问、服务活动。老年公寓的老人有瘫痪卧床不能自理的、有患老年痴呆症的、有子女不赡养的、也有少部分是自愿入住养老院的,志愿者每周都能陪他们度过愉快的周末,和他们聊天,为老人义务服务,和老人们相处得其乐融融,结下了深厚的感情。除了每周来慰问老人一次外,在元旦、学雷锋纪念日、中秋节、重阳节等特殊的日子里,协会还组织志愿者走进老年公寓,和老人们开展联欢活动,将老人们请出房间观看丰富多彩的节目,包括诗词朗诵、红歌翻唱、吹笛、双簧、相声等,演出博得了老人们热烈的掌声。表演结束后,志愿者们或搀扶老人回房间休息,或陪着老人玩扑克牌,或陪老人聊天。有时恰逢老人过生日,志愿者们带着事先准备好的节日礼物蛋糕、水果和手工制作的小礼物等到达养老院,并将礼物一一分发给老人们。每当重阳节,志愿者们陪老人们一起吃重阳糕,同时送出了节日的祝福。每次活动,都会留下温馨、感人的画面。

几年来,协会不断成长,每年老年公寓都会赠送协会锦旗,对志愿者的善举深表赞许,志愿者的行动也在社会上产生了积极影响,2013年协会在第六届黑龙江省优秀青年志愿者评选中获得"黑龙江省共青团敬老爱老志愿服务优秀项目奖",协会还多次获得学校优秀社团荣誉称号,每名志愿者都以饱满的热情投身志愿服务,奉献自己的爱心。志愿者用实际行动来感化大家,感化社会,让爱的阳光充满世界的每一个角落。

第五节 形成有力辐射效应

主题推进式教育实施以来,学校的大学生日常思想政治教育工作取得了显著的成效,中央政治局委员、国务院副总理刘延东曾在2008年和2009年先后两次就学校西藏定向生教育培养工作和刘家霖同学舍己救人的先进事迹作出重要批示。学校应邀在全国或全省的多次会议或论坛中就主题推进式教育作典型发言或专题讲座,在多种交流刊物中作为经验进行推广,多个教育管理部门和兄弟高校来校进行考察交流,全国和省级等主流新闻媒体也相继对主题推进式教育的实践和成果做过多次报道,主题推进式教育作为有效的大学生思想政治教育模式正在发挥着有力的辐射效应。

第五章　主题推进式教育的实施效果

一、多次在会议论坛中作典型介绍

在多年的主题推进式教育实施过程中,东北林业大学进行了积极的探索和实践,并把主题推进式教育的实施模式、基本经验和成果成效在全国或全省学生工作相关会议或论坛中作了交流,与学生工作战线的工作者进行交流。

2008年6月,东北林业大学学工部部长强添纲在哈尔滨(哈尔滨师范大学)召开的黑龙江省高校校园文化建设论坛上作了《营造主题校园文化,推进大学生日常思想政治教育工作》的典型发言。

2009年10月,东北林业大学党委副书记、副校长孙正林在大连(大连理工大学)召开的教育部加强和改进大学生思想政治教育东北地区调研会上作了《经济资助与精神激励相结合:家庭困难学生思想政治教育工作的探索》的典型发言。

2010年3月,东北林业大学党委学工部部长强添纲在海口(海南大学)召开的教育全国学工部长会议上作了《深入开展主题推进式教育,坚持做好少数民族学生思想教育工作》的典型发言。

2010年4月,东北林业大学党委副书记、副校长孙正林在上海召开的全国大学生志愿服务工作现场经验交流会暨上海世博会大学生志愿服务工作动员会上,以《丰富志愿文化内涵,充分发挥志愿服务的育人功能》为题介绍了东北林业大学的做法和经验。2010年4月16日发言稿被《中国教育报》全文转载。

2010年9月,东北林业大学校长杨传平在黑龙江省加强和改进大学生思想政治教育工作座谈会上做了以《深入开展主题推进式教育,努力开创大学生思想政治教育工作新局面》为题的报告。

2011年9月,东北林业大学党委副书记、副校长孙正林在西安(西北工业大学)召开的教育部第三届高校德育创新发展论坛作了《社会主义核心价值观融入主题推进式教育全过程的实践探索》的报告。

2011年11月,东北林业大学党委副书记、副校长孙正林在北京理工大学召开的中国高等教育学会第一届大学素质教育高层论坛上作了《构建大学生传统文化教育的长效机制——东北林业大学主题推进式教育的研究与实践》

的报告。

2012年2月,东北林业大学党委学工部部长强添纲在成都召开的教育部全国学工部长会议上作了《主题推进式教育的实践与经验》介绍。

2012年5月,由教育部高等学校社会科学发展研究中心主办的"高校文化传承创新研究论坛"在南昌大学举行。此次论坛主题为"以社会主义核心价值体系引领大学文化建设"。东北林业大学党委副书记、副校长孙正林在南昌(南昌大学),教育部高校文化传承创新研究论坛作了《主题推进式思想教育的文化传承导向》的典型发言。

2012年5月,由黑龙江省教育厅、教育部高校辅导员培训和研修基地(哈尔滨师范大学)联合主办第8期黑龙江省高校辅导员培训班,特举办专场报告会,推广东北林业大学"主题推进式教育"的实施方案、经验成果,得到全省同行的广泛关注和高度评价。

2012年6月,东北林业大学党委学工部部长强添纲在齐齐哈尔(齐齐哈尔工程学院)召开的首届民办高校学生工作创新研讨会上,作了《文化传承创新视野下德育创新的路径选择》的典型发言。

2012年7月,东北林业大学党委学工部部长强添纲在昆明教育部提高高校学生干部队伍专业化建设水平专题研讨会上,作了《主题推进式教育:辅导员开展日常思想政治教育的有效途径》的典型发言。

2014年4月,黑龙江省内地少数民族学生教育管理服务工作会议上,东北林业大学党委副书记、副校长孙正林在会上做了《坚持以人为本,多措并举做好少数民族学生的培育工作》的典型发言。

2014年8月,东北林业大学党委副书记、副校长孙正林在教育部高校辅导员培训和研修基地(哈尔滨师范大学)举办的第86期全国高校辅导员骨干培训班上作了《人文精神的培育——大学辅导员的职责与使命》专题讲座。

二、多家媒体进行相关报道

中央电视台、《人民日报》《光明日报》《中国教育报》《中国青年报》、新华网、人民网等多家主流媒体,多角度、多侧面地报道了学校"主题推进式教育"的总体思路、创新举措、良好效果,并给予了高度的赞誉,产生了广泛深入的社会影响。

《中国青年报》曾以《八大主题打造全过程育人格局——东北林大探索高校德育新路径》《东北林大打造学生文化素质教育基地》为题对东北林业大学主题推进式教育的探索与实践和学校的文化载体建设进行了全景的报道。

《中国教育报》以《主题教育唤醒感恩心灵》《在这里学会了责任与担当——记东北林业大学主题推进式思想教育》为题,对学校主题推进式教育的基本做法和实际成效进行了专门报道。以《春风化雨育学子——加强和改进大学生思想政治教育工作成效综述》《瞬间选择奏出生命强音》《英雄就在身边,榜样引领成长——典型引路推进大学生思想政治教育工作》对学校进行主题推进式教育过程中涌现出的学生先进典型进行了宣传报道。《东北林大:绿色使者的星星之火》凸显了大学生在生态文明建设实践中所发挥的作用和取得的有益成果。

《光明日报》以《东北林业大学生刘家霖舍身救人负重伤被授予"舍己救人优秀大学生"荣誉称号》《大有希望的一代——加强和改进大学生思想政治教育系列报道之一》报道了学校大学生勇于担当、舍己救人的先进事迹。

中央电视台《今日说法》栏目,在2012年3月来校报道了冯春菲、田文成和李成亮同学勇于担当、救扶一位生病跌倒的老人而不留姓名的感人事迹。

新华网以《东北林业大学学子诚信考得高分,无人售水冰柜回款率近100%》,报道了学校主题推进式教育的实际成效。在无人监督的情况下,大学生从无人售水冰柜中买水主动自觉付款,几个月运行良好,100%的回款率体现了大学生的诚信意识和自觉行动。

人民网以《1+1大于2,东北林业大学主题推进式教育成效凸显》为题,对东北林业大学主题推进式教育推行以来学生感恩诚信意识明显增强、责任担当典型辈出、毕业生文明离校蔚然成风等一系列主题推进式教育所带来的显著成效作了专门报道。

教育部网站也以《东北林业大学"三阶段式"诚信教育见实效》为题对学校的大学生诚信教育工作进行了报道。

此外,《中国绿色时报》、《黑龙江日报》、《哈尔滨日报》、黑龙江电视台、哈尔滨电视台等多家媒体也都进行过主题推进式教育的相关报道。

三、多种经验交流报刊进行经验推广

东北林业大学"主题推进式教育"的经验材料先后被编入《教育部加强和改进大学生思想政治教育工作简报》、《全国第18次高校党建工作会交流材料》、第44期和52期《黑龙江省委高校工委深入开展创先争优活动简报》,被黑龙江省委高校工委选报参加《全省创先争优活动优秀案例》征集活动。

2013年由教育部主管,国家教育行政学院主办的《高教领导参考》在19、20、21期连续三期对我校的主题推进式教育进行专题介绍和经验推广。对主题推进式教育的教育模式、教育主题、教育模块进行阐述,对分类教育、实践环节、育人效果进行了介绍,对师资组建、队伍建设、研究成果等进行了简要说明,为开展大学生思想政治教育工作提供了借鉴模式和途径。

2013年由教育部科学技术委员会主办的《专家建议》,以《从东北林业大学学风建设实践谈高校学风建设》为题,对东北林业大学学风建设的有效做法进行了刊登,其中把推进主体教育作为促进学风建设的一项重要举措和内容列入其中,进行了专门介绍。

四、多个兄弟高校来校考察交流

学校在主题推进式教育实施以来,曾有多个省级教育管理部门和多所兄弟高校的学生工作者来校考察交流,重点了解学校主题推进式教育的基本做法和主要成效,对加强教育部门和兄弟高校学生工作部门的工作交流,促进大学生思想政治教育工作发挥了积极的推动作用。几年来,先后有湖南省、云南省、江西省等9个省教育厅及复旦大学、浙江大学、武汉大学、华中师范大学、东华大学、华中农业大学、黑龙江中医药大学等二十余所高校的大学生思想政治教育考察团来校考察"主题推进式教育"的经验成果,并给予了高度评价。

第六章

主题推进式教育的总结与思考

主题推进式教育有前期的调研,有系统的设计,有中间的具体实施,有过程的控制和管理,有后期的总结和反馈,并且能够锲而不舍地长期坚持,使学校的大学生日常思想政治教育取得了显著的效果。针对主题推进式教育的整个实施过程和实施效果,有必要对主题推进式教育进行认真的思考和总结,探寻富有成效的做法,挖掘其中的教育规律,为今后更加深入有效地开展高校大学生日常思想政治教育工作提供借鉴和启迪。

第一节 主题推进式教育的规律总结

《国家中长期教育改革和发展规划纲要(2010 – 2020 年)》中明确提出:"育人为本是学校工作的根本要求"。"育人为本",即秉持以人为本、全面实施素质教育,其核心是培养什么样的人、怎样培养人的问题,目标是培养德智体美全面发展的社会主义合格建设者和可靠接班人,重点是提高学生的社会责任感、创新精神和实践能力,思路是坚持德育为先、能力为重、全面发展①。因此,改进和加强大学生思想和政治教育工作,为肩负中华民族复兴重任的青年

---

① 张成伟、周彩根:《创新主题教育与改进大学生思想政治教育工作》,载《考试周刊》,2010 年 27 期。

学生提供丰富深厚的精神文化给养,已经成为当前高校思想政治教育工作者肩负的崇高历史使命。学校在认真调研的基础上,设计提出了主题推进式教育的大学生日常思想政治教育模式,精心组建了一支主题教育团队,组织实施了以社会主义核心价值观为导向,中国优秀传统文化为底蕴,生态文明教育为优势的主题推进式教育。主题推进式教育始终坚持以学生为本,关注学生主体的需要,细心观察大学生在教育实践过程中的感悟、体验以及行为上的变化、发展和提高,同时遵循大学生身心发展规律、教育规律和不同阶段学习生活的特点,针对不同年级、不同类别的学生群体,整合教育资源,形成有特点、注实效的教育主题,深入开展宣传和践行社会主义核心价值观的教育活动,将学生思想政治教育工作与学生专业教育、职业素养教育和思想道德教育的工作相结合,这是开展"第二课堂"的大学生日常思想政治教育途径的有益探索。结合主题推进式教育的实践,认真总结经验和规律,对今后进一步强化大学生日常思想政治教育工作,增强教育效果,必将起到积极的促进作用。

一、教育要求与受教育者思想道德发展之间保持适度张力的规律

这一规律反映的是,在主题推进式教育实施前,教育者根据世情、国情、党情、校情,考虑应该对受教育者提出适当的思想、政治、品德等方面的要求,也就是教育的内容和目标的指向。教育要求与受教育者思想道德发展的要求总体上是一致的,但二者之间是存在一定张力的。思想道德教育不同于自然科学知识的传授与教育,知识教育过程中的"接受",是科学成果的接受,教育者可以公开宣布教育的意图,受教育者即使不予认同,也并不妨碍教育的效果。在思想道德教育中,教育者虽然可以公开宣布教育的意图,但必须得到受教育者的价值认同,使之与他们的内在的价值尺度吻合,或者引导他们认同,不能引发受教育者价值认同的教育内容和方法,意味着思想道德教育无效或没有意义①。所以,要通过多方努力,使教育要求与受教育者思想道德的需求和发

---

① 北京大学马克思主义学院当代大学生思想道德教育研究课题组组编:《当代大学生思想道德教育的理论与方法》,北京大学出版社,2007年版。

展达到协调一致,这样才能使教育的目的和效果得以更好地实现,最终促使这一矛盾解决,以提升受教育者的思想道德水平。教育过程中也遵循在某一具体矛盾解决后,又会产生新的矛盾,又要根据新的情况,提出新的教育要求,以解决新的矛盾这一矛盾普遍性原则①。主题推进式教育在确立教育主题时,学校紧紧抓住政治教育的主导性,清晰地认识到坚持社会主义核心价值理念要求必须巩固马克思主义指导地位,坚持不懈地用马克思主义中国化的最新理论成果武装全党、教育人民,用中国特色社会主义共同理想凝聚力量,用以爱国主义为核心的民族精神和以改革创新为核心的时代精神鼓舞斗志,用社会主义荣辱观引领风尚,巩固全党全国各族人民团结奋斗②。在学生的思想政治教育中牢牢把握住根本方向,把大学生的理想信念、爱国情怀人格魅力、学识能力等方面的塑造很好地融合在了各阶段的主题教育里,通过主题推进式教育活动,潜移默化地影响学生,培育学生的思想政治素质。

其次,注重社会适应性是主题推进式教育坚持开展的动力。学校在面向学生进行大规模访谈调查和座谈听证的基础上,通过用人单位走访、校友追踪调查、专业教师座谈、辅导员工作反馈、专家论证等方式,按照引导学生成人、教会学生成事、培养学生成才、激励学生成功的年级递进顺序,确定了8个重点教育主题。主题推进式教育过程中,每个主题各有侧重,又相互衔接,整合相关思想文化资源,富有针对性地从不同维度致力于学生的理想信念、精神风貌和道德规范教育。这些主题都是结合社会主义对人才培养的基本要求,结合贯彻落实社会主义核心价值观的客观需要,结合时代与社会发展对大学生提出的基本准则。国家、社会所需与大学生个人成长能够找到很好的契合点,教育的"所给"与受教育的"所需"正好能够吻合,学生能够对学校给予学生的思想教育和引导给予积极主动的回应和认同,教育的效果自然而然地就逐渐凸显出来。

---

① 姚庆武、陈姬:《浅谈思想政治教育的规律》,载《康定民族师范高等专科学校学报》,2004年第3期。
② 《中共中央关于构建社会主义和谐社会若干重大问题的决定》,载《人民日报》,2006年10月19日。

二、教育者与受教育者双向互动的规律

这一规律深刻揭示了在教育过程中施教者与受教者两者之间的本质关系及其矛盾发展的普遍规律。一方面,施教者主导作用的传播离不开受教者主动作用的接收。没有受教者主动作用的发挥,施教者所传授的教育思想及内容就不可能为受教者所接受,或者说即使接受了,也只是教育内容中极少的一部分,因而也就不能实现预期的教育目标。另一方面,受教者主动作用的接收,也离不开施教者主导作用的传播。离开了施教者的主导,受教者的主动也就会变成"盲动"。[1] 因此,学校在开展大学生主题推进式教育工作中始终坚持以马克思主义辩证唯物主义和历史唯物主义的科学方法论为指导,坚持师生互动、以学生为本的方针和原则。开展主题讲座的教师,往往不仅仅把思想教育看作是教育者施教的一种手段,而且更重视受教育者的主体作用,考虑受教育者的主动性。一些主讲教师在开展主题教育讲座之外,还加强与学生的交流和沟通,了解学生的真实想法,解决学生的思想问题、生活困惑,学生也能把自己的所思所想与主讲教师交流。公平的交流环境,使大学生更容易接受老师的教育内容,在潜移默化中加以影响。在学校主题教育的过程当中,一些学生的内心困惑就是通过主题讲座的教师了解到的,在与主讲教师倾心而谈之后,教师及早了解情况,使学生从困境和危机中脱离出来。开展主题教育的初衷,不仅仅是教会学生懂得某些道理,重要的是使受教育者既懂得道理,又能表里如一,言行一致,积小善成大德,达到提高品行、完善人格的目的。

在开展主题推进式教育活动中学校准确定位教育客体,既重视群体,也没有忽视个体,而是在普适教育的基础上,从不同学生群体的特点和实际出发,制定适合不同群体的教育方法和教育内容。学校根据大学生思想政治教育的重点和难点,通过全面了解学生的家庭情况,深入分析学生的思想状况,系统考察学生的学习认知水平,综合衡量学生干部的组织领导能力,确定了重点针

---

[1] 姚庆武、陈姬:《浅谈思想政治教育的规律》,载《康定民族师范高等专科学校学报》,2004年第3期。

对8类特殊学生群体进行针对性的主题教育。包括依托学生资助管理中心和勤工助学中心对家庭经济困难学生群体开展的"励志成才、感恩诚信教育";依托大学生心理健康教育中心,针对心理障碍学生开展的"生命智慧教育";由辅导员和专业教师配合,在学习有困难学生群体中开展的"学习能力教育";依托大学生就业指导中心对就业困难学生群体开展的"生涯规划与就业技能教育";依托少数民族学生事务管理中心对少数民族学生开展的"文化传承与民族团结教育";由西藏定向生辅导员、班主任团队对西藏定向生开展的"爱藏兴藏教育";依托大学生艺术教育中心针对有艺术专长和艺术爱好的学生群体重点开展"艺术鉴赏教育";依托学校团委和青年马克思主义者培养工程对学生干部开展的"责任担当与服务意识教育"等。上述八个类别的学生群体是学校主题推进式教育工作的重点和难点,做好这八类学生群体的思想工作,大学生主题推进式教育工作的主要矛盾就迎刃而解了。只有准确把握受教育者的思想脉搏,充分认识受教育群体的不同特点,教育者的作用才能更加有针对性的得以发挥,才能进一步增强教育的实际效果。

三、协调和控制多重影响因素,使之同向发挥作用的规律

世界上的一切事物都与周围其他事物有着千丝万缕的联系。同时,世界上的事物千差万别,事物之间的联系也是多种多样的,有直接联系和间接联系、内部联系和外部联系、本质联系和非本质联系、必然联系和偶然联系等,任何个体、事物都不可能独立存在与发展。在主题推进式教育活动筹备、实践等各个环节,统筹整合各方面资源、用联系的观点推进主题教育的发展是开展主题教育始终秉持的理念。由学校党委领导牵头,相关处室部门协同、联动组织开展教育活动是主题教育得以顺利进行的保障。精心组建的教育团队,教师团队、学工部门、学团组织、场馆单位等在教育活动中共同发挥着积极的作用,充分达到"纵向"与"横向"两个方面资源协同推进的效果。教学部门、学生工作部门等围绕主题推进式教育,及时收集大学生思想政治状况及变化的新情况、新问题,彼此间进行有效的信息沟通与反馈,及时调整改进活动方案,取得了较佳效果。各部门之间建立协调机制,及时调整各要素之间的磨合,以教师、学生工作队伍和学生社团的作用,充分保障了教育活动的持续有效发展,增强了主题推进式教育活动的育人效果,避免形而上学、走过场的现象出现。

同时,还应该清醒地认识到,教育目的与教学目的是普遍与特殊的关系,教育目的是学校要培养什么样人的总体要求的宏观体现,而教学目的是具体落实到教育实践中的微观要求,反映的是教学主体的需要。教育目的引导教学目的,教学目的必然受制于教育目的。通常,教育目的要转化为教学目的,使社会需要转化为教学主体的需要。这就要求在具体开展主题推进式教育活动过程中,注重学校与各院系、班级之间的协调发展。主题教育活动整体方案是由学校统一制定和安排的,为了更好落实、增强主题推进式教育活动在学生当中的有效性,学校在具体实施过程中抓住"普遍与特殊相统一、协调发展"的规律,从思想性和专业性相结合的角度,鼓励各学院、各班级精心策划符合学生自身实际情况和学生喜闻乐见的具体主题教育活动项目,以校、院、社团、班级为单位,持续有效地开展内涵丰富、形式多样的校园主题实践活动,学校已初步建立起了以校、院、班为主线的主题推进式教育实施和反馈体系。各学院按照学校主题教育的总体规划,在学院层面把系列主题教育活动细化,发挥学生党支部、学生会、社团及班级在教育中的作用,调动广大学生自主自愿投入到系列主题教育活动中去,并在过程中注重发挥自我组织、自主开展和自行教育的功能。这样的主题推进式教育组织模式,一方面扩大活动的参与面和受益面,使全体学生能够参与其中,使全体学生思想受益;另一方面则使系列主题教育活动更加生活化,让同学们在活动中真正有所思、有所想、有所为。

四、内化与外化相统一的规律

马克思主义认识论坚持从物质到意识的认识路线,认为认识从实践中产生,随实践而发展,认识的根本目的是为了实践,认识的真理性也只有在实践中得到检验和证明;认为认识的发展过程是从感性认识到理性认识,再由理性认识到能动地改造客观世界的辩证过程。一个正确的认识,往往需要经过物质与精神、实践与认识之间的多次反复,社会实践的无穷无尽决定了认识发展的永无止境。在多年主题推进式教育实践活动的过程中,学校紧紧围绕理论与实践全面发展的教育规律,把握住大学生社会实践工作是深入开展主题推进式教育的重要途径。抓好大学生社会实践工作就是让学生在社会实践中受教育长才干,提高大学生生命质量、强化大学生生存意识,使大学生掌握生存技能的重要方式。只有利用好大学生社会实践途径,才能不断提升大学生综合素质,不断推进主题推进式教育的深入开展,最终实现对社会主义核心价值体系的践行和对自身人格的培养。在学校深入开展主题推进式教育活动中,社会实践是为数不多的离开了课堂教学,走出校园,融入社会的方式之一,具有其他活动方式无可比拟的优越性,是主题推进式教育活动不可或缺的环节之一。学校大学生社会实践主要是通过日常校内实践、社区实践和大学生寒暑假走出校园而展开的,实践活动的目的在于深化主题教育的认识,帮助学生了解社会、服务社会,在社会中找到自身与社会需要的差距,从而使其为适应国家、社会和自我成长的需求,不断提升自身综合素质,实现社会期望与自身能力的统一。近年来,学校每年组织全校学生参加暑期"三下乡"社会实践活动,组建以"志愿者服务""追寻红色足迹""感恩诚信宣传""生态文明宣讲"和"就业创业调查"等主题为活动宗旨的社会实践团队,奔赴全国各地的数十个实践基地,撰写团队和个人社会实践报告。这一系列实践与学校开展主题推进式教育的目标、宗旨是相一致、相贯通的,在这个过程中,大学生既接受了知识的滋养,又开阔了眼界,感知了现实,启迪了思考,锻炼了自身。大学生实践活动是促进大学生素质全面发展,加强和改进青年学生思想政治工作,引导学生健康成长和成才的重要举措,是学生接触社会、了解社会、服务社会,培养创新精神、协作精神、实践能力和社会交往能力的重要途径。与此同时,实践环节还着眼于学生的健康成长、成人、成才,着力开启学生心智,培养学生的创新精神和实践能力,培养学生的爱心、感恩之心和责任感、正义感,促进学生全面发展。

五、理论创新和方法创新相统一的规律

主题推进式教育,以切实增强大学生日常思想政治教育的针对性和实效性为出发点,遵循大学生成长成才规律、教育发展规律和不同阶段学生主体的特点,明确提出并系统研究论证了大学生日常思想政治教育的主题推进模式,教育研究及时跟进指导教育教学实践,形成了"理念人本化、内容主题化、环节科学化、活动品牌化、对象分类化、途径多样化"为基本内涵的清晰、稳定的思想构架和理论主张,切实贯彻"育人为本"的思想政治教育原则,教育要素的系统设计更具贴近学生的针对性,满足学生成长成才、全面发展的迫切需求。在教育过程中,遵循理论创新与方法创新的统一。

  系统的思想政治教育与高品位的文化素质教育有效融合是学校在开展主题推进式教育过程中的一个重要方法。在开展主题推进式教育实践中,始终秉承以社会主义核心价值观为导向,中国优秀传统文化为底蕴,生态文明教育为优势的全面教育原则,并遵循思想政治教育和传统文化濡染的规律,结合当代大学生的认知兴趣特征,精心策划并倾力打造了"东林文化大讲堂""与东林学人对话""成功在路上""东林艺术长廊""国学精粹"等一系列实施主题推进式教育的知名校园文化品牌活动。教育过程中充分发挥核心文化价值内蕴的校园文化品牌的有力辐射作用,展开了聆听讲解、对话交流、情境体验到主题实践等循循善诱的育人环节,构建了教师精心引导与学生自我塑造相结合的校园文化育人格局。自主题推进式教育活动开展以来,百余次的高品位讲座,既有学识风气,更有文化气息,其中也不乏对话与交流,进一步开阔学生的思想文化视野,深化和丰富了主题教育的精神内涵。主题推进式教育的持续开展,就是要鼓励学生努力学习,积极钻研,提倡学生德智体美全面发展,这在学生中形成积极进取的学习风气的同时,又能促进学生的身心素质的发展提高。而在这种提高中,作为教师,也在教育教学中加强了与学生的沟通,进一步了解了学生,深化了对学生的认知。在学生的成长中,教师会更深地体验到教书育人的意义和职业幸福感,对于促进一所大学的教风、学风、校风不无裨益。主题推进式教育的开展,促进浓厚校园文化氛围的形成,在师生的共同努力下,整个校园的文化氛围充满活力与朝气,随之所体现的学校精神也在这种氛围中潜移默化地影响着学生,促进学生身心的健康发展。

  实践出真知。学校在主题推进式教育活动中所总结出的规律来源于行之有效地教育教学改革实践:一是以科学研究为先导,加强实践指导型研究团队建设。依托教育教学重点研究基地,统筹规划各级课题的研究方向,建立"主题推进式教育"研究共同体,提升学生政工干部整体的专业化水平。二是以名师配置为突破,提供丰厚的思想文化教育内容。完善由校内外著名学者、各界知名人士组成的主讲专家信息数据库,建立以文史哲艺为主要专业背景的"主题推进教育"名师集群,保障优秀师资的可持续供给。三是以环节设计为关键,构建循循善诱的品牌育人格局。遵循大学生身心发展规律,科学安排八大主题推进顺序;基于教育规律,开展从理论讲解、对话交流、情境熏陶到主题实践等方式的品牌育人活动,力求教师精心引导与学生自我塑造的有机统一。四是以实践育人为重要,着力拓展主题实践内涵和渠道。围绕各个主题理念,开展内容丰富多彩、形式灵活多样的校园文化实践;按照主题分类,规划数十个重要社会实践基地;构建以专项课题为载体,志愿者服务团为主体,集中与分散相结合的社会实践体系。五是以学生反馈为依据,及时优化主题教育运行机制。建立以校、院、系、班为主线的教育教学评价体系。通过广泛收集学生意见,追踪典型学生的思想动态,分析优秀学生事迹等多种方式,检验教育效果,完善育人格局。

意识反作用于实践,经过实践检验得出的宝贵规律又促进着教学实践的发展。通过开展主题推进式教育活动,所形成的教育效果有:首先,以社会主义核心价值观引领校园文化建设全过程,强化第二课堂日常教育对第一课堂理论教学的全方位衔接、扩充、深化和提升。其次,切实贯彻"育人为本"的思想政治教育原则,教育教学要素的系统设计更具贴近学生的针对性,满足学生成长成才、全面发展的迫切需求。再次,思想政治教育与文化素质教育相辅相成,充分发挥中国优秀传统文化思想精华的育人功能。最后,教育教学研究及时跟进指导教育教学实践,形成清晰、稳定、专业的日常教育思路。

第二节 主题推进式教育的未来思考

大学生思想政治觉悟的高低直接决定着大学生的行为高度,并间接关系着社会的进步,因此,高校开展主题推进式教育是新时期大学生思想政治教育的需求,是提升大学生综合素质的需要。主题推进式教育持续、顺利、深入地进行,对大学生个人的成长有着重要的影响,对加强高校大学生日常思想政治教育工作起到了很好的促进作用。学校应该在多年来教育的基础上,认真总结经验,启迪教育思想和路径,不断深化主题推进式教育的教育成果,进一步科学、有效地开展主题推进式教育,为不断提高教育质量和人才培养水平作出新的努力。

一、主题推进式教育自身的完善

(一)牢固树立以学生为核心的主题推进式教育理念

"以人为本"是科学发展观的核心,也是主题推进式教育工作的根本理念。在"以人为本"核心理念指导下,学生是主题教育的主体和对象,学校主题教育各阶段、各环节的开展必须以学生从中德智双收为宗旨。坚持以学生为本,这要求一切从大学生的实际出发,全面而准确地把握学生学习生活、思想现状,要把广大学生的根本成长和发展需求作为工作的出发点、落脚点,把实现学生的全面发展作为工作的最终目的。在主题推进式教育活动中施教者要始终把解决学生思想问题同解决其学习生活实际等问题结合起来,将主题推进式教育融入解决学生生活困难、就业压力、心理困惑等各个方面,使施教者真正成为学生思想上的"知情人",心灵上的"知心人"和生活中的"贴心人",这样,才能确保主题推进式教育工作顺利进行①。

(二)不断深化创新主题推进式教育的题材

主题推进式教育活动的灵魂是题材。主题推进式教育应当在保留、发扬传统教育题材精华的同时,不断选取新鲜、生活化的教育题材,使主题推进式教育既具历史传承性,又具时代感,真正起到培养学生正确的人生观、世界观、价值观的作用。

第一、与社会主义核心价值理念相融合。社会主义核心价值观是精神支

---

① 郑忠平、刘启强:《主题式教育:以人为本视野下大学生思想政治教育新途径》,载《广西教育》,2012年第4期。

柱,是行动向导,对丰富人们的精神世界、建设民族精神家园,具有基础性、决定性作用。一个人、一个民族能不能把握好自己,很大程度上取决于核心价值观的引领。社会主义核心价值观倡导富强、民主、文明、和谐,倡导自由、平等、公正、法治,倡导爱国、敬业、诚信、友善,其原则要求恰恰与主题推进式教育所遵循的教育原则相契合。今后,在开展主题推进式教育过程中要继续坚持育人为本、德育为先,围绕立德树人的根本任务,把社会主义核心价值观融入到主题推进式教育规划中来,形成课堂教学、社会实践、校园文化多位一体的育人平台,最终达到社会主义核心价值观进教材、进课堂、进生活的效果。

第二、与日常生活相联系。主题推进式教育生活化是对通过对主题教育进行反思和改进的产物,是向马克思主义"人本论"的回归。无论主题推进式教育的目的是个人的全面发展,还是构建和谐校园,其根本上都是为了更好地生活。生活是主题推进式教育生存的土壤,是主题推进式教育的载体和目标,所以,主题推进式教育应不断地将其影响力渗透到学生日常的生活当中去,增进其生活中的智慧。具体说来,大学生主题推进式教育生活化强调不要将主题推进式教育局限于专门的时间、专门的地点、由专门的人员进行的专门的教育,而是贯穿到学生所有生活细节当中去。主题推进式教育好比吃盐,每天都需要,但不能一次给学生吃太多,要分解到每一天,也不能让他们直接吃盐,要让他们在吃菜吃饭的过程中慢慢消化、吸收①。主题推进式教育要注重宏观与微观的结合,一些关系到学生学习和生活的"小问题"更要得到充分的重视,否则不仅困扰学生的日常学习生活,更会降低学生对学校的信任,从而抵消了主题推进式教育的实际效果。因此,大学生主题推进式教育要生活化,要日常化,要将育人内化到每一场报告、每一个活动中去,通过每一场报告、每一项活动达到"教育难忘"的目的②。将生活作为主题推进式教育的载体,使主题推进式教育的形式丰富多样,做到"到处是生活,到处是教育"。通过教育将学生

---

① 邹娣:《大学生思想政治教育生活化研究》,湖南农业大学硕士论文,2012年。
② 张巧凤、俞喧一:《基于大学生日常管理框架下的主题教育实践与思考》,载《文教资料》,2013年第28期。

领向广阔的生活世界。

第三、与传统文化相衔接。传统文化是中华民族的文化瑰宝,将传统文化融入主题推进式教育是不容忽视的关键环节。首先,应该高度重视学生自学能力和自我教育的能力。开展以传统文化为经脉的主题推进式教育注重引导学生进行自主学习、自我提高。例如,开展班级集中阅读,阅读后以讨论的方式进行经典学习,激发学生的学习兴趣和集体意识,让学生在互相激励的氛围中学习经典。再者,学校及各院系可以聘请相关专家学者给学生进行传统文化解读。最后,主题推进式教育的题材内容应以经典传统文化为经,以当前时事政治为纬,鼓励学生们畅所欲言。传统文化向来被看作教条、枯燥的,不被大众所接受。在以传统文化为媒介开展主题推进式教育的过程中,施教者需要运用灵活、多变的教育方式,让学生在充分理解传统文化,去除偏见的基础上向其介绍传统文化的精神内涵,加强学生对于传统文化的印象和好感[①]。

(三)统筹资源、丰富教育形式为主题推进式教育服务

大学生主题推进式教育要统筹整合各方面教育资源,将党团组织、学生组织、学生社团、辅导员、班主任、思想政治理论课教师、专业教师等力量统一协调与分配,做到齐抓共管,保障教育活动的持续有效进行。同时,还必须注意主题推进式教育的多样性,在开展一般性教育活动中,还要开展有利于学生个性化发展、多种形式共存的个性化主题教育活动。个性化或特殊化的群体和个人是主题推进式教育不可忽视的教育对象,在他们身上,往往有着更为特殊或者特点鲜明的要求,通过个性化主题教育活动,重点解决他们的思想认识问题、精神文化问题、自我成长问题,这也是大学生日常思想政治教育必须重点关注,并需要多方给予关注和给养。

(四)建设师德高尚、业务精湛的高素质教师队伍

"师者也,教之以事而喻诸德也。"这是中国的传统教育思想,同时也是当代教育界所秉承的教育精神。深化主题推进式教育的关键是以提高教师素

---

① 付书朋:《从中国传统文化谈大学生主题教育》,载《云南社会主义学院学报》,2012年第1期。

质、促进教师专业发展为前提。加强师德师风建设,坚持师德为上,完善教师职业道德规范,落实主讲教师资格准入制度,将师德表现作为教师选用和评价的首要内容,并加强过程管理和监控,真正发挥为人师者的风范。同时着重抓好学校党政干部和共青团干部、主题推进式教育团队、思想政治理论课教师、辅导员队伍建设,引导广大教师自觉增强教书育人的荣誉感、责任感和职业幸福感,学为人师、行为世范,做学生健康成长的指导者和引路人。

(五)建立长效机制,定期开展反馈

高校主题推进式教育活动要逐渐走出重视教育时间、忽略教育效果的误区,这就要求尽快建立长效机制。通过建立主题推进式教育活动长效机制,才可能实现由人治到法治的转变,才可能由组织的外在要求转变成系统的内在自觉,最终使主题推进教育活动达到预期的效果。如主题推进式教育活动规划及实施的具体方案、主题推进式教育工作队伍培养机制、效果及评估反馈系统、经费保障体系等。全面系统的反馈机制的建立是高校主题推进式教育实效性、先进性的保障。高校应建立起"设计—实施—反馈—总结—改进"主题教育运行机制[1],各学院可以相互交流、借鉴经验,使主题推进式教育从零散到有序,从被动到主动,保证教育的先进性、持续性和可操作性。

二、加强家庭教育与主题推进式教育的结合

家庭教育具有感染性,父母与子女之间的血缘关系和亲缘关系的天然性和密切性,使父母的行为举止对子女有强烈的感染作用。良好的家庭教育环境对高校主题推进式教育能起到良好催化剂的作用。

(一)统一认识,明确各自职责。正确的认识是有效行动的第一步,做什么事情只有思想上达到高度统一,在行动中步调才会一致。在大多数情况下,家校合作的主要障碍就是双方对合作的性质不了解,各方在学生教育中角色定位不清晰,还陷入家校分离教育的传统观念当中。大家应该认识到高校主题

---

[1] 玄凌、雒文虎:《试论高校主题推进式教育活动长效机制的建立》,载《中国科教创新导刊》,2013年17期。

推进式教育是一项服务,需要学校、家庭双方的通力合作,高校主题推进式教育和家庭教育同样重要,相辅相成、互为补充。高校与家庭的接触要经常,且有长期的计划和目标,如果高校与学生家长在合作上具有这些新的观念,那么就在很大程度上消除了合作的障碍。学生是高校和家庭共同服务的对象,家校合作必须以学生的身心健康发展为出发点,家庭与学校形成教育的合力,注重提升学生个性发展,树立正确的人生观、价值观。学生家庭教育和高校主题推进式教育的对象相一致,教育目标也是一致的,高校主题推进式教育与学生家庭教育应摆正自己的角色,明确各自的职责,在教育中分工合作,相互交流,以此来增进相互理解和信任。首先,高校应尊重家长的权利,增加高校工作的透明度,增进学生家长对学校的理解,赢得学生家长对高校工作的支持;其次,家长也应该多与高校沟通,关心学生在学校的发展,这样才能更好地引导学生健康成长。

(二)畅通家校的沟通渠道。合作的本质是互动,互动应是一种相互影响、相互作用的过程,互动中的双方总是基于对方的行为从而作出自己的反应①。合作时进行双向交流的原则是非常有必要的,高校与家庭的合作并不是高校对学生家庭教育或学生家庭教育对高校的单向的影响,而是高校与学生家庭之间双向交互的影响。教师和家长同时作为教育者,通过加强联系和交流,达到相互了解,建立起一种合作的关系,共同探讨有效的教育途径和方法,形成教育合力,这对取得教育的成功来说是极其重要的。高校主题推进式教育工作人员可以充分利用新媒体传播范围广、速度快、隐秘性强等特点,作为高校主题推进式教育与学生家长联系的手段,保证了家长可以随时了解孩子在校期间的生活、学习状况,这种方式突破了家庭与高校思想政治教育的空间阻隔,大大提高了高校主题推进式教育的效率。

(三)建立健全保障机制。建立理想的家校合作机制的另一个重要方面是完善相关组织机构,协调社会各方的力量。因此,要全面推进家校合作的开

---

① 任艳华:《90后大学生家庭教育与高校思想政治教育的关系研究》,河南理工大学硕士论文,2012年。

展,并落实到实处,这需要有关职能部门在党和政府的领导下,统筹协调各部门使家校合作的法律政策得以制定,家校合作的教育实践活动得以组织,家校监督评估体系和业绩衡量方法得以建立,使家校合作教育逐步走向科学化、制度化,成为推动高校主题推进式教育全面发展的强大动力。同时要想使家校合作这种教育举措在我国进一步贯彻落实,需要大力发展各个层次的家庭、学校、社会的组织协调机构。近年来,我国部分地区成立了家长协会,社区教育委员会,关心下一代工作委员会等组织,发挥社会教育力量,可有效促进家校合作的开展。建立和完善资金保障机制,对于家校合作是非常重要的,是家校教育一体化的保证。仅靠高校一己之力是远远不够的,要积极号召社会与家庭对家校教育一体化的建设也给予一定的支持①。

三、处理好校园文化建设与主题推进式教育的关系

校园文化建设不仅为高校主题推进式教育的开展和实施提供了更加适宜的校园环境和学术氛围,更为高校主题推进式教育和谐、有序地开展提供着更加灵活、多样的教育方法和形式。加强高校校园文化建设与深化大学生主题推进式教育有着内在的关联性。高校主题推进式教育对高等教育的发展有着十分重要的作用,而加强高校校园文化建设,有助于落实主题推进式教育的内容和实现主题推进式教育的目标。

(一)加强大学生社团文化建设

学生是校园文化建设的主力军,同时也是校园文化建设的最大受益者,学生参与到校园文化建设的最直接方式就是"学生社团"。学生社团是由高校学生依据兴趣、爱好自愿组成、按照章程自主开展活动的学生组织。大学生社团文化,是在高校校园里的学生社团中,由广大师生员工特别是大学生在社团建立、发展、完善和开展社团活动的实践中创造形成的一切精神财富和承载这些精神财富的物质形态所反映出来的文化氛围。高校学生社团的兴起,使高校

---

① 任艳华:《90后大学生家庭教育与高校思想政治教育的关系研究》,河南理工大学硕士论文,2012年。

校园文化建设呈现出新的气象,成为校园文化建设的新领域。随着高等教育的不断改革,大学生的学习和生活方式都发生了根本性的变化,学生社团也呈现出追求独立自由、个体发展的特点,学生社团的精神内涵与大学生追求知识、渴望理解、完善自我的时代特点完全吻合,在大学校园里深受广大青年学子的欢迎。社团文化以讲座、学术研讨、社团刊物、社会调查、信息和服务输出等活动为媒体,为大学生在社团文化中个性发展提供了舞台。

高校社团文化活动为大学生丰富生活提供了可能,在娱乐中开阔了学生的视野,陶冶了学生的情操,对提高大学生的各种能力,增强大学生的成才意识,建立和谐的人际关系,增进大学生的身心健康和强化公民意识、加强民主精神起到了积极作用。社团文化是对大学课堂教学的延伸和补充,对加强校园文化建设及实现学生的自我教育、提高自身素质,并引导学生适应社会和促进学生成才就业等方面发挥着重要作用。实践证明,开展社团文化活动是实现高校主题推进式教育的有效途径之一,对实施素质教育和开展主题推进式教育起着积极的促进作用。

随着社会发展、科技进步和教育改革的不断深入,高校学生社团在发展过程中出现了网络社团增多、跨校活动增多、与社会联系增多等新情况和新趋势。但大学生社团在建设中仍存在着管理不够规范、硬件条件有限、发展还不平衡、活动水平低和学术气氛不够浓厚等问题。在这种新的形势下,各地高校不仅要加强和改进大学生德育工作,更要站在培育合格的社会主义事业建设者和接班人的高度加强对大学生社团工作的指导。

1. 加强对大学生社团的领导和管理。学校相关部门应加强对学生社团日常管理工作的指导,为学生社团的发展提供良好的环境。在社团活动中融入生动有效的主题推进式教育内容,使学生社团在主题推进式教育活动中发挥桥头堡的作用。再者高校应为学生社团活动的正常开展提供必要的物质和经费保障,以保障社团日常工作的顺利运行,同时学校应鼓励和引导学生通过吸收社会赞助金或为社会提供有偿服务来获取资金。

2. 加强社团骨干队伍建设和对学生社团的指导。高校的社团主管部门应加强对社团领导人的培养,选拔出综合能力强、思想素质高的学生担任社团领导人,以便更好地带领社团继续向前发展。应有计划地对学生社团领导人进行定期或不定期的培训,以提高他们的综合素质,通过这些高素质的社团领导人来凝聚更多的学生,有助于学生走出寝室走向室外,这也是主题推进式教育所要达到的效果之一。在学生社团发展过程中,应注重加强指导工作,把握正确方向,大力扶持理论学习型社团,积极鼓励学术科研型社团的建立;还应最大限度地调动教师的积极性,同时选派专业知识水平高、责任心强的教师,加强对社团工作的指导,以提高社团活动的质量,并逐步形成以专家学者为主导,教师、骨干学生为主体的研究队伍,及时了解和掌握学生社团动态,分析出现的新情况和新问题,以便于更好的总结出高校社团发展的规律,不断地促进学生社团的繁荣发展。

3. 规范并完善学生社团管理办法。高校要制定出系统的学生社团管理规章制度。除此之外,学生社团也应有自己的章程和工作制度,以规范其成员的行为,保证社团持续、稳定、健康向上的发展。高校也应根据其实际情况,着重建设体现学校特色又能产生广泛影响力的学生社团,以发挥其示范和带头的作用。不断地促进学生社团工作机制和激励机制的完善。当然,在实现其育人功能的同时,高校也要加强对学生社团的综合评价,只有对那些成绩突出的社团、社团成员及指导教师加以适当的表彰,才能激励社团持续的发展。

4. 积极支持大学生社团开展健康有益的活动。高校应根据国家相关的法律、法规及本校有关学生社团的规章制度,引导社团独立自主地开展理论学习、学术研究、文化娱乐、社会实践等活动。高校也可根据本校的实际情况,举办社团活动大赛,让社团走出校门,扩大社团在学校及其整个社会的影响力,为大学生社团的发展提供最佳时机和良好的平台。当然,这也需要高校相关部门时时关注大学生社团的发展,为他们进行技术指导和思想谋划,及时了解他们的组织和发展状况,以便于更好地了解社团发展出现的新情况和新问题,不断提高和完善学生社团的工作。

(二)加快高校大学生网络文化建设

网络文化作为高校校园网络管理的一个重要组成部分,是加强高校校园文化建设的一个主载体,它是连接高校校园文化主体间信息传递的桥梁和纽带,是推动高校校园文化建设持续健康发展的迫切需要。把高校校园网络建成传播弘扬社会主义核心价值观的重要渠道,是坚持、贯彻党的重要思想和国家相关法律法规的重要保障,也是促进互联网信息化发展和大学生主题推进式教育全面实现的载体。要注重加强主题推进式教育的网络文化拓展,必将对教育的内容、空间和形式拓展起到极大的促进作用。

1. 健全和完善高校校园网络管理制度。作为高校校园网络管理的领头人,校党委组织学校相关的职能部门共同进行高效、透明、安全的校园管理网络文化建设。进一步规范管理体制,明确管理职责,健全和完善校园网络与信息安全技术平台,保证校园网络安全正常运行。高校的信息部门应把网站的建设、网络信息监控、网络文化建设等工作,作为保证校园网络信息内容安全的关键环节。教育宣传部门要加强校园网络舆论的监督,认真分析舆论产生的原因及其对大学生思想的影响,准确把握不同年级、类别的大学生思想发展动向。并针对舆论所产生的一系列问题,正面撰写积极的、富有正面舆论强势的文章,以便于更好地加强和引导大学校园文化的舆论导向,使其更有利于高校校园网络文化建设。

2. 加强网络新阵地建设,紧紧把握网络主题推进式教育主动权。高校应从本校实际出发,建设富有学校特色、贴近生活、贴近学生的专题教育网站,不断为适应大学生主题推进式教育的目标服务。高校校园网站建设要突出学校特色,并把学生作为校园网络文化建设的主体,坚持以学生为本,不断地为大学生提供知识增量、思想升华的机会。大学生通过网上的相互交流,不但推动了网站络文化阵地的建设和扩大,而且在网站上,可以使大学生关心的理论问题和实际问题得以及时的讨论和解决,方便了高校大学生思想的交融,也从根本上发挥了网络高效、便捷的作用,为主题推进式教育提供新途径。

3. 加强高校校园网络管理工作队伍建设。高校网络管理工作队伍建设,对于加强高校网络文化建设至关重要。网络管理队伍需要专人、专岗来完成,这就需要充分发挥主题推进式教育工作团队的作用,承担起加强校园网站管理人员政治和业务素养的责任,提高他们的思想政治素质和政策理论水平,不断地加强网络管理人员的思想道德素质和科学文化水平建设,使高校校园网络管理工作队伍的水平得到全面的提高,进而促进更加繁荣的高校校园网络文化建设。

4. 加强高校校园网络安全建设。高校校园网络安全是高校校园文化建设的保障。总的来说,就是要综合运用科技、行政、法律等手段,多方位无死角地加以管理,具体来讲主要体现在以下四个方面:一要加强校园网站的登记、备案工作,加强对校园网制度化管理,及时删除各类不良有害信息,保护校园网络安全、有效的运行①。二要加强校园网络信息过滤系统建设,构建网络技术防控体系,提高高校校园网络信息预防和应急处置能力,对有错误的信息实时阶段性跟踪,充分调动各方面的积极性,共同预防网上有害信息的纵深化传递,为校园网络信息的正常、准确的传递提供技术保障②。三是要加强周边网络环境的综合治理。高校应积极地与各相关单位进行配合,共同营造校园网络安全新氛围。四是要加强绿色校园网络建设,要努力把高校校园网建设成为系统安全、制度完备、管理规范、内容丰富、信息健康的"绿色网络"。高校应加强网上文明和网上价值观教育,通过不同时期开展的"绿色我先行"网上活动,引导大学生自觉遵守国家有关法律法规及学校相关行政规章,主动抵制有害信息、网络滥用行为和低俗之风,不断推进校园网络文化建设新局面。

(三)提高高校大学生社会实践能力建设

社会实践能力需要实践性原则来指导。所谓实践性原则,就是组织、引导师生积极参加校园文化建设的实践活动,并从中受到教育和启发。一方面,高校的校园文化是经过长期的实践活动积累和实践经验总结而形成的;另一方面,校园文化建设的落脚点在于用理论指导实践,提高师生的实践能力,实践性原则贯彻校园文化建设的始终。大学生参加社会实践,了解社会,这本身就是一个动态的实践过程,高校校园文化建设对主体的师生来讲都是实践者,都是在努力构建实践→理论→实践这一良性循环。高校要全面贯彻和执行党的

---

① 杨晓东:《高校校园文化建设与大学生思想政治教育研究》,青海师范大学硕士论文,2013年。
② 同上。

教育方针,要时刻从本校学生成长规律和教育规律出发,以认知社会、服务社会为主要内容,引导大学生走出校门、深入日常生活中去。通过社会调查、志愿服务和其他众多相关的公益活动,使大学生在实践中接受教育,积累生活智慧和工作经验,不断实现自我认知社会的能力。但要注意的是,在实践过程中,将实践活动紧紧围绕教育主题,是十分重要的,最好是教育者和受教育者能够共同参加实践活动,以便及时发现受教育者的不足和问题,并根据相应的问题提出行之有效的解决方案,为提高高校大学生社会实践能力提供保障。

(四)突出高校校园特色文化建设

1. 加强认识,奠定校园文化建设基础。重视和加强校园文化建设,首先要加强人才教育建设,使其成为高校主题推进式教育源源不断发展的教育红利。当今世界的竞争,首先是知识的竞争,但归根到底是创新型人才的竞争。校园文化建设需要特殊型人才的加入,以便于更好地发挥他们的创造性和主动性作用,使得校园文化呈现出更多富有生机和色彩的表现形式,进而全方位地为高校校园文化建设出谋划策。不同类型的人才按照自身文化知识的优势和特点,为校园文化建设提供有价值的意见和建议,这将成为高校特色校园文化建设的宝贵资源。其次,要加强高校校园文化的共同理想教育。这里所说的共同理想是指有与高校办学理念、教学宗旨相契合的理念。理想的目标只有被校园文化主体所了解和认同,才会形成建设高校校园文化的一股强流和正能量,这也是建设高校校园特色文化的一个不可忽视的重要方面。最后,就是要发掘积淀深厚的高校历史文化优良传统。每所高校在其发展之初,高校的创建者都会赋予高校一定的发展思路和办学理念,当然也会把高校创建者的思想智慧和精神融入其中。就是这些积淀深厚的高校智慧结晶通过不同形式一年又一年,一代又一代的保存了下来,成了影响高校育人和发展的源源不断的精神动力。以东北林业大学为例,60多年来,几代东林人披荆斩棘,万众一心,严以治学,谨以修身。特别是在遵循自然规律、保护生态环境方面,充分发挥了理论先导、道德示范、技术支撑的作用。在主题推进式教育活动的开展中,要始终秉承"学参天地 德合自然"的精神内涵,突出学校特色,在实现人与自然、人与社会、人与人的和谐相处,构建社会主义和谐社会的进程中做出了特有的、更大的贡献。因此,对于高校校园文化优良传统的发掘,将更有利于传承高校的办学理念,坚定高校未来的发展方向,进而建设具有本校历史传统特色的校园文化。

2. 设置机构、加强立法、规范落实校园文化建设工作。高校校园文化建设,是一项系统性、复杂性、艰巨性的文化建设工作。因此,要从以下两个方面抓起:首先,要搞好校园文化建设,高校必须设置相应的校园文化建设专门负责部门,吸纳有校园文化建设丰富经验的人员加入。校园文化建设专门负责部门的建立,为高校校园文化建设的成功、有效地实施提供着智力支持和经验保障。机构设置的目的是能够最大限度地提升校园文化建设力度,通过统一组织、系统部署来落实校园文化建设的相关工作,并积极与其他部门合作促进校园文化活动能够有声有色、轰轰烈烈的开展起来,进而使高校校园文化建设工作更加长久、有序地进行下去。校园文化建设专门负责部门作为领导高校校园文化建设工作的核心,也可以对各大学生社团活动给予指导,必要时候可以统一管理,保证学生社团与校园文化建设相结合,使学生社团真正成为校园文化建设的生力军。其次,立法机关应抓紧制定和颁布高校校园文化建设的相关法律法规。高校校园文化建设对高校未来的发展和走向至关重要,但目前为止,我国仍没有一部详实的、规范校园文化建设的法律法规。这就使得校园文化建设没有规则可循,直接带来的后果是校园文化建设的系统比较混乱。因此,国家有必要制定相应的法律,使当前高校校园文化建设有章可循,走上正轨。

3. 加强领导、优化设计,使校园文化建设不断走向新高度。要搞好校园文化建设,必须加强组织领导。校园文化建设困难多、任务重,高校应该注重进行顶层设计,既要注重历史的传承,又要兼顾新时期高校文化的形势和特点,同时应该为未来的文化建设有一个远景的勾画,只有这样才能真正调动全体师生的积极性,才能把校园文化建设抓出特色、抓出实效。同时,学校要站在战略高度,从国家教育大政方针出发,加强落实对教师和高校学生骨干的培训工作,高标准、严要求、有步骤、有计划地实施。这样既可以避免校园文化建设资源的重复浪费,又可以使校园文化建设充满活力与人力资源。

4. 创新机制,筹集校园文化建设资金。改善和加强高校校园文化建设,需要建立相应的校园文化建设筹集资金制度。首先,政府要加大对高校校园文化建设的经济保障,加大经费的投入力度,确保高校的教学秩序稳定。其次,学校要充分挖掘内部的历史资源和文化潜力,利用高校现有的人员和设备配置,不断地改变文化建设部门的现状,实行文化的开放性和互补性,使全体师生共享文化资源的成果。再者,学校要更好地把握和充分运用国家给予高校的众多优惠政策,走强强联合办学的新路子,并且要冲破地域限制,超出省市,走向世界,寻求外部资源,来共建校园文化,以便更好地实现校园文化建设多元化。

四、新媒体与主题推进式教育的结合

以学生的思想和精神世界作为工作突破口的主题推进式教育活动,因拥有高效、快捷、生动的新媒体的加入而发展迅猛,已然进入到了一个无限选择的时代。生存于这个时代中的"任何人"在"任何地点""任何时间"都可以获得"任何想要的资讯信息",是新媒体给予我们这一代人的馈赠①。高校主题推进式教育因新媒体而呈现出新的特征和发展机遇,如何适应这一变化而有效开展主题推进式教育,使新媒体与主题推进式教育之间形成一股合力,是一个亟需研究和解决的新课题。

(一)在教育载体方面,打造"网络教学平台和教学资源中心"。与其他思想政治教育课程载体相区别,此课程载体具有很强的稳定性和权威性,教育者的主导性比较强,并有科学的体系和一整套教学评价系统。因此,既要沿袭和演绎传统的课程载体的运行方式,发挥理论灌输作用的同时,又要擅用新媒体技术,使理论灌输富有新意。

1. 鉴于新媒体的影响力,进行学习资源内容的设计。主题推进式教育的内容涉及面比较广,可以从政治层面、思想层面、文化层面等方面来进行设计。为方便设计,可以将课程载体的设计分为主干内容设计、辅助内容设计和扩展

---

① 季海菊:《新媒体时代高校思想政治教育研究》,南京师范大学博士论文,2013年。

内容设计。主干内容设计是所传授的核心内容,它应该围绕教育的主题进行设置,可以在网上以文本、图形、图像、音频和视频等多种媒体手段凸现出来,化抽象为具体,变枯燥为形象,使之成为大学生乐于主动接受主题推进式教育的主阵地和第二课堂。辅助内容设计则包括与主干内容相关的背景知识介绍、评述、阐述,如参考资料、典型案例以及与其相关的网站等。扩展内容设计包括指导、帮助、测试和讨论等,如新观点、优秀成果、名师讲座、道德讲堂等。通过精心设计和完善学习资源内容,实现课堂教学走下讲台走进学生日常生活,让主题推进教育的精髓润物细无声般地走进学生头脑里。

2. 创新教育方法和手段。主题教育重点解决青年学生的深层思想问题,这种深层次、抽象的理论是一般活动无法完全实现的,必须要依靠具有一定理论深度的、系统的教育来对大学生进行正确的引导,用科学的理论武装学生,用深刻的道理说服学生,来帮助大学生正确运用马克思主义理论解决现实生活学习中遇到的种种问题。大学生的思想普遍比较活跃,而且需求多种多样,传统的满堂灌、填鸭式的课堂教学方法很难再吸引住学生的眼球,无法与学生之间产生化学反应。所以,主题推进式教育的形式也可进行探索和创新,努力形成互动、引导、开放和主动型讲座模式。教育者要针对学生的身心发展特点和实际需求,针对不同时期和不同阶段的学生所面临的不同问题,游刃有余地进行讲教结合,以便更好地激发学生的学习兴趣。当然,形式多样是必要的,适合不同学生的特点,帮助学生主动投入到主题推进式教育的聆听和实践中来,使学生在充满兴趣、积极思考的氛围中有所得,有所获。另外,主题推进式教育课程载体,并不仅仅是学生思想政治工作者所承担的责任,专业课的教学理所当然在除了传授知识以外,也应有机融入主题推进式教育内容。如在专业课程中,适时加强团队精神、奋斗精神、科学精神、人文精神及创新思维的教育渗透等。

(二)在校园文化建设方面,丰富延伸校园文化功能。校园文化是以学生为主体,以课外活动为主要内容,而开展的一定的积极向上校园文化活动。和谐而健康的校园文化对于净化学生的心灵,美化学生的行为起着至关重要的作用。新媒体语境下,高校文化建设需要将新媒体文化建设纳入到校园文化建设中,拓展校园文化内涵,延伸校园文化功能。通过不断改进和加强大学生主题推进式教育的信息化、数字化、网络化和多渠道建设,促进主题推进式教育与新媒体价值影响的相互协调,形成高校校园文化建设和大学生主题推进式教育之间的信息回路和资源整合,更好地营造健康向上、活泼生动的校园文化氛围。如利用新媒体将传统的校园文化即学术讲座、艺术交流、娱乐文化、辩论演讲等活动用新的载体、多样的方式予以呈现。还可以把一些彰显大学精神的鲜活材料和生活在身边的优秀大学生先进材料及时地展示到校园网上,成为学生学习的榜样,不仅发挥了榜样的育人作用,更使得这浓郁的校园文化氛围会在不知不觉中提升健康、高雅的人格。

（三）在教育者团队建设方面,打造师生信息快捷传递通道。施教者对受教者的影响在于自身的理论水平和个人魅力,而这些源于教师、班主任和辅导员等的道德和学识力量。传统的谈话和咨询活动延伸到这一模式上,则表现为主题推进式教育工作者、辅导员及其他专业老师通过在网上公开自己的QQ、微信、微博等联系方式,建立微信公共平台或QQ群,与学生进行心灵沟通,保持信息快捷传递和工作通道的有序畅通。如将自己撰写的博客文章、学习辅导资料、心理咨询案例等内容放到网上群里共享。教师应以"学高为师,身正为范"为准则,通过经营个人空间和撰写博客文章等手段,彰显自身的政治理论素养和从事主题推进式教育的基本能力,内强素质外树形象,不断以自己正确的政治方向、高尚的道德情操、严谨的治学态度和独特的人格魅力,影响和带动学生锻就高尚的品质,使他们自发地在内心深处激起同样的心理体验和理性反思,形成共鸣状态,这对思想政治教育整个过程来说,会产生一种神奇的效果。

（四）在载体合力的功能延伸方面,高度重视相关媒体平台建设。新媒体环境下,抢占新阵地最为直接、方便、快捷、有效的举措是校园网建设。这是高校主题推进式教育走进学生生活的一项重要工程,把高校校园网打造成为弘扬主旋律和传播先进文化的重要平台,充分发挥校园网络阵地的作用,加强大学生思想政治教育的重要阵地和全面服务大学生的重要渠道,有效引导大学生成长成才成人。为能够真正成为学生主题推进式教育的通道,必须对校园网的性质、功能等进行定位,校园网首先应该成为大学生们信息共享、查阅资料、经验交流、在线学习、情感诉求的服务性平台。在此基础上,校园网承担着高校主题推进教育的功能和责任,为此,在进行校园网建设的时候,需要把握以下几点:

1. 关注学生需求,发挥校园网服务功能。媒体时代,学校校园网应该成为主流渠道,利用校园网进行主题推进式教育已经成为一种最为方便快捷的主题教育渠道。校园网不能再停留在上传新闻、发通知、查询学习成绩的作用上。校园网需要确立新的定义、注入新的理念,校园网应该是一个融知识性和趣味性、思想性和关怀于一体的平台,是一个服务功能强、覆盖面广、信息量大的思想教育平台。在这里,大学生们不仅可以获取他们生活、学习所必需的讯息,还可以充实大学生们的精神文化生活。

2. 开设主题推进式教育网,开辟主题推进式教育的特色专栏。系统、全面的主题推进式教育需要利用独立、专门的网站来进行,这是因为专题网站能将党的基本理论路线方针政策、社会主义核心价值理念引入到对大学生的主题推进式教育活动中,唱响主旋律的同时,可以通过生动的案例,引导大学生树立社会主义理想信念,引导他们健康成长成才。

3. 及时更新和补充信息资源,吸引学生主动点击。新媒体时代,信息呈现裂变趋势,校园网要想留住学生,让学生多驻留在校园网上,需要积极建设和适时补充包括教学软件库、素材库的网络课程库,同时,要以学生为本,针对学生的学习生活、心理咨询、就业指导等方面展开网上交流,同时可以借助网络媒体开展网络学术交流、科技交流、娱乐活动、艺术探讨等丰富多彩的校园活动。校园网应致力于为师生之间的学习交流互动搭建一个便利的平台,切实拉近师生之间的距离,帮助老师快捷高效地发现和解决学生的相关学习生活问题和心理问题。

4. 发挥学生主体作用,积极投身校园网建设。校园网建设并不只是学校和老师的事情,学生作为校园网的主要服务对象,同时也是校园网的主人翁,在校园网的建设、维护方面始终秉承"自我参与""自主建设""自主管理""自我维护""自我完善"五项原则①,积极鼓励学生参与到大学生网站的建设和维护中去。为此,学校和老师们着重培养学生参与校园网建设的激情与热情,既能利用网络资源对学生进行主题推进式教育,又能以学生的智慧推动校园网建设向全方位、多层次的方向发展。

5. 关注校园网络舆情,正面引导网络舆论。新媒体之所以那么受欢迎,是因为新媒体传播是带着思想的传播,受众已经学会从单纯的被动接受信息转变为主动接受和参与,并且会对自己感兴趣的话题进行跟帖,表达自己的观点,或支持或反对或质疑或同情等。所以要密切关注网上动态,了解大学生思想状况,把握校园网舆情,积极引导校园网的舆论方向,理性分析判断,对于负面的不良信息要努力消除影响,避免对大学生的思想造成腐蚀,影响其健康成长。

6. 充分运用包括法律、行政、技术在内的各种手段,对校园网进行严格管理。由于新媒体存在极高的开放性、极强的交互性、传播多媒体化,使得媒体的管理变得十分复杂。为此,需要认真学习国家关于互联网管理的各项法律法规、各项规章制度,运用技术、行政和法律手段,对校园网进行科学管理,严防各种有害信息在网上传播。要定期开展校园网的整治工作,最大范围地在学生中间开展安全网络教育,最大限度地保证校园网信息的健康、安全,切实为大学生营造一个健康、安全的网络环境。

五、主题推进式教育注入社会实践元素

(一)领导重视,健全机制。高校应该通过主题推进式教育积极探索进一步深化社会实践工作体制,切实把社会实践管理工作纳入制度化轨道,逐步建立并完善《社会实践管理办法》《暑期社会活动程序简介》《社会实践工作时间推进表》等一系列相应的制度②,确保大学生暑期社会实践活动的发起、申请、

---

① 季海菊:《新媒体时代高校思想政治教育研究》,南京师范大学博士论文,2013年。
② 张巧凤,俞暄一:《基于大学生日常管理框架下的主题教育实践与思考》,载《文教资料》,2013年28期。

选拔、最终确定,团队出征和后期成果评选、展示等一系列活动都有"章"可依,有"据"可查。按照明确的工作要求及工作原则开展大学生社会实践活动,有利于避免程序上的混乱,从而保证社会实践工作的有序开展。同时通过建立相对固定的社会实践指导教师队伍,建立相对稳定的社会实践见习基地,建立社会实践投入保障体制等可以实现高校大学生社会实践的稳步发展。另外在社会实践项目确定上,高校要严格遵循"按需设项、据项组团、双向受益"的要求,实行社会实践项目申报制度,形成学校——学院——专业三级项目申报体系,严格把关,保证社会实践项目的高质量。

(二)加大经费投入力度,确保大学生社会实践工作正常有序地开展。学校大学生社会实践工作被纳入学分制管理,是大学生必修学分。学校可根据学分来划拨大学生社会实践工作的相关费用。一是抽调部分对社会实践工作熟悉,有学生工作经验的教师组成"大学生社会实践"课程教研组,通过讲座、社会实践辅导、专栏宣传、开设《社会实践方法》选修课等形式向大学生讲解大学生社会实践活动的意义、方式方法、基本的社会实践知识,引导大学生踏踏实实参与社会实践,真正达到"受教育长才干"的目的。[①] 相关费用按教师课时费用支出。二是学校设立大学生社会实践教育专项经费,动员更多的青年学生参与社会实践,深化社会实践活动的影响力,还要鼓励大学生自筹经费开展社会实践活动并给予指导。对于自筹经费的社会实践团队,校团委均给予一定的物质资助并鼓励其完善活动参加优秀社会实践团队的评选活动。三是形成大学生社会实践工作的评比奖惩机制,确立大学生社会实践表彰制度,对大学生社会实践工作中的先进集体、个人进行表彰,树立典型,形成良好的舆论氛围。

(三)大力推进大学生社会实践基地建设。要使大学生社会实践增强计划性、减少盲目性,就必须建立一定数量的相对稳定的实践基地。这些基地的建立首先要得到当地各级政府的支持;其次,必须坚持互惠互利双向受益的原

[①] 陈建名、李晓兰:《以社会实践为载体推进高校思想政治教育工作—以东北林业大学为例》,载《学术交流》,2012年第6期。

则。选点既要考虑就地就近,易见成效的单位和部门,重要的是选择领导重视、态度积极,对大学生社会实践活动有充分认识的单位。否则就会形成"一头热"的局面,社会实践就很难深入持久地开展下去。学校在开展社会实践活动中,积极与省内部分县、乡、村之间建立帮建关系,成立长期稳定的就业见习基地,发挥学校人才资源优势,加快当地林产品市场开发和林业实用技术推广。同时,学校以"主题推进式教育"活动的"感恩诚信""责任担当""励志成才""生态文明"等主题为内容,将社会主义核心价值体系贯穿于实践的全过程,并得到思想政治理论课教师的指导,切实做到主题推进式教育与社会实践活动的真正结合。

面对世界多极化、经济全球化、文化多元化趋势的进一步增强,和东西方文化思潮、价值观念和生活方式相互交织、影响、融合的局面更加突出;面对社会主义市场经济的深入发展,社会经济元素、产业形式、就业领域和分配方式的日益多样化,人们思想活动的独立性、选择性、多变性和差异性显著增强;面对互联网等新媒体的广泛运用,信息交流内容更丰富、形式更多样、速度更快捷、空间更广阔,影响更深远①。特别是随着《国家中长期教育改革和发展规划纲要(2010 – 2020 年)》颁布以来,学校清醒地认识到时代已经发生了根本性的变化,我国高等教育由"精英教育"转化成了"大众教育",大学生的生活方式、价值观也出现了多元化发展的趋向。所以学校积极积极探索大学生日常思想政治教育的有效模式,整合教育资源,开展针对性强、目标集中、主题突出的社会主义核心价值体观为核心的主题推进式教育活动。主题推进式教育具有针对性、灵活性、多样性、互动性等特征,拥有较明显的实效性,已经取得了一系列教学成果,积极推动着我校学生融入社会、奉献社会的进程,大幅度地提升了我校的社会影响力。

科学发展观与主题推进式教育有着极为密切的联系。科学发展观是我国

---

① 季海菊:《新媒体时代高校思想政治教育研究》,南京师范大学博士论文,2013 年。
李晶才等:《试论科学发展观指导下的"主题推进式"大学生思想政治教育》,载《经济研究导刊》,2010 年第 17 期。

经济社会发展的重要指导方针,是发展中国特色社会主义必须坚持和贯彻的重大战略思想。同时,它也是我国高等学校思想政治教育工作的重要指导思想。主题推进式教育的教育理念、题材内容、教学方式、教育途径、教育反馈等诸多环节无不蕴含着科学发展观的内在精神。从科学发展观视域出发开展主题推进式教育活动,总结归纳出"教育要求与受教育者思想品德发展之间保持适度张力的规律""教育者与受教育者双向互动的规律""协调和控制多种影响因素,使之同向发挥作用的规律""内化与外化相统一的规律"和"理论创新和方法创新相统一的规律"这五点主题教育规律,为主题推进式教育的进一步深化探寻了方向。

开展主题推进式教育是当前大学生思想政治教育发展趋势的需要,是结合当前大学生思想政治教育状况对教育形式的有效改革和创新。只有坚持以人为本,紧密结合大学生思想上出现的新情况、新问题,有针对性地加强和改进工作思路和工作方法,学生主题推进式教育活动才能够做到与时俱进,才能够加强教育的主动性、实效性、说服力和感染力,才能够真正发挥其应有的作用,从而大幅度地提高主题推进式教育的效益,使大学生主题推进式教育工作收到更佳效果,达到整体最优的目的。

后 记

为深入学习贯彻党的十八大精神和习近平总书记系列讲话精神,展示中央16号文件颁发以来各地各高校加强和改进高校德育工作的新实践、新探索,教育部思想政治工作司组织出版《高校德育成果文库》,汇集各地高校的成果和经验,搭建交流研究成果、展示工作经验,促进成果转化的有效平台,相信会对进一步促进高校德育工作的创新发展起到重要的推动作用。

本书是《高校德育成果文库》入选书目之一,本书立足当代思想政治教育理论前沿,系统地总结了东北林业大学主题推进式教育实施以来积累的立德树人的实践经验,旨在为高校德育工作的创新发展提供思想启迪和典型借鉴。本书概括了主题推进式教育的实施背景、基本涵义、实施思路、主题内容、教育途径,归纳了主题推进式教育实施以来产生的显著教育效果,揭示了教育规律,提出了未来思考。在此把东北林业大学大学生日常思想政治教育实践成果呈现给大家,也希望与兄弟高校学生工作战线的各位同志加强沟通和交流,以共同提高我国高校大学生思想政治教育工作的科学化水平。

全书由孙正林提出总体思路,同时负责本书最后的审阅和定稿工作。邹本存、王志新负责本书的统稿工作。本书各部分编写情况如下:前言部分由孙正林撰写;第一章、第五章由王志新撰写;第二章、第六章由邹本存撰写;第三章由黄臻撰写;第四章由张磊撰写。

教育部思想政治工作司对《高校德育成果文库》的编选给予了关心和指导。本书在编写和出版过程中,得到了中国书籍出版社、中联华文(北京)社科图书咨询中心的大力支持,在此表示衷心的感谢。

本书编写组

2014年12月